社會福利服務

Social Welfare and Social Service

葉至誠　著

序言　建立社會安全體系達成公義祥和願景

　　隨諸社會變遷與時間遞嬗，回顧過去五十年來臺灣社會的整體發展的確有許多傲人的成就，諸如：國民所得的增加、義務教育的普及、平均壽命的延長、生活素質的提高、醫療衛生的增進……等等。然而，由於社會的急遽變化，在社會發展的過程中，衍生出若干負面的行為，乖離整體發展所追求目標，例如：家庭結構的破壞、貧富差距的擴大、犯罪行為的增加、環境污染的嚴重、老年人口驟增……等等。這些課題無一不涉及社會安全的運作規劃，不僅是政府亟需面臨的挑戰與考驗，也將是決定台灣在二十一世紀是否有永續發展空間的關鍵因素。

　　我國社會政策的發展正處於一個結構變化的階段，一方面，由於參與國際經貿組織，經濟朝向全球化的方向，面對自由市場日益增強的競爭與壓力，產業外移，稅收減少，外商自由進出……凡此種種，都足以減低原先的經濟生活保障；另一方面，國內人口結構的改變（如高齡社會的來臨）及國民對於社會安全的需求大為提升。換言之，民眾對社會的福利需求日益殷切，使得新政府宜認真而周密的建構完整的社會安全機制，以因應國民的普遍需求。

　　根據先進國家的經驗，社會安全的建制，其實正反映著政府的基本職司，而不是國家牧民的善政；民眾只能消極的期待為政者的溥利人群，等待國家對人民的施予，而是人民皆應承受的基本權力。這一個理念的動力在於對現代生活的風險有著更深刻的體認。當無法歸諸個人因素的結構性失業一再發生，當現有家庭形態無法負擔照養老人的任務時，希冀透過社會集體的力量來求取個人的安全，便成了不可避免的趨勢。於是，我們對於社會福利或社會安全的理解就不當再只限於透過社會集體的力量來照顧因著經濟發展所

造成的受害者而已，甚至也不應只理解成是對因著性別、年齡等等各式差異所造成的弱勢族群的照顧而已。社會安全所強調的是：在現代社會中，任何人都有遭致意外或不幸的可能，其責任的歸屬往往並不清楚也無法在社會中獲致共識，同時即便做出明確的歸責也未必能帶來何種實際的效益，因而不再以是否可歸責於個人作爲濟助與否的判準，而轉由運用集體力量來分擔個人所遭致的風險，以群體的努力來維護個人的基本生活。社會安全制度便是相應於這種想法的一種體制，以期能改變傳統社會中「日頭赤焰焰，隨人顧性命」、只有「愛拼才會贏」的營生方式。

　　爲求達到社會安全機制的建立，在社會福利服務上宜朝向下列方向努力：

1. 保障社會成員人性尊嚴：爲能保障每個人最低生活需求，應建立殘補式的救助體系，協助對於低收入戶者、弱勢族群的照顧，以維繫每位國民的基本生活品質。
2. 確保國家資源公允分配：藉財富分配來達成每個人在生存、教育、就業、稅賦方面的均等，並建立公正的資源分配制度，達到社會公平的境界。
3. 維持基本生活不虞匱乏：在社會保險實施下，對個人在遭受其所能控制範圍之外的社會風險致使其生活水準下降時，保衛其已獲得的生活水準，經由建立完整的社會保險體制，使「和衷共濟，危險共擔」的社群得以形成。

　　近年來全球化的浪潮，以及科技、資訊的高度發展，已改變了傳統民眾對社會福利的期待，各國政府於福利服務方式已面臨巨大的衝擊與興革。爲確保民眾生活福祉，我們社會亟需要一套高瞻遠矚的社會安全體系，以迎接二十一世紀的挑戰，建設一個公義祥和的新家園。

　　植基於個人的志趣，自大學起的專業教育便修讀多項與社會福

利服務相關的課程，並且積極參與社會行政人員的公職考試，雖於二職等、普通考試、高等考試上皆獲榜示錄取，只是因緣際會少有於社會行政實務領域貢獻所長的機會。唯秉於社會工作的專業教育，並未稍減對這份助人專業的嚮往，是以於大學校院服務十幾年來，總儘可能自社會工作有關的專業教育中，提供所學、所知，並力求自學術撰述中表達對這一份專業工作實踐的期待。適值揚智出版社林新倫先生的玉成，得將近幾年來於空大學訊，院聞月刊，人力發展月刊上所發表的專業文章，加以修正匯集而成《社會福利服務》乙書。知識分子常以「金石之業」、「擲地有聲」，以形容對論著的期許，本書距離該目標不知凡幾。唯因忝列杏壇，雖自忖所學有限，腹笥甚儉，然常以先進師長之著作等身，為效尤的典範，乃不辭揣陋，敝帚呈現，尚祈教育先進及諸讀者不吝賜正。

葉至誠謹識
九一年五月二十日

目錄

第壹篇
基本觀念

第1章　社會個案工作

壹、前言

　　社會個案工作是社會工作專業服務的一種方法，也是一種最基本的、最普遍的，以及最複雜的助人專業的程序。現代社會中的許多個人為了營生及展才，也為了要發展其社會功能，常需藉助此種專業服務方法，才能有效面對困難和解決問題。因此，社會個案工作已成為現代社會中重要的一種助人專業方法，它也是一種以科學化和藝術性的服務人們的方法。

貳、社會個案工作的定義

　　社會個案工作的定義有多種，較具代表性的大致上可分為：

1. Smalley, R. E.：「社會個案工作是一種社會工作的方法，這種方法是促使案主透過一種一對一的專業關係，運用各種社會服務，以增進其個人和一般（社會）的福利。」

2. Kasias, C.：「社會個案工作是一種藝術，它使用人類關係的科學知識和改進人際關係的專業技術，以啟發與運用個人的潛能和社區的資源，以增進案主與其所處環境之間的較佳適應關係。」

3. Hollis, F.：「社會個案工作是一種心理暨社會治療的方法，它認為個人社會功能的喪失或不良是同時受到案主本身內在的心理因素，和外在的社會環境因素的影響。因此，個案工作即在致力於個人內在需要的更充分的滿足，和個人社會關係

之更充分的功能表現。」

4.葉楚生：「社會個案工作是一種由個人入手的社會工作方法，運用有關人類關係與個人發展的各種科學知識與專業技術，以瞭解失調的個人，激發其潛能並協助個人調整其社會關係，並運用社會資源，以改善個人的生活及增進個人與社會的福利。」

就上述的定義，可以歸結出社會個案工作的特質：

1.社會個案工作的本質，是一種由個人入手的社會工作方法。
2.社會個案工作的實施，必須具有現代人類關係，與個人發展的各種科學知識以及從事有關人類關係調整的專門技術。
3.社會個案工作的方法與過程，是一方面要運用專業的知識與技術來瞭解個人，引發個人的潛能，改變其對人生或某一問題的態度，協助個人調整其社會關係。並且，協助個人運用社會資源，以改善其社會生活。
4.社會個案工作的目的，是要協助失調的個人，改善其生活增進其幸福，但須不妨礙他人或社會的利益。

參、社會個案工作的功能

社會個案工作是屬於「微視面」社會工作的實施，其目標著重於補救與復健層面。其主要的功能係包括下列諸項：

1.促進個人和家庭改善生活環境。
2.促進個人和家庭改變生活態度。
3.促進個人和家庭改變行為型態。
4.促進個人和家庭改變心理動機。
5.促進個人和家庭的生活調適能力。

6.促進個人和家庭發揮潛在能力。

　　為了達到上述的功能，社會個案工作者往往需經由下列步驟以達成助人的目標：

1.接受案主並形成協助的關係。
2.認識案主的困難與問題的性質。
3.發掘案主的需要和努力的方向。
4.尋求解決問題的可行途徑。
5.採取主動及改變的傾向。
6.著手處理困難和解決困難。
7.給予案主必要的激勵。
8.提供有效的成功經驗。
9.積極面對現實的態度。
10.發展健全及具有建設性的行為型態。

肆、社會個案工作的理論

　　自從1917年李其孟女士出版《社會診斷》，個案工作在湯瑪斯（E. J. Thomas），賀利斯（F. Hollis）等學者的努力下，社會個案工作建構出下列四個主要理論派別：(1)功能派個案工作理論；(2)問題解決派個案工作理論；(3)心理及社會治療派個案工作理論；(4)行為修正派個案工作理論。

一、功能派個案工作理論

　　功能派個案工作理論（the functional casework）的產生，可以說是受到1920年至1930年之間，美國部分社會工作教育家提倡運用精神分析理論於個案工作的刺激，也是1930年美國賓州大學社會工作教授雷恩克（Otto Rank）所首倡。他主張人的行為乃受個人意志

（will）的影響，並認為個人的行為是其衝動力、個智、感受和意志的平衡作用，其中意志是主要原動力。因此，一個人必須有堅定的意志力量，以控制與組織其行為。

他同時主張應強調社會服務的機構功能，即可透過機構功能以影響受助者。他認為社會工作者要善於控制他在社會工作程序上所扮演的角色。因此，服務情況的良好與否，大多要視社會工作者的影響力如何而定，他認為工作者與受助者之間的專業關係是重要的關鍵所在。隨雷恩克之後，有鐵爾福（Jessie Taft）和羅賓（Virginior Robin）二氏贊同功能派的個案工作方法。

功能派的個案工作特質是：第一、瞭解「人」的本質；第二、瞭解個案工作的目的；以及第三、講求個案工作的實施程序等。後來，這種功能派的個案工作在美國發展有限，到1960年代，典型的功能派個案工作以賓州大學和北卡羅萊納大學兩校的社會工作研究院為主，但自1970年後，該兩校亦有改變的趨勢。

二、問題解決派個案工作理論

問題解決派個案工作理論（the problem-solving casework）的理論乃在1950年美國的波爾門（Harris Perlman）所提倡，她的《社會個案工作——問題解決的程序》一書，為該派的代表性著作。在1920年到1930年代以後，以精神分析理論為主的診斷派個案工作和功能派個案工作均不能使當時大部分社會工作人士感到滿意，同時大多數人士均感到必須尋求新的個案工作理論體系。因此，又有折衷派的問題解決派個案工作理論的產生。

該派的中心思想有二：(1)人的一生為問題解決的過程：一個人對自己、對事物、對環境，以及對內心的情緒生活均時刻在探求解決問題的途徑，從誕生到死亡的人生過程中均是如此；(2)人生的目標在於尋求與獲取：快樂多於痛苦，報償多於懲罰，安定多於不平衡，較佳的生活適應多於較劣的生活適應，以及滿足多於失望。因

此，個案工作對個人的幫助必須兼具教育性和治療性，以達成促使案主獲得較佳的生活適應和情境為目標。

問題解決的程序之主要內容有三：(1)協助受助者剷除焦慮，振作精神，尋覓方向以促成其個人的成熟；(2)協助受助者疏導其情緒上的難題，促其精神、情緒和行動力量的持續演練以增進其與問題、自身及其與環境的適應力；以及(3)協助受助者發現或決定解決或減輕問題的可行途徑。

三、心理及社會治療派個案工作理論

心理及社會治療派個案工作理論（the psychosocial casework）起源於美國 1930 年左右，尤其是自 1937 年紐約哥倫比亞大學漢明頓（Gordon Hamilton）氏的「個案工作的基本概念」（Basic Concept of Social Casework）問世後至 1940 年間，可以說是心理及社會治療派的個案工作的旺盛年代，惟當時的重心在以精神分析為主。後來芝加哥大學的陶瓦魯（Charlotte Towle） 加以修正，而成為以心理及社會治療為主。該派的主張是對個人的瞭解必須從「人在情境中」（person-in-situation）著手，強調個人的行為是同時由其內在的心理和外在的社會因素所形成。心理及社會治療派的個案工作是當代個案工作的主流。嚴格地說來，現代具有專業性內容和深度的個案工作大都是兼具心理及社會性的個案工作，這對需要幫助的個人和家庭提供了充分的協助功效。

心理及社會治療派的個案工作步驟有四：

1.協助案主把生活適應上的事故，和行為型態中的偏差傾向連結起來，以發覺案主的不良行為的問題所在。
2.協助案主察覺並認知其生活適應上的各種「意識」和「潛意識」上的情形。如此使案主可以瞭解其失去正常能力的動力根源。

3.協助案主連結其早年不良經驗與當前行為的關聯性，以促使案主可以翦除過去生活經驗對現實行為表現的衝擊力。

4.協助案主善於運用所獲得的資源，一方面對目前各方面行為能有效支配，並且也可以對其將來的生活情境有預估和控制力量。

四、行為修正派個案工作理論

行為修正派個案工作理論（the behavioral modification casework）是在最近一、二十年來才被採用的。該派理論係以行為修正的理論（behavioral modification theory）為基礎，認為個人的行為是靠外在環境的刺激和制約而形成和改變的，它否定行為的潛在動機和動力因素的作用，因此主張對個人的行為應予治療和訓練。行為治療（behavior therapy）的主要技巧有：正性增強法（positive reinforcement）、角色扮演法（role playing）、負性制約法（negative reinforcement），以及行為塑造法（moding）。該派心理學家認為人的行為是外在環境的約制所得的結果，一切要靠外在環境所設定的條件而定。此派心理學家不重視個人的行為是由內心的動機或潛意識所形成的看法。因此他們所關心的只是目前的行為以及如何去訓練人的行為，它的重點在於運用學習的心理知識，設計一個有計畫性的治療情境或過程，塑造實驗性的治療場面，用以訓練受助者，使他改變其異常情境和行為。

伍、社會個案工作的基本原則

根據社會工作學者梅愛斯（Maas, Henry S., 1976）及廖榮利教授等人的說法，社會工作者必須充分掌握工作的基本原則，以協助案主，進行良好的處遇。這些基本原則有：⑴接納；⑵溝通；⑶案

主的個別化；(4)案主的參與；(5)案主的自決；(6)尊重案主的隱私權；(7)個案工作者的自我認識等七種原則。

一、接納原則

接納（acceptance）是指個案工作者藉由他對案主行為的意義與原因之洞悉，對案主不但不會產生反感或責備之意，更且進一步對案主有一種同理心和尊重的心意與行動表示。換言之，個案工作者接受案主在他所處的狀態（accept the client where he is），即承認案主乃處在一種壓力情境之下，以致於他的苦境只是部分解除或全部未解決，才表現出種種不穩情緒或偏差行為。事實上，個案工作者不但不宜責備案主的不是，更且也不能採取一種置身事外的中性立場，他所要表現的專業態度乃是試著去瞭解案主的真正感受，並委婉地引導案主思考與表達其對自己問題的看法，而個案工作者要適切地傳遞其關切與協助的意圖。面對上述的種種，個案工作者需確認其個案工作角色乃在對案主是一種接納和關切的象徵與代表人物，他對案主不是一種主觀感情用事的競爭者、抱怨者、攻擊者、或是退縮者。相反地，個案工作者在一種自我認識和自律之下對案主客觀地瞭解和建立正性的工作關係，如此才能接納案主和試著去尋覓案主行為背後的一些形成因素。一方面剷除案主的不良反應到最低限度；另一方面提昇兩者溝通的量和質，進而達成一種疏通關係（rapport），即一般所謂「專業關係」所說明的內容。

二、溝通的原則

溝通（communication）原則在案主與工作者之間意味著一種雙向的和直接的意識傳遞過程，各自對所討論的課題可以是看法一致的，也可以是意見不同的。只是，假如是一種真正的充分的溝通，是各自必須瞭解對方所說的或所做的真正意思，也就是各自均應瞭解對方的處境、立場，以及角色。當案主開始試著認清他在逆境之

下的本身立場時，個案工作者往往必須以實際行動和案主進行溝通，表明對案主情況的關切與認識，並且相互溝通與合力尋求解決的良好方法。個案工作者也鼓勵案主本身對其情況的評估和對本身可運用潛能的發現與正視，而個案工作者從中協助。換句話說，溝通的藝術是從使案主對本身、對工作者，以及對機構的期待產生一種新的態度與行動。

三、案主個別化原則

個別化的原則是指個案工作者從與案主初次接觸開始，就把他當一個獨特的個體看待，把案主當作一個生理的、心理的，以及社會力量等之因素所構成的整體性的人看待，並且承認以這樣的一個人在其特殊的困難情境之下有其個人偏好偏惡等反應。因此，個案工作者對案主的瞭解，不但是該案主在該項逆境之下，他的反應與其他案主相似之處有哪些；並且，工作者更要清楚地辨認，該案主哪些特殊的反應是和其他案主有差異的，並且工作者要運用何種方式對該特定個案才會更適合和更有效。個案工作者需有足夠的知識深入瞭解各該個案的個性差異所在。

四、案主參與的原則

當一個案主在個案工作者協助過程中，努力使自己由苦境中解脫，並企求再度獲取一種令人滿意和有持久作用的個人與社會間的平衡狀態時，他自始至終必須被包容在一種積極參與個案工作正當活動過程中，這就是一般所謂的案主參與的原則。實施的起步乃是，對所有個案均要設定基本目標，試著建立與運用案主的一些「自我能力」，並試著支持與激發案主所認為的自我能力所在。如此一來，在個案工作專業關係的發展中，案主自然就被期待和受鼓勵要積極參與整個問題的瞭解與改善過程。畢竟問題是案主自己的，只是問題的解決需由案主與個案工作者共同合力分擔，才是明智而

合乎個案工作的專業藝術的。在當前的個案工作實施上，參與原則引導個案工作者，引發案主對其所處情境的自我界定其意義與性質，對其現況與適應的可能性之分析，以及他本身以積極的態度和行動啓發和運用他本身的資源和潛能。他如此做是同時爲了達成對自己和社會福祉，並使得自身和社會均感到可接納的地步，有效的程度，以及感到滿意的程度。

五、案主自決的原則

這種方式的專業活動，緊接案主參與原則的實施，必然要強調案主自我決策（client self-determination）的原則。案主參與的結果，對其本身福祉攸關的課題，決定權在案主本身的信念是工作者和案主均應肯定和信守的原則。在工作者協助案主決定對其生活課題的有效解決途徑上，個案工作者的職責主要是在協助案主澄清可行辦法的一些可行性及相關應考慮的事項。心理暨社會治療派的個案工作者，在他深謀遠慮的專業判斷之下，對於「未就緒」（not ready）或「當時未具能力」（not capable at that time）的案主，使用自決權的顧慮和採行的對策，往往使用正確的專業判斷和負責的專業權威，在小心選定的範圍和適切的方式之下，暫時刻意影響或代替案主作選擇和決定，但他會向案主做必要的說明，並且鼓勵案主努力增進自擇與自決的意願和能力，工作者也會隨時隨刻地促成案主自決權的充分使用。

六、尊重案主隱私權的原則

誠因在社會個案工作的專業服務過程中，案主從受引導和被鼓勵，而充分參與並投入爲其生活適應問題受良好有效的解決途徑中，自然他會把個案工作者當作一個可信任的和有信心的人看待，他會以低度的社會防衛程度與工作者進行相當親信的溝通。針對此種特殊的互動關係，個案工作者需確實執行社會服務機構明訂的對

案主隱私權的確保之職責，執行的方式可以是直接的，也可以是採取間接的途徑。嚴格的說來，會談中案主告訴工作者的有關內容，均不應只在協助案主爲目的的專業關係之外洩漏，具體說來，個案工作所記載的內容均不應在公眾場合或社交關係中談論，比如在公車上、火車上，以及茶會或宴會中均切忌談論案主之事。還有，妻子告訴工作者的話，在未取得當事人的正式允諾，工作者不應輕易告訴案主的丈夫；有關機構或人士函取案主資料時，未取得案主的同意或授權；均不應提供案主之任何資料給來函機構或人士。簡言之，自從步入案主與工作者的專業關係開始，通常案主均會期待工作者維護案主的隱私權，而機構規章與個案工作者均應慎重地爲案主的私人資料嚴守專業保密之責，這就叫做個案工作的保密原則。

七、個案工作者自我認識的原則

個案工作者的自我認識（self-awareness）原則是要做到以下各項：首先，個案工作者對案主的各種反應應維持在相當理性的，與案主是在一種專業關係層次上互動，而不是工作者個人動機行事或主觀感情上的反應。其次，個案工作者的任何反應均應爲了協助案主工作，而不是爲了滿足工作者本身的需求。再其次，個案工作者對待案主需以高度客觀和中立的態度，即個案工作者個人生活上的主觀性或偏見，對社會團體或種族的刻板化印象或負面的態度，均不應介入與案主的專業關係中。自我認識的原則乃在提醒個案工作者，時時不忘審視本身在與案主專業關係中的種種個人的內心感受，這些感受包括對在逆境中案主的正性和負性的反應。要做到這種地步，對個案工作者的督導（supervision）工作有其絕對性的助益，尤其對初入個案工作之門的人來說，自己不易察覺本身的一些感受和對案主的許多反應，因此更顯得需要專業的第三者，也就是督導者（supervisor）從督導程序中協助工作者逐步建立敏銳察覺對案主的感受和反應之能力。猶如其他需經常操作「自我批判」

（self-critizeal）的專業人員（如精神科醫師、臨床心理學家）一樣，專業的社會個案工作者確確實實須對本身的性格弱點或能力限度有所認識與從事必要的約制或調適。說明白一點，自我認識原則旨在提醒個案工作者，他要在與案主的專業關係中，善於將自己當作專業上的我（professional-self）來使用，以增強案主的自我發展（ego development），而萬萬不可藉案主來使個案工作者感到滿足或成長。

陸、結語

社會個案工作是社會工作諸方法中最根本的部分，隨著社會工作逐漸成為一門專業的行為科學知識，個案工作也藉由理論與實務經驗，發展出深厚而有效的技能，經由一系列的方式協助案主，激發潛能，運用資源，克服困難，解決問題，並防範新問題的出現；成為學習社會工作者不可或缺的基本方法之一。

第2章　社會團體工作

壹、前言

　　人類生於團體，長於團體，屬於團體，不但在生存上互賴，而且在情緒上相互牽連，這種互賴的情緒分享與任務追求，正需藉著團體互動的機會來滿足。因此，社會團體工作正提供此方面的經驗，不論是在醫院、學校、工廠、公司、司法機構……等之社會團體工作已被廣泛地運用。本文將就社會團體工作的定義、功能、模型、原則及於醫療工作上的運用加以說明。

貳、社會團體工作的定義

　　社會團體工作，有人稱為社會集團工作，也有人簡稱為社團工作，都是從英文（social group work）直譯而來，為現代社會工作三大基本工作方法之一。它的發展雖較社會個案工作略晚，但至今也有五十餘年的歷史，在各國社會工作中已獲得同樣重要的地位。社團工作是致力於團體組織，使個人參加團體活動，其目的在幫助個人發現自己與他人的關係而發展其忠於團體的集團精神，使之明瞭並盡其應盡的社會責任。它可以供給個人社區生活的訓練，它是幫助個人建立社會化的人格，並激發社會領袖和與社會合而為一的意識之手段。社會團體工作是一種以一群人為單位施以專業服務或治療的方法，用來促使一個團體整體和其成員們，透過與工作者的專業關係以獲得團體生活的經驗，進而增進個人和團體應達到的目標。因此它的工作對象包括：健康的個人所組成的團體和有疾病的

個人所組成的團體。其目的是使團體中之個人依據其本身的需求和能力而獲得與他人關係的能力和促進個人的成長，並達成整個團體的目標。

崔克爾（Harleigh B. Treker）為社會團體工作提出一套運作的（operational）界定，茲將他的系統性分析如下：

1.社會團體工作是一種方法：由知識、瞭解、原則、技巧所組合。
2.透過個人在各種社區機構的團體中：包括個人在團體中以及社區機構中。
3.藉團體工作員的協助，引導他們在團體活動中互動：透過接納關係、團體個別化、協助團體決定目標與方案、激勵與輔導、組織和程序、以及資源運用等。
4.以使他們彼此建立關係，並以個人能力與需求為基礎，獲致成長的經驗：如：參與、歸屬、決策、責任感、成就、自動自發以及調適能力。
5.旨在達成個人、團體、社區發展的目標：目標在於達成個人行為的改變；團體民主化的形成；以及社區發展。

根據上述的幾項定義，我們可以歸結出社會團體工作的特質如下：

1.社會團體工作不是普通的一般團體工作，它是由曾受專業訓練的社會團體工作員，在其所屬的機關或社團的主持下，依據社會團體工作的原理和方法，以及工作員對於個人、團體和社會的瞭解與運用工作員與團體、團體分子及社會的交互關係，以促進個人、團體與社會發展為目的之專業工作。
2.社會團體工作是要藉組織團體與領導團體活動的方法，使參加團體的分子可以依其個人的需要和志願，在個人與團體的

相互關係中充分而自由的獲得他個人需要的滿足、能力的發揮與其人格的發展。

3. 社會團體工作是一種社會化的工作過程。什麼是「社會化」？「社會化」乃是共同合作發展團體責任的一種歷程，可使個人與他人的幸福或一個團體與其他團體的幸福純粹地趨於一致。社會團體工作以組織團體和培育團體生活為方法和手段，而不以組織團體為目的。在領導團體活動時，重視活動的過程，並不因追求某一種團體活動的成果而影響團體活動的過程或犧牲社會團體工作重視個人自由發展和重視分子間交互關係的精神，或改變其社會化的工作方法。團體工作在組織團體的程序上，祗注重團體的實質、經驗與活動，而不過於重視團體的形式，它注重分子的自動參加、自由發展和分子的團體生活經驗，以及團體與分子相互間的心理互動和行為上的交互影響，要使分子及團體的存在與活動對於雙方和社會都有重要的意義。因此社會團體工作乃是一種社會化的工作過程，在活動中促進個人、團體與社會的社會化。這種組織與普通人民團體的編組或軍隊式的團體編制迥不相同，也與一般虛有其名或徒具形式的團體組織不同。也因其如此，這種團體工作要被稱為社會團體工作。

4. 社會團體工作所組織和領導的團體都是較小的團體，認為祗有在較小的團體中的分子才能發生密切與直接的相互關係，祗有在較小的團體中，每個分子才能充分的獲得重視，才能有充分自由發展的機會。

5. 社會團體工作是一種心理互動與交互行為的過程，不但重視分子間與分子與團體的交互影響，並重視工作員與分子間與團體間的交互關係。

6. 社會團體工作是一種民主化的工作，在理論與方法上都以民主為基礎。祗有在民主的社會裡，它才能夠有效的推行，也

只有加強發展社會團體工作與普遍的運用這種工作的方法和精神，才能夠真正的建立起民主的社會基礎。

參、社會團體工作的功能

社會團體工作透過團體以達成助人服務及團體成長的目標。社會團體工作的功能，是必須同時兼顧成員的個別需求、團體目標及機構目標。

克萊恩（Alan F. Klein）對社會團體工作的功能提出八點，這八點就不只是針對個人而言，而可以說是含蓋社會團體工作的一般功能：

1. 復健（rehabilitation）：包括對原有能力的復原和對情緒的或心理的或行為的困擾，以及態度或價值導向的復健。
2. 開展（habilitation）：發展面對問題與解決問題的能力，也就是學習適應危機情境的能力。
3. 矯治（correction）：協助犯罪者矯正行為與解決問題。
4. 社會化（socialization）：幫助人們滿足社會的期待，以及學習與他人相處，其中包括對部分特定個案的再社會化。
5. 預防（prevention）：預測問題發生之前，提供有利的環境以滿足個人的需要；並且協助個人培養處理偶發事件與抗衡危機的能力。
6. 社會行動（social action）：幫助人們學習如何改變環境，以及增加適應力。
7. 解決問題（problem-solving）：協助人們運用團體力量達成任務，做成決策以及解決問題。
8. 社會價值（social value）：協助成員發展適應於環境的社會價值體系。

以上這些功能屬於一般性的，而每個團體都可能有獨特的功能要去達成，所以，有效的團體工作是使其功能得以達成。

至於社會團體工作對醫療機構上的功能，可以分為：

1. 綜合醫院、診所、慢性病醫院以及醫學復健中心等機構的團體工作實施：對象包括病人及家屬，對於病人的團體，在於協助病人適應醫院環境；進行社會診斷；團體治療；醫療社群的參與；改變醫療環境；以及康復期再適應的問題等功能。對於病人家屬的團體工作，可以協助病人家屬瞭解病人疾病的性質；解除恐懼焦急與羞恥感；對病人的病情產生積極的展望；對醫療機構的有效運用；以及對病人家庭保健的認識和達成互助的關係。尤其是在病人發病或失去能力所導致的家庭危機期間，團體工作方法是很有效的相互支持與解決危機，增加生活適應力的方法。

2. 公共衛生機構的團體工作實施：包括地區衛生所、保健站、或醫療推廣中心等，尤其地區公共衛生推廣人員，透過團體工作方法，對於社區中居民的有關疾病預防和保健知識的行動；家庭保健工作；家庭計畫；以及社區環境衛生的改善，可在有限的時間內，協助較多的人民，獲取較深刻的認識與具體行動。

3. 心理衛生暨精神病防治機構的團體工作實施：透過團體工作的實施，能夠協助精神科住院病人達到：(1)自我模型的表達；(2)社會參與；(3)行為回饋；(4)建立自尊；(5)學習新的知識以及技巧；(6)社會教育；(7)社會饑渴的支持以及利用。（Churchill & Glasser, 1974）。此外，對於精神科病人家屬或兒童心理衛生診所病人的家屬所組成的團體，可以協助他們瞭解精神疾患的特質；相互支持與輔導；翦除焦慮、羞恥與恐懼；解除因病人引起的家庭危機；調整家庭關係等。

肆、社會團體工作的模型

社會團體工作的理論基礎爲：

1. 人是有組織的：社會可以說是由各種個人所組成之各種團體的一個錯綜複雜的組織網。一個社會的行政、立法、司法、工商企業、以及教育文化等各種制度包括著各種不同的團體，這些團體與制度之間交互影響，社會的進步與安全需要這些制度與團體俱能發揮與創造其有效的功能並保持其相互間良好和諧的關係，而這些制度與團體的組織與運用就要以他們的組成分子或個人來決定。社會就是個人與個人、個人與團體、團體與團體所組成的整個社會關係的複雜體系，個人與其所組成的團體，以及與其所組成的社會三者間實存在著一種相互倚賴與相互影響至爲密切的關係。

2. 人有群居的願望：社會團體工作接受社會學與心理學的影響，承認人類不但是群居動物，不能離開群居而生活，且有要求群居的願望。

3. 民主：社會團體工作是現代民主思想的產物。它的立論與其理論的應用與發展概以民主爲其基礎。社會團體工作之目的即在供給個人以團體生活之經驗，使個人能於團體生活中習得民主生活之方式及民主之精神，爲民主的生活方式及民主的社會秩序建立其深固的社會基礎。

依據此理論基礎，所型構的工作模型，可歸納有：(1)社會目標模型；(2)治療模型；(3)交互模型；(4)過程模型；(5)克萊恩的折衷模型；(6)藍格的廣界模型；(7)行爲模型；(8)任務中心模型；(9)團體中心模型；(10)個人成長模型；(11)成熟階段模型等十一項，茲分述於後。

一、社會目標模型

社會目標模型（social goals model）起源於美國社會團體工作早期的傳統，所謂民主的本質，對這個模型提供價值基礎與理論解說的有菲塔克等人（Whittaker 1970, Papell & Rothman 1966, Weiner 1961, Konopka, 1958）。這個模型的基本概論是社會意識（social consciousness）、社會責任（social responsibility）以及社會變遷（social change），他認為藉著共同參與團體情境中，個人就能影響社會變遷，社會行動也成為是可以期待的。因此，社會團體工作員是一個影響者與使能者(enabler)。本模型關心民主與增強個人的社會功能，提高自尊，增加個人和團體的社會權力。

二、治療模型

治療模型（remedial model）也稱為處遇模型（treatment model），或臨床模型（clinical model），本模型早期受到雷德（Fritz Redl）的影響，近來密西根社會工作學院（Michigan School of Focial Work）以文特（Vinter）為首的一派，對它下了很多詮釋。這個模型的功能在於透過團體經驗來治療個人心理、社會與文化的適應問題，協助個人達到更可期待的社會功能。這個模型的主要概念是團體發展、溝通、領導、社會測量的衝突、規範性結構與過程（normative structures and processes）。團體是一個治療環境，也是治療工具，團體工作員像家長、博學的指導者；工作員較是一位變遷的媒體（change agent），而較不是一位使能者。他的任務是研究、診斷與治療，他的地位是權威的專家，他必須有足夠的能力去診斷個人的需要，安排治療計畫，以及控制團體的發展。

三、交互模型

交互模型（reciprocal model）又稱為居間模型（mediating

model），史華茲（Schwartz, 1961）對它貢獻最多，其他如：菲立浦（Phillips, 1957）、卓普（Tropp, 1965）、李准（Levine, 1965）亦多有貢獻。團體是工作員與案主組織的體系，雙方交互影響，工作員不設計方案，不是個控制團體的先知，團體的形成由團體成員互動之結果來決定，團體成員在團體中分享責任、社會成熟水平與團體經驗。團體工作員是案主與團體或團體與機關間的居間協調者（mediator）或資源人力（resource person）。

四、過程模型

波士頓大學社會工作院（Boston University School of Social Work）的團體工作理論委員會（Groupwork Theory Committee）首先有了這個過程模型（process model）的雛型（Bernstein, 1965），到 1970 年時已更完整。樓伊（Lowy, 1970）認為，除了以上三個模型之外，這應是第四個模型。波士頓模型（Boston model）認為，團體的運動有一個可界定的階段，每個階段有前後關聯（sequence），最後一階段即是團體的成熟期，在團體成熟期的過程中，成員對過程提供力量，並朝向成長。這個模型主要強調「時間、過程和團體發展階段，以及團體成員與發展的關係」。伯恩斯坦（Bernstein, 1970）指出，團體工作員在過程模型中的價值是「他必須覺察到成長的潛力，和成員在滋潤、刺激與解放中的滿足，這些團體經驗幾乎都是意料之外，但工作員能增強之」。團體目標依照團體成長的路徑修正，團體發展階段的前進，就是社會工作員目標可能達成的基礎。

五、克萊恩的折衷模型

克萊恩（Klein, 1972）認為，任何團體工作實施不可能只用單一方法，以達成積極目標，他反對教條式的方法。他相信民主的信念。他強調權力必須存在團體中，工作員任由團體成員去我行我

素，他用社會行動的概念，認為團體應該提供更能滿足成員需求的環境。團體過程是團體發展的工具，團體過程才是變遷的媒體，而不是團體工作員，團體工作員只是團體的一分子，具有催化與使能的角色。團體工作員在團體中是個安排與引導者，以達到團員所同意的目標，他反對工作員以權威出現，但他卻贊成工作員運用專業權威。樓斯門（Rothman, 1970）認為，克萊恩是嘗試用單一的社會團體工作模型來適用不同的目標、問題與內容。接著他又評論道，克萊恩的概念對社會工作員來說，隱含著積極的角色，但是克氏主張工作員解放自我，表現他自己的判斷、感覺與經驗，而不可有優越的權力賦予。藍格（Lang, 1972）認為，克萊恩的折衷模型（Kleins' eclectic position）是在連續體上的某個位置，是偏向較少引導的一端。

六、藍格的廣界模型

藍格（1972）認為，不同的團體秩序導引不同的團體型態。藍格的廣界模型（Lang's broadrange model）運用三個概念來描述團體秩序（group orders）：他律性（allonomous）、半自律性（allo-autonomous or semi-autonomous）與自律性（autonomous）。在第一種秩序之下，工作的單位是個體，團體工作員被視為外人，為了達到團體目的，團體工作員採用指導與控制的方式；第二秩序發生在團體工作員的外在影響與團體成員的自我管理，此時工作對象可能是個體也可能是團體；第三秩序發生在團體工作員納入團體時，團體成為一個整體（group-as-whole），團體自我管理與自律，這三個階段的團體形態因秩序的演變而不同。

七、行為模型

行為修正模型的建立主要是靠沙瑞（Sarri, 1974）、佛朗可與葛拉瑟（Frankel and Glasser, 1974）、費爾門與伍達斯基（Feldman and

Wodarski, 1975）等人的探討。這個行爲模型（behavioural model）是以個人爲焦點的治療取向，每一位成員被鼓勵投入團體並與他人接觸，工作員是專家，具有指導的能力。工作員教導成員解決問題的階段，增加氣氛、選擇團員、引導團員、協助他人，以及直接干預等。行爲修正藉著增強作用，每一成員均可能是增強作用的來源，團體工作員、成員、團體情境與活動，都可以做爲二度增強（secondary reinforcers）。佛朗可與葛拉瑟提出六個團體行爲技巧：

1.換贈卡（token economy）。
2.模塑（modelling）。
3.行爲預演（behavioural rehearsal）。
4.系統敏感消除法（systematic desensitization）。
5.方案工具（programmed instruction）。
6.討論方案（discussion programmes）。

八、任務中心模型

佳文（Garvin, 1974）認爲任務中心的個案工作（task-centred casework by reid and epstein, 1972）可以運用到團體工作。任務中心模型（task-centred model）有兩個事實要素：⑴雖然它可以包含於治療模型之中，但是，它更強調目標明確化，以及增加工作壓力的程度；⑵使用更多的團體參與，且嘗試在團體不同階段運用不同的治療途徑。所以，這個模型可以說是治療模型與行爲修正模型的折衷模型。佳文認爲，這種團體所處理的問題限制在：

1.暫時社會功能失衡。
2.問題能被再平衡的力量所蔑除。
3.問題能在短期內改變。
4.再平衡之後，改變的動機將降低。

團體工作員在事先已擁有最多的成員資料，案主的選擇最好問題相似、態度一致，這個團體通常很小且封閉，成員往往是志願而同意加入的型態。

九、團體中心模型

卓普（Tropp, 1976）所發展出來的理論是典型的團體中心模型（group-centred model），他所強調的與過程模型有些不同，他不重視發展的前後順序（sequence），但是，同樣的都在發展成員的社會能力。卓普界定團體工作是：「經由成員投入從事共同利益與共識的團體經驗中，以促進社會功能」，所以這個團體模型目標在於：

1.增進對他人的角色責任。
2.增進角色的自我滿足。

工作的目標在於達成疏緩、支持、現實導向與自我再評價。因此，他認為這種模型不適合於家庭，也不適合於成員發展目標與團體目標不合的團體。而朋輩團體，非志願或志願團體均可適用。

十、個人成長模型

尚未有文獻單獨將它視為一個團體工作模型。但是，它也有其特殊的地方，個人成長模型（personal growth model）主要在於使成員發展人的潛能，它的範圍可以從指導到團體中心的途徑，不能說它沒有方向，也不能說它沒有活動節目。每個人都有不同的發展進度，甚至在這種團體中可以產生神才人物（charisma），社會工作相信在這種團體中，個人以其自我知識達到最好的成長。無疑地，各種團體都能使個人達到某種程度的成長，

每個人都能在團體中建立自己的特定目標。只是，這種團體更注重個人自覺的發展罷了。

十一、成熟階段模型

成熟階段模型（maturational stage model）是一個真正折衷的模型，也未曾有人特地標示它，這個模型有兩個主要方法：⑴適應於團體目的、潛能與案主的本質；⑵在團體中任何時間、階段都可因元素的改變而變換途徑，所以說工作員要有很好的能力去適應團體情境。

伍、社會團體工作的原則

根據崔克爾（Harleigh. B. Treker, 1972）的說明，社會團體工作的原則有：⑴社會工作價值的原則；⑵人類需求的原則；⑶文化背景的原則；⑷團體組成的計畫原則；⑸目標明確化的原則；⑹專業關係建立的原則；⑺運用團體個別化的原則；⑻導引團體互動的原則；⑼團體民主自決的原則；⑽功能組織的彈性原則；⑾團體活動經驗成長的原則；⑿運用社會資源的原則；⒀評價的原則等十三項，茲分述於後。

一、社會工作價值的原則

社會團體工作立基於社會工作的專業價值、發展與助益人們滿足其需要，社會工作的中心信念是人類尊嚴與價值，人們有權利參與自身相關事務的決策，團體工作員應接受個人有自由表達的權利。同時，社會工作相信人格可以在環境的適切贊助下達到發展與改變，團體工作員的重點在個人及其需求，透過團體工作的實施，協助個人發展潛能，進而自我實現。

二、人類需求的原則

社會團體工作提供的服務與方案在滿足個人的需求，因此，團

體工作員的基本責任是在滿足人類的需求。人類需求總是受制於不適應的環境,而不能適切的滿足,工作員應發現社區的阻礙點在哪裡,並儲備最豐富的資源,以滿足案主不時之需。工作員也將逐步推動團體,朝向豐碩社區生活與增強社區服務。

三、文化背景的原則

由於社區的文化影響人們表達需求的方式,同時也影響服務的產生與利用。所以社會團體工作員要不斷地瞭解社區的文化背景知識。每一個社區都可能有獨特的文化背景,如信仰、觀點、價值、偏見和經驗。社區的人們在文化的薰陶下有一脈相承的穩定行為模式,社會團體工作員應準確地瞭解每個社區文化基礎的差異,並透過團體方案與活動,積極地促使文化朝向變遷。

四、團體組成的計畫原則

團體是對個人提供服務的基本單位,工作員有組成團體的責任,或接受機構已組成的團體。對團體先天因素的瞭解,將有助於個人成長與需要的滿足。團體在社會工作過程中,不斷地發展與變遷,而且高度地影響個人的行為。所以,社會團體工作員應有意地設計團體的組成:使其有成長的潛能。如果團體已由機構組成,則團體工作員在接下團體之後,應亟力協助團體成員與機構間的交互滿足。

五、目標明確化的原則

在團體工作中,工作員應在考量團體的能力與兼顧機構的功能下,促使個別與團體目標的明確化。團體中的個人都有其個別的目標,但個別目標並不一定是團體目標,團體目標也並不是個別目標的總和,社會工作員應採行民主的方式來激發成員發展團體的共同目標。明確的團體目標不但為團體成員所能接受,而且也不違背機

構的目標，如此，才能使團體有效達成其目標。

六、專業關係建立的原則

工作員與團體建立專業關係的意義是，工作員與團體成員彼此相互接納，工作員同意協助團體發展，成員接納工作員與機構。專業關係的建立有益於團體功能的實現，專業關係的品質與強度關係到團體潛能完全實現的程度，工作員如果接受了團體，他應盡力去瞭解團體組成的始末，工作員要決定是否接受團體時，不一定只是考慮團體的組成模式，而可考慮團體本身的內在因素。

七、運用團體個別化的原則

團體與個人都在運用不同的方式，以滿足個別的需求。每個團體有不同的目標、組成因素與環境安排；每個團體也有不同的發展速度與互動內涵。所以，團體工作員應隨時瞭解團體發展的階段，才能契合各團體的個別差異。每個團體內的成員也有個別的特性與需求，工作員應瞭解個別成員的能力、需求、潛能與限度，使每一位成員都能充分發展其潛能，滿足不同的需求。所以，工作員應期待各種不同的行為反應甚於看到一致的反應，工作員透過個別化的原則，協助團體與個人朝向特殊的需要滿足。

八、導引團體互動的原則

團體中改變的動力來自成員間交互反應或互動，團體工作員的參與模式影響團體互動的質與量。工作員參與團體過程的基本態度是促進或有效增長團體的互動，他不是決定團體的行動方向，而是協助團體成員肯定參與的角色，積極參與團體過程。工作員可以運用催化、刺激、示範、提供資訊、反映、質疑與開放討論等方法來促使團體互動品質與頻率的提高。

九、團體民主自決的原則

在團體工作中，團體有最大的權利來決定團體活動。團體民主自決的原則是基於個人與團體唯有賦予行為責任才能發展社會責任。團體決策的因素往往來自三方面：一是機構政策；二是社會工作員的干預；三是團體本身。然而，團體有最大的自由接受與拒絕機構的服務，社會團體工作員應適時解釋機構的功能與澄清工作員的角色。團體自決的原則必須立基於團體的能量與潛力的基礎上，團體工作員必須協助團體做成最好的決策。所以，工作員應先協助團體發展一種自決的責任意識，透過責任意識的產生，團體才能遂行其行動。

十、功能組織的彈性原則

在社會團體工作過程中，工作員引導團體成立正式的組織，這個正式組織應能滿足需要；能為成員所瞭解與接受；能適切地產生功能；且具有彈性。也就是能適用而且能隨團體變遷而調整。每一個團體都有正式與非正式的組織以維繫團體，以及達成功能。團體中的成員能在組織中安排適應的角色。通常團體正式組織的嚴密程度與團體目標有關，不過，任何團體都或多或少有正式的組織形成。工作員在於協助團體組織自己，而不是組織團體；工作員的責任是協助團體決定正式組織的形式，領導體系，以及安排適當的角色，俾以完成團體所賦予每位成員的工作。

十一、團體活動經驗成長的原則

團體活動的安排應該依成員的興趣、需求、經驗、能力，以及團體的成長而逐漸增長。團體工作員協助團體進行活動設計，或者提供活動節目，應從簡單而易於進行者開始，團體活動首先應以激發興趣，產生信賴和易於達成目標的為主，逐漸進入複雜、深度與

廣泛的經驗者。團體工作員要不斷對團體活動進行評價，以評定活動的成效與貢獻。活動的成敗受到活動安排得當與否，以及成員接受工作員協助的意願強弱而定。

十二、運用社會資源的原則

團體工作過程中，應該善於運用機構與社區所擁有的資源，來豐富個人以及團體的經驗。我們假定團體是環境的一部分，環境是由機構與社區所組成，因此，團體與環境不斷地交互刺激與影響。工作員應承擔起團體與機構和社區間的協調角色；工作員運用其對機構的瞭解，以及對社區資源的豐富知識，協助團體運用最多的社區資源以充實團體經驗。

十三、評價的原則

在團體工作中，對過程、方案與結果進行持續地評價是非常重要的。工作員、團體與機構三方面都要盡力來分享評價過程。評價在社會團體工作中，不只是可能和可及的，而且是必須的。評價本身是客觀而中立的，評價的依據主要是靠團體工作過程記錄，記錄是所有團體活動的累積，做為判斷目標被達成的證據。所以，過程記錄務必詳盡。團體工作評價可以增加團體經驗的深密度；可以適時修正目標；可以確立團體發展的階段；可以看出活動的成效；可以增進工作員的自我瞭解；可以改正錯誤，砥礪來茲；可以建構團體發展的一般模式；可以印證團體工作原則方法的可行性；可以做為機構發展團體工作的參考。

以上所提出的十三項基本原則是動態的，團體工作的實施與研究不斷精深，這些原則也可能不夠用，我們期待新的而可行的原則不斷出現。當工作員經驗越多時，越能體認這些原則的真義；體驗越深刻，原則的運用也越靈巧，團體工作的成效就指日可待了。

陸、結語

　　社會團體工作是社會工作的主要方法之一，其目的在協助個人解決生活適應的問題，滿足基本需求，同時也經由團體互動的經驗，協助個人發展社群意識。隨著社會科學的發展，團體工作引進相關知識與學理，增長其間工作的技能，並積極擴展服務領域至家庭、學校、軍隊、企業，成為運用團體幫助個體的主要方法；在強調團隊精神的今日，該工作方法實足為有志參與社會工作者所重視。

第3章　社區組織工作

壹、前言

　　現代社會的特質是快速而劇烈的變遷。此種變遷來自於現代科學的昌明與科技的發達。現代科技的發達，直接帶來生產方式及社區交通的便捷，間接的帶動了社區結構與人際關係的改變。此種改變，亦造成了現代社會生活的人際疏離與規範的迷亂，從而顯示社區組織工作，在當代社會環境的重要性。

貳、社區組織工作的定義

　　所謂「社區」是指一群人共同生活的地域，社區實包含有幾個因素：(1)有著某種範圍的一個地域，但這個地域不限定是一種行政上的區域；(2)在這個地域上生活著一群人他們之間有著各種交互及共同關係；(3)這一群人間有著一種相互關係的意識，這就是社區意識。因此，一個社區可以是一個村鎮，可以是一個省、縣、國家或更大的區域，也可以是超乎地域觀念的具有某種共同興趣的人群之結合。

　　「社區組織」的定義可分靜態與動態兩種。靜態的定義等於人類學和社會學所講的「社會組織」，代表一個社區裡面的整個社會關係。動態的定義又可分為廣義與狹義的兩種。廣義的是指整個社區有關社會福利機關與社會制度間相互關係之調整，使其在功能上有適當之發展，以增進整個社區之福利。狹義的是指社區內一個社會工作機關或社會工作人員用以調查社會需要，調整及發展其機關之

公共關係與功能，有計畫地促進社會福利或改良社區生活的一種工作或方法。

麥克尼爾（McNeil）表示：社區組織「是社區民眾即市民或團體代表，聯合起來決定社會福利需要，製定合宜的方法，並動用必要資源，以滿足需要的過程。」

布瑞格（Brager）及斯貝克特（Specht）指出，社區組織是一干預的方法，藉著個人、團體及組織共同有計畫的行動，來影響社會問題。其工作涉及社會機構的充實、發展與改變，並包括兩個主要的相關程序：(1)計畫（planning）：即確認問題的地區、診斷原因及建立解決方法）；以及(2)組織（organizing）：即培育擁護者和設計影響行動的必要策略。

從上述的定義中，可確知社區組織工作有三個主要的意義：(1)最為一般人所熟知的是服務範圍的選定：指由社區福利協會、聯合基金會、協調委員會等機構，對社區之需要和資源的協調、配合與工作；(2)為發展的階段。此與社區的組織或解組的程度有關；社會問題少的表示有良好的社區組織，在社會問題多而困難重重則顯示出社區解組（community disorganization）；(3)方法：方法或過程是改變發生的途徑。由此看來，社區組織工作可以說是一種方式或態度，為了要面對、解決或減少社會問題而採取行動。

某些基本事實訂定了社區組織工作的定義。社區有如案主（the client），它的需要是最重要的，這些需要以影響大多數人們的方式而表現出來，故考慮並提倡社區資源的運用。個案工作（casework）強調個人及人際關係。團體工作（group work）以團體為工具，使個人人格得以發展，並解決個人及家庭的問題。社區組織（community organization）是團體互動的過程，使用社區機構和資源探出社會的病態，而採取行動根治之。

參、社區組織工作的原則

社會變遷可由人類計畫指導促使社會進步

　　社會變遷雖然由於造成變遷的各種錯綜複雜因素使人不易控制，但社會學家與社會工作者認為，人類可以就已知的各種地理、生物、文化與心理等因素，加以控制或指導，使依照人類預定的計畫進行，則社會之計畫變遷有實現之可能。

社會為人類整個社會關係的複雜體

　　社會學家認為，社會是一個人類的關聯體，是有著相互及共同行為及關係的一群人，社會是人類各種社會關係的體系，社會與個人有著交互錯綜複雜的關係。社會工作者認為，讓社會明瞭這些現象，爭取社會的合作，組織運用社會的力量使為整個的社會著想，社會的整個進步是可能而可期的。社區組織運用整個社區的力量，計畫社區的改進與發展，以促進整個社區的福利，就是根據社會學及社會工作者對於社會的這種認識。

人類有計畫的分工合作可促進社會之更高發展與加速進步

　　社區組織工作就是要積極的指導人類發現其社會問題或需要，發揮人類分工合作的精神，計畫人類的分工與合作，組織包括人力與物力的社會資源，以剷除和預防人類環境中的各種障礙，使人類社會能在一種有效的建設性的調適關係中獲得更高的發展與加速的進步。

以社區居民的需要為前提

　　社會工作強調人類崇高與平等的價值，然而晚近對人性尊嚴最

大的挑戰，卻不外乎膚色種族的歧視；以及西方人或專業人員去改善開發中貧窮國家的生活時，對服務對象往往缺乏一種「內發的尊重」（inner respect）。所謂內發的尊重，應是社會工作者秉持「每一個人都同等重要」的價值，尊重案主的信仰（beliefs），尊重其自行達成決定與處理生活的能力。基於此一價值觀；社區工作乃有「以居民感覺的需要（felt need）為依歸」的原則。

唯民主與自由能保障人類之幸福與社會之進步

　　社會工作者相信，民主社會的社區組織工作不僅是民主社會的產物，亦將是民主社會的建設者，因為社區組織不僅在工作精神與工作方法上一本民主的最高原則，且在工作的過程中不停的培育社會的民主制度與發揚社會的民主精神，使日益成為一民主的社會。

以社區均衡的發展為歸依

　　密爾森（Fred Milson）在《社區工作導論》（*An Introduction to Community Work*）一書中指出，評價一國之良，不在於財富的多寡，而在於財富的運用與分配；不在彪炳的戰功，而是在於該國福利與教育方案的擬定。在個人主義日趨高張的今日，多數人只將此一價值視為「意識層面被接受的規範」，但在潛意識中，輿論仍期待窮人自行克服其生活難題。然而對強調「社會正義」（social justice）的社會工作者而言，在此一價值之引導下，仍然堅持任何科技、工業與經濟方案，必須將其可能導致的社會成本（social cost），預先納入考慮並防範之內，以整個社會的均衡發展為前提，擬定「全盤計畫」（holistic approach），反之，若仍因襲以往的「片斷方式」（fragmented approach），則效果必然有限，且極易引發接踵而來的新問題。

考量

「社會正義」（social justice）及「社會平等」（social equality）的因素：從社區調查和實際工作經驗中，社區工作者不難發現一個事實，處於社會不利地位者（socially disadvantaged），對於與他們利益息息相關的制度，竟往往無絲毫的影響力；針對這個不合理的現象，保障案主的權益，使被剝奪者（deprived people）得以分享權力，成為社區工作者極其應當與自然的工作。社區工作者透過社會行動，提高這些團體的地位，增進其自行控制生活的權力與表達個人抱負和關注的能力。

協同合作遠勝於孤立無援

現代社會的特質是分工細密、關係繁複。往昔的血緣連結，在快速社會變遷之下，已失去其凝結力，代之而起的是一份試圖保留人們的志同道合和減輕孤獨疏離感的努力，唯有透過這份努力，人們願望才有達成的可能。因此，身為社區工作者，應確信人們有主動與他人結合的需要。並經由相互間的合作關係；個人不但可以發揮影響力，肯定自我的價值感，同時也可培養成為一個有尊嚴、有權利和責任的成熟公民。

另就國內學者徐震教授的觀點，社區組織工作的原則可歸納如下：

1. 組織的原則：社區工作本身就是一種組織的過程，因此，人民只能透過組織，社區才能獲致一致的行動，謀取共同的利益，所以社區發展工作必須從組織民眾著手，一切的活動均以組織為基本。

2. 教育的原則：社區工作本身就是一種教育的過程，它是要改變那些妨礙社會進步的習慣，提倡有利於經濟發展的觀念。所以，社區發展的一切活動均以教育民眾，使居民態度改

變，以帶動社區之變遷爲目的。故社區發展是「人」的發展，其故即在於此。

3.注重全面利益：社區工作把社區看作一個整體，以全社區的利益爲利益，故社區工作注重協調合作，而不能爲某一階層或某一集團的人士所操縱。

4.注重平衡發展：社區發展工作包括：經濟、社會、教育、文化等各方面生活水準的提高，是一種物質建設與精神建設，經濟發展與社會發展同時並重的工作。

5.注重社區自助：社區工作強調社區自助，儘量運用社區本身的資源，動員社區本身的力量，歡迎政府或社區以外的技術或經濟支援，但不仰賴於社區以外的援助。

6注重工作生根：社區工作是社區民主自治的過程。要民主自治必須：

①使民眾樂於並習於參與社區事務。
②鼓勵社區婦女與青年參加工作並從中發掘地方領導人才，培養地方自治能力，然後才能使工作生根。

7.注重區域性的配合計畫：社區發展以地方社區的發展計畫爲單位。此種計畫雖以地方性的需要爲依據，但亦必須配合國家區域性的計畫，與國家建設的方針，使每一個社區的發展匯集爲國家整體的發展。

8.注重預防性的服務工作：社區工作本身是一種解決問題與預防問題的策略，社區工作強調使居民習得分析其社區問題與解決其問題的能力，同時所有的服務方案亦應針對其問題，提供解決當前問題與預防今後問題的服務計畫。

肆、社區組織工作的方法與步驟

調查與研究

社區組織首要從事調查與研究的目的是要瞭解社區，認識其一般社會文化政治與經濟狀況及其特徵，發現其需要或問題，及其一切可用的社會資源與力量以作編製工作計畫之參考。

組織與設計

社區組織的目的是運用組織與設計的方法，使社區的資源配合社區的需要，能有效的促進社區之福利。社區組織的中心工作係組織與設計，調查與研究只是組織與設計工作之準備。而設計又常與組織工作同時進行，兩者有其密切的關係且相互影響。

宣傳

社區組織工作不僅要發動和組織有關的機關和社團，更要發動社區內的人力與物力。宣傳的目的是向一般社會及有關機關和有關人士報導事實，激發社會對於某一事件或某一問題的重視，改變或培養一般社會及有關機關與有關人士對於某一事件或某一問題的態度，因而採取一種行動。

執行

調查、研究、組織、設計與宣傳等各項工作均為執行工作之準備，最後即要付諸執行。

社區組織與社會立法及社會運動

雖然社區組織工作常以一市區、一鄉村或一個較大的地方社區

為其工作區域，但在其社區中所要解決或預防的社會問題常是不僅屬於地方性的社會問題，而是屬於全國性的問題，甚至是一個屬於世界性的問題。對於這些社會問題的解決或預防非一個較小的社區所能為力。因此，社區組織工作在其遭遇到較大的社會問題或準備促進一項重要的社會改革計畫時，就必須借重社會立法和社會運動的力量。

社區組織工作記錄

工作記錄在社區組織工作中有其重要之作用，社區組織工作機關與工作員均應予以重視。社區組織工作記錄應包括：

1.調查與研究報告及各種有關資料。
2.各種設計方案與各種組織機構之章則。
3.各種會議記錄及附件。
4.工作大事記錄。

另就國內社會工作學者徐震、林萬億教授，曾針對社區組織工作的推動，詳實歸結出下述的方法，足為吾人參研。

一、建立關係

社區工作需要有良好的專業關係，有時候甚至比個案工作或團體工作更注重關係的建立。社區工作者所要建立專業助人關係的對象包括：社區居民、社區機構以及社區中的草根性的領導人才。與社區重要人士建立良好的工作關係是推動社區計畫的第一步；而瞭解社區居民的需求與問題，則是社區工作目標界定之基礎。與社區居民建立服務的初步關係在於：

1.提供配合案主需求的服務入口（services access）設計。

2.瞭解與評量社區居民的問題之梗概與自助意願。

3.決定如何提供進一步的服務計畫。

4.讓社區居民瞭解社會工作機構與社區組織者的能力與職責。

5.澄清服務的範圍與案主的資格。

6.建立和諧、合作的關係。

7.協商服務契約的建立。

8.確立社區居民、社區機構與社區領導人才的角色。

9.在初步接觸階段即予適時的協助以獲致信任。

　　通常，初步關係的建立多由拜訪社區重要人士與社區發展機構著手，有時，亦以有利於社區居民的活動來吸引社區居民接納社會工作者。

二、情境估量

　　瞭解案主，擬定工作方向是社會工作中任何一種工作方法的第一步。尤其對一個社會計畫者或社區組織者而言，更是如此，因為這些工作人員如果不先對社區類型、面對的問題、可用的資源、提供居民服務的組織等方面加以瞭解，則工作極易受先入為主的想法、過去經驗與個人工作習慣、刻板化態度（stereotyped attitude），或發表意見的少數人以及偶發的情況等所左右。至於估量情境，主要是經由科學的方式，以瞭解到該社區中的：

1.社區生活（community life）。

2.社區需求（community needs）。

3.社區資源（community resources）。

三、發展計畫

　　團體為了達到共同目標，應建立社區發展計畫，而有效的社區發展計畫應遵守以下數項要旨：

1.有效的計畫必須依照社區全體人民的願望與需要，廣邀各方代表參與以收集思廣益之效，同時計畫必須強調整體性與重視「個別化」。

2.計畫是對政策的選擇與決定，故應考慮其適合性、可行性及可接受性（acceptability）。

3.有效的計畫應把握下列要領：

　①目標明確：具體明確的目標不但可做為執行的標準，亦可做為評估（evaluation）的根據。

　②整體規劃：亦即就縱的關係而言，各層級（縣市、省市、全國）的發展計畫一脈相承，相互配合；就橫的關係而言，各單位各機構間相互呼應，彼此支援；就社區本身而言，亦務必使各年度計畫循序漸進，有效達成計畫目標。

4.各種與計畫有關的文件、會議記錄及評估報告等應妥為存檔，以為繼續發展與檢討改進之用。

四、社區行動

社區行動是將社區評估、計畫與組織的結果，正式納入行動運作，可分為：會議、協調、人事、財政、宣傳等五方面。

會議

社區內的會議是一種組織，也是一種結合社區力量，經由意見交流經驗分享，而獲致共識（consensus）的過程與方法，具有教育與組織的雙重目的。

協調

協調（coodination）就是協同合作以避免不必要的重複、努力和衝突。社會工作者在這個工作上扮演重要的角色，不論是人與

人，機構社團之間或者是各方案之間的協調工作，都必須對下列各項有深入而正確的瞭解：

1. 特質：如，個人人格特質、機構性質、方案宗旨。
2. 目標。
3. 運作程序：如，個人工作習慣、機構工作規定、方案步驟。
4. 資源：如，個人才能或社會關係、機構基金會。
5. 工作內容。

人事

若能與有關人士建立良好之關係，則對社區工作之推展具有莫大的助益。所謂「建立良好關係」就社會工作的意義而言是一種信任的、和諧的、可溝通的關係，它本身並不只是一個目的，而更是一個促進社區進步的手段。

財政

財政（financing）是一個過程，在這個過程中募集、編列預算與支付有關社區需要與資源的基金。預算的編列，從事這個工作需對社區的各種需要有深入的瞭解，辨明各需要的輕重緩急，對經費作合理的分配；同時對物價指數的波動有正確的預估與把握，以避免因經費不足而影響了整個福利工作的推展。

宣傳

不論是基於人們「知」的權力，或是基於鼓勵居民的參與，「宣傳」在整個社區工作中，占有舉足輕重的地位。「宣傳」的目的是向一般社會及有關機構和人士報導事實，以激發社會對某一事件或某一問題的重視，改變或培養一般社會或有關機構、人士對某一事件或問題的態度，並因而採取行動改善現況。故宣傳之目的在於

教育。

五、成效評估

評估（evaluation）是：「根據被評鑑方案的既定目標，檢討其實施的工作過程，衡量其達到的效果程度，從而提出改進建議的一種方法」。評估的目的依索羅門（Solomon）的看法有以下四項：

1. 使投入的努力更合乎經濟原則，因為精確地評估過去的努力有助於未來方案的設計。
2. 評估有助於隨時彈性地修正方案，使之益趨完美。
3. 因評估證實工作成效，以獲得社區居民的信任與支持，以及工作人員的滿足。
4. 經由評估可測定社區情況與行為之改變。

伍、結語

西方學者密爾森（Fred Milson）肯定社區居民參與社區工作的價值，並主張，「社會變遷雖由於造成變遷的因素過於複雜而不易為人所控制，但是社會科學研究者仍能藉由已知的各種地理、人文、文化、心理、生物等因素，對社會發展加以掌控，使社會的計畫變遷有實現的可能。其中社區組織工作就是要積極的指導人類發現社會的問題和需求，發揮人群分工合作的精神，組織既有的人力、物力資源，使社區生活能在有效的建設和調適關係中獲得更高的發展與加速的進步。」經由「社區建設」的強化，將有助於型塑「生活共同體」，乃至於落實「生命共同體」的體現。因此激勵居民具有我群的意識，自然會流露出對生活環境的關懷和參與。這種社區歸屬感，也將使社區居民易於產生與地方休戚與共，榮辱共存的心理意念，不僅有助於造福鄉梓，同時社會與國家的關係都能有健

全的發展，這項有意義的工作，將不只是專業工作者的使命，也是
社區成員的共同期待。

第4章 社會工作與現代社會

壹、前言

在現代社會裡，社會工作已成為我們生活中不可或缺的部分。依據史金得摩與柴克萊（R. A. Skidmore & M. G. Thackeray）描述：「社會工作可能起於人類早期的社會，我們不難想像，就在穴居時代的人們，睦鄰及幫助其他個人或家庭解決問題，都是日常生活互動的一部分。在原始社會中，有若干助人以解決社會問題的計畫與施為，當時的風俗習慣中亦有對疾病、老年人、傷殘者及那些需要被人撫育者，予以特別關注或照料。當時即以瞭解互相幫助以促進全體福利的重要性。」（Skidome & Thackeray）隨著歷史演進，社會工作在現代社會愈益扮演著重要的角色，尤其是自1904年起，美國首先成立社會工作學院，使這份工作向專業領域邁進，成為一門獨立的專業。近年來，諸多社會工作學者更積極的研究，發展如何運用智慧去幫助一些受天災、人禍、貧窮、懶惰、失依、殘障、體弱、疾病……者解決其問題；並結合衛生、教育、醫療、護理、法律等知識，以克服人類的缺陷，培養人性尊嚴，以邁向安康社會。足見社會工作與社會發展的密切關聯性，及其在社會建設上的重要性。

貳、社會工作的產生

就社會工作的歷史演進，大致上可分三個階段：(1)個人的人道主義實踐；(2)組織的宗教活動；(3)科學的專業服務。

一、個人的人道主義實踐

　　社會工作的最早起源是來自社會中的善心人道主義或宗教信仰而自動對於貧苦及不幸者的施救行為。這些救濟行為多以臨時搶救的救荒作為為主。蓋因我國以農立國，數千年來，科學未能發達，農業技術不甚講求，控制自然的力量非常薄弱，故歷代水旱災饉，史不絕書，我國政府與民間頻年忙於救荒，以致對於平時經常的貧民救濟及其它社會福利事業所做甚少；加以我國為農村社會，社會組織以家庭為單位，其有貧病殘疾鰥寡孤獨無依者，皆能依家人或族人生活，或由家族與鄰里為之設法安置救恤，於是，亦無須政府和社會另行辦理救濟。此種人道主義的善心作為，在古代社會中便已有各式各樣的方法，以照顧匱乏者、貧民、病患、殘障者及不幸的人。這種情形就如同維西（Vasay）對社會工作起源所做的闡述一般，「幫助困苦者，是一種與文明同樣久遠的常例。這種常例不一定是建立在正式且有組織的根基上；但是，在古代社會中是普遍的。中國在古代便有收容年老、病患及貧苦者的庇護所，還有為貧苦兒童設立的義學、供給貧困殘疾者的免費食堂、發散舊衣服、甚至對不幸者家屬施財、施棺、提供婚喪費用。在印度，特別是在釋迦以後，有關施捨給乞丐的事蹟特別多，和尚化緣以濟助受難者也成為社會的傳統，同時在佛教教條中也強調施捨賑濟的任務。希伯萊的宗教教義也強調慈善及幫助需要者，施捨的舉動成為一種責任，並且認為慈善是聖行中最高貴的德行。」

二、組織的宗教活動

　　在中古時期，教會在發給貧民賑濟物質和救助不幸的受難者方面扮演了一個很重要的角色。修道院及修道士們為貧民及病患、以及其他不幸的人們提供了照顧服務。此種以宗教為主體的有組織社會救助行為，就如同波查（J. Bossard）所描述：「在整個中古時

期，教會是唯一嘗試以一種有組織及完整而充實的方式來滿足眾多的需要者。修道院成為特別重要的慈善中心，在門口發散食物以及救濟品，並且成為香客或旅客、軍人、貧民、乞丐和其他離家者的收容所。教會也積極於發展機構設置，比如：讓各式各樣有需求的團體住宿；醫院則專門負責照顧病人；並有收容棄兒、孤兒的機構；人類所有的需要皆被重視，並隨著時代的進步，建立起修道士及修女的教團，以使他們的工作專業化。在這幾世紀中，對需要者的協助由個人主義轉為有組織的力量，尤其在人口增加與集中後，人們隨時需要互助，也更需要能協助不利者的社會計畫。」（J. Bossard, 1938）這些都有利於有組織的社會濟助行為的發端。易言之，這些活動的產生是來自於將社會工作視為宗教團體的慈善事業，對於社會上失業、貧困、疾病、老年、身心殘障、精神病患、孤兒等各種經濟困難所導致的問題之救濟與扶助，以各種有組織的活動，甚至於包括對於貧窮的預防與待助者的重建設施在內。此種活動亦擴及私立的各種團體組織。

三、科學的專業服務

在社會工作者尚未出現之前，各國早已經有一些人道主義者（humanitarians）與虔誠奉獻者（dedecated person），特別是婦女，貢獻出她們的時間、金錢與精力來協助低社經地位的人們（under privileged）。如早期教會中的「素徒」（layman）即是由當地住家中，被選出協助教會處理行善事物的熱心人士。十七世紀法國維辛神父（Vincent de Paul）更動員貴族婦女組成「慈善夫人社」（Ladies of Charity），以及由農村婦女組成「慈善女兒社」（Daughters of Charity），有組織地推動志願工作。後來德國愛伯福制更逐漸有計畫地推動自願工作人員（volunteers）的組織。到了十九世紀慈善組織會社（COS）成立，他們一面派出「有善訪問者」（friendly visitors）訪問救濟申請者；一面聯合各社會救濟機構協調合作。接著「社區

睦鄰運動」的推展，更多的志願工作者進入社區活動中心爲貧民服務。然而隨著專業化的精神逐步注入社會服務的領域，約在二十世紀初期，社會工作以漸次邁向科學化、專業化的行徑，此階段的特質是，不僅由政府舉辦救濟事業，並擴大政府的責任，擴大服務的對象與區域，講求服務的專業倫理、方法、知識與技術，包括一個國家或政府保障人民經濟安定與社會安全，以促進社會福利的各種大規模或全國性的社會計畫。其工作重心已不僅在被救助者社會關係的調整與社會生活的改善，更在整個社會制度與整個社會關係的調整與革新；對於被救助者的工作已不僅限於物質的扶助，更進而至於專業的諮詢服務，以協助其自動自立及潛能的發揮；其工作對象不僅及於若干貧苦或遭遇其他社會問題者，且已普及於大多數的一般人民或全民。

自上述我們可以知悉，這項以造福人群爲目標的工作其起源甚早，而在近代之所以正加速發展，主要的原因有二：第一、近代許多政治學者、社會學者、經濟學者都盛倡「福利國家」（The Welfare State）的概念。認爲國家的機能應從事於全體人民福利的增進，此不僅關係著人民個人生活的幸福，且關係著整個國家的安全；第二、現代社會工作因受了政治學、經濟學、心理學、哲學、醫學、人類學……等專業學問的發展及影響，亦有助於社會工作朝向專業化的領域；使其逐漸形成一門專門的科學，其包括的內容及所需的知識和技能，較前更爲複雜、專業。

參、社會工作的特質

社會工作的產生，主要基於人道的精神與互助的觀念。由於人類所能控制的環境在資源的提供上是有限的，爲了滿足人類的基本需求，及照顧到個人、家庭乃至社群在生命流衍中所發生的問題、危機，社會工作因應而起。這項專業性的助人事業，強調的是：

1.人是重要的。

2.在人與人的互動中，產生個人、家庭及社區問題。

3.經由某些方法，我們可以緩和這些問題，甚至克服這些問題，以充實個人的生活。

　　而究竟「社會工作」為何？包括哪些特質？根據社會工作辭典上所做的界定是：「社會工作一詞是由英文 social work 直譯而成，並為國內學術與行政界所通用。社會工作是二十世紀新興的一門專業，雖然其最初來源可追溯到人類最早的人道主義，但真正被視為專業乃是本世紀以來的事，並且以西方國家，特別是美國最為發達。近年來，開發中國家也先後推行社會工作專業教育，以服務社會民眾，並促進現代社會福利之功能。」各國社會工作之發展多隨其國內政治、經濟、社會與文化的發展情勢而定，因而各國政治、經濟、社會與文化背景及其發展趨勢頗不一致，致社會工作之內容、形式亦異，對其含義之解釋亦各不相同。有視之為「一種個人的慈善事業」，有視之為「公私機構協助不幸者解決困難之各種有組織之活動」，亦有視之為「一種由社工專業人員協助當事人發揮潛力改善生活之專業服務」。深度各有不同，從消極的解決問題，到積極的增進幸福。現代社會工作是指一種專業的知識體系，包括專業倫理、知識、方法和技術。這種專業知識和技術是根據現代民主社會哲理和社會組織的原理原則，人類行為的科學知識，專業診斷和治療的原則和技術，以從事協助他人和改善環境的功能。

　　社會工作的特質，由於界定的觀點及著重之處不同，也有其不同的說法：

1.視為一種功能：史金得摩（Skidmore, 1978）認為，社會工作是注重於個人，或團體中之個人的社會功能，用各種以社會關係為焦點的活動，構成人與其環境的良適互動。

2.視為一種多元素的組合：巴特萊（Bartlett, 1957）認為，社會

工作是一門藝術、一門科學,亦是一項專業。其目的在協助人們解決其個人、團體及社區的問題,以及運用個案工作、團體工作、社區組織的方法,使個人、團體及社區之間的關係,能達到滿意的情況。

3. 視爲一種制度:西柏齡(Siporin, 1975)認爲,社會工作是一種協助人們去預防和解決社會問題,恢復並增強他們社會功能的一種制度化的方法。

4. 是一種助人的活動:根據聯合國出版書籍《國家社會服務方案之發展》,對其界定認爲,社會工作是一種助人的活動,用以協助個人及其社會環境,以獲致更佳的交互適應。

5. 是一種專業的活動:根據國內研究社會福利的學者徐震教授的界定,則以爲社會工作「是一門專業性的工作,是由政府或專業組織透過各種助人活動的提供,以科學的知識爲理論基礎,以藝術的運作爲實施過程所進行的人群服務。其宗旨在於預防和解決社會問題,恢復和增強人們的社會生活功能,以達到個人、團體、社區和全體社會的最佳福利的狀態的制度化工作。」

社會工作就像是上述的界定,因具有解決問題的功能,並用以迎合社會公認的需求與期望,已發展成爲一門專業,此項專業隱含著科學性與價值基礎的藝術。如就葉楚生(1958)、Skidmore與Thackeray(1976)、廖榮利(1980)、徐震(1983)等多位工作學者對社會工作特質所進行的整理,大致上可分爲下列數項:

1. 個人的整體性:社會工作注重個人之全形及整體,包括個人、環境及其行爲。亦即重視個人之「完整」(wholeness),個人非獨立於環境之外,個人亦非情緒、理性或心理、社會、生理單一部分的表現。

2. 環境的重要性:環境包括家族、學校、社團、社區及社會。

社會工作相信，個人生活受環境影響很大，許多個人問題是由社會環境所帶來，解決個人問題，也必須由環境去瞭解。尤其是個人生活的基本團體——家庭，更是影響個人的首要環境，許多個人問題由家庭而起，家庭也是改進個人社會功能與促進社會進步的基礎。

3. 運用社區資源：解決社會問題經常不是案主或社會工作體系單獨來處理，而最基本的自助單位是案主與其環境自助系統，所以，社區資源的發掘與運用是社會工作主要特徵之一，社會工作員必須熟悉社區資源的所在，而且善於激發與協調，使之產生自助助人的功效。

4. 建立和諧關係：社會工作的助人過程關鍵在於相互接納的「關係」上，不但在個案工作的接案（intake），團體工作的成員組成，社區工作的組織開始，尤需要以建立良好關係始，甚至整個社會福利計畫與社會福利政策，都應講求與案主和服務提供機構的良好關係之建立。這種關係包括：情緒支持、接納、信賴與分享解決問題過程的經驗。

5. 講求自助人助：社會工作不是單方面的施與，而是與案主一起工作。社會工作人員相信每一個人都具備有自我解決問題的部分力量，只要重新讓案主瞭解自己的潛能，以及協助案主運用外力，即可解除案主的問題來源。

6. 團隊協同工作：社會問題的產生很少是單一因素，社會工作人員並非全能者，所以分工是社會工作助人過程中的重要特質，分工不是指工作過程階段化的切割，而是不同專長的工作員（或其他領域的專家）共同來解決同一個案主或一個問題的全部，團隊工作（team work）是社會工作的一個特徵。

7. 主張民主參與：社會工作是民主國家體制下的產物，重視個人的尊嚴與人格的完整，相信生存權利與福利的賦予。社會工作人員在助人過程中以協助案主自我決定為主，而非處處

代案主做決定，社會工作員並鼓勵案主參與認定問題、思考解決辦法，合力解決問題，共謀社會發展。

8. 理論實務配合：社會工作者是「實施取向」的，社會工作者是一個實施者（practitioner），所以，社會工作講求實踐篤行。但是實施不是單靠經驗的傳遞，而是以社會工作理論為基礎，以案主的福利為出發點。有步驟、有過程、有根據、有評估的一種科學性的與藝術化的運用。所以社會工作理論因實施而產生，社會工作的實施應回饋到理論的建構上。

9. 督導制度建立：不論在實務的經驗傳遞上，或是理論轉化為實施的技巧上，社會工作必須建立合格的督導制度，由合格的督導員對新進社會工作員或實習學生進行督導工作，以增進其專業成熟度，督導制度在於維持與發展社會工作的服務素質與專業體系。

10. 尊崇專業倫理：社會工作是一種助人的專業，除理論的研習與經驗的獲得外，每一社會工作員，均應嚴守專業體制所規定的倫理守則，以保障案主的權益，維繫社會工作組織，並延續社會工作員的職業生涯，社會工作員違反專業倫理守則，除受到道德良心制裁外，應受社會工作專業體制的制裁。

11. 社會工作機構：社會工作人員除部分由私人開業外，大多受雇於社會工作機構，合格的社會工作員需受相當程度的專業訓練，及受到專業組織的認可，受雇於機構的社會工作人員應確立機構的角色與案主立場的關係。社會工作人員經常不以個人的利益為主要考慮的因素，而以專業的制度生存為依歸。

12. 社會工作永業性：社會工作非以營利為目的，社會工作的職業生涯與其他行業不盡然一致，社會工作講求服務精神，社會工作人員的滿足在於助人事業的實現以及人類安和樂利的

生活狀態。社會工作成果不是任何單一社會工作員所獨享，社會工作制度亦不為任何社團所利用而不利於案主或社會工作專業的本身。所以，社會工作最終的目標是人民的利益與社會的發展。

13. 社會工作的方式：傳統的社會工作強調三個基本的方式：個案工作、團體工作，以及社區組織。個案工作包括對案主密切的、面對面的關係，主要是以個人對個人的基礎去為人們工作，並解決其問題。團體工作是以團體為工具，為遭遇到困難的人，引導其在社會功能上獲得所期望的改變。社區組織是用來面對並解決社會病理的團體間的方式。

14. 注重社會互動：社會工作注重社會互動及其所產生的社會功能及功能失調所帶來的結果。因此，社會工作藉著社會學、心理學、人類學等學科的重要原則，應用於瞭解人類關係，及助人解決衝突的發生。

由於上述的說明，得以保持清楚地認知這一行業的成員、組織、助人的過程，以及維繫其專業的獨特性的一些力量與基礎。

肆、社會工作的未來發展

就社會工作的歷史演進而言，大致上可分為「個人的慈善事業」、「組織的宗教活動」及「科學的專業活動」等三個階段。就此種發展的趨勢而言，可發現社會工作已從消極性的治療，邁向積極性的預防和促進。而社會工作的未來發展是否更能契合社會的需求，並為吾人社會提供必要的貢獻，誠端賴這些特性的良好發揮。

一、服務領域的多元化

社會工作是一種助人的、利他的服務工作。由於社會結構的急

驟變遷，社會組織的日趨複雜，社會工作的服務範疇亦日趨於多樣化。不僅使我們可以在托兒所、領養機構、兒童中心、夏令營、老人之家、復健之家、救濟院、醫療院所、學校、工廠、法庭、監獄、青少年之家……等機構見到其足跡，同時可以在街頭上、媒體裡、社區中看見其服務。換言之，社會工作的實施領域將廣及於：

1.公共救助（public assistance）。
2.社會保險（social insurance）。
3.家庭服務（family service）。
4.兒童服務（child service）。
5.保健服務（health service）。
6.心理衛生服務（mental health）。
7.矯治服務（correctional service）。
8.青年休閒服務（young leisure-time service）。
9.榮民服務（veterans service）。
10.就業服務（employment service）。
11.住宅服務（housing service）。
12.社區福利服務（community welfare service）。
13.老人服務（aged service）。
14.工業服務（industrial service）。
15.鄉村社會工作（rural social work）。
16.少數民族的服務（minorities service）。
17.軍隊社會工作（military social work）。

除此之外，另外有些社會工作者則經由研究、訓練、政策分析、立法審議或社會運動參與等方式，表達對此工作的投入，足以顯示社會工作的多樣性。

二、工作方法的整合化

雖然，社會工作為配合專業化的發展趨勢，使其邁向各種不同的領域。然而，就其運用的方法則有整合的傾向。因為特殊專業化可能使若干服務工作成為殘缺片斷，並且不利於整個社會工作界各工作領域間協同發展的交流與溝通。因此，一位專業的社會工作者，不論其專精於某一領域，其所必須具備的基本理論與方法是有其一致性。換言之，一位社會工作者宜熟嫻個案工作、團體工作與社區工作的方法，甚至必須對其行政管理體系、方案評估與效益評估……等擁有最起碼的概念，對人文科學、社會科學、行為科學……等知識具有必要的認知。這種整合性，使一位專業的社會工作者，必須學習或養成一套基本的專業知識，而後始能於不同的服務領域中，積其經驗，以求專精，達到服務的效能。

三、工作關照的整體化

早期社會工作的重心，在於對貪、愚、懶、髒、病的慈善關懷，因此這項工作被視為人道主義的發揮，甚至只看到其消耗的一面。然而，現今社會中社會工作的功能已不僅侷限於濟貧或救助不幸的狹小範圍，而是在社會解組與快速變遷中，擔負起對各種類群人員的服務，包括人生中的每一階段與社會中的每一階層，皆存在社會工作者的貢獻足跡。為此，社會工作正朝下述方向發展：

1. 從非專業發展到專業。
2. 從無理論發展到有理論。
3. 由消極的救濟工作發展到積極的福利措施。
4. 由地方性工作發展到全國性措施。
5. 由事後的補救、治療發展到事先的預防。
6. 由少數人參與工作發展到大眾的參與。

7.由對少數人的救濟工作發展到對全體大眾的福利。

8.以傳統個案工作爲主的發展到整體性、綜合性的福利行政、立法與制度。

9.從描述性的訪問調查發展到數量化實證的研究分析。

10.從不算成本的工作發展到講究方案的評估及成本效益的分析。

四、工作成效的具體化

社會工作的內省，使其警醒到社會服務方案本身的缺乏效果，要比受到預算束縛來得更爲嚴重。因爲案主的覺醒，資源的限制與社會工作本身的反躬自省，成爲社會工作走向權責估量的必然結果，社會工作不能再耽迷於社會責任與人道主義的糖衣外表，而必須是依其工作成效，說服周遭能接受此項專業服務。亦即，使助人活動有其存在的價值，不能單靠哲學來搪塞，而要靠現實中的具體成效。因此爲了反應費雪（J. Fischer, 1981）所強調的社會工作效能，參與此項工作者必須加強實際工作能力，尤其是：評估（evaluation）、管理（management）、計畫（planning）、研究（research）、政策分析（policy analysis）等訓練。

五、工作實施的本土化

社會工作服務的對象爲活生生的人群，是以在實施方面，必然因地區的文化背景與社區結構的不同，而顯示其應用技巧與理論的地域性。因此，社會工作者必須對於外來學說與制度具有反省與選擇能力，而後予以修正及採用，甚至經實證探究而建立起一套適合本土福利制度的新方法。

伍、結語

　　隨諸社會工作的演進，該項專業工作的服務領域，已由單一個人到整體社會，由局部到全面，由零星到整體；使得今後社會工作的任務將日益重要，而方法亦必須日益科學化，並妥爲整合相關行爲科學理論，以達到社會工作所揭示的宗旨與目標。而其對社會發展的建設性功能，自然更受肯定。

第貳篇

專業修養

1. 社會工作者應有的修養

第1章　社會工作者應有的修養

壹、前言

就社會工作的歷史演進而言，大致上可分為：「個人的慈善事業」、「組織的宗教活動」及「科學的專業活動」等三個階段。就此種發展的趨勢而言可發現，社會工作已從消極性的治療，邁向積極性的預防和促進。而社會工作的未來發展是否更能契合社會的需求，並為吾人社會提供必要的貢獻，除端賴從事該項工作者把握專業的方法外，更在於充分發揮此工作特有的倫理、價值與哲理，方有以致之。

貳、社會工作者的倫理

「倫理」（ethics）本指人倫的關係，為人與人相對待的道德守則。如辭海所言：「倫理，人類道德的原理也，倫，輩也、類也，類之理也。」或如哲學家成中英先生所言：「倫理，是規範社會行為的價值意識，與確定社會秩序的價值原則。」正因為倫理所具備的對行為的規範力量，因此，假如不遵從一定會產生破壞秩序的後果，甚至影響到關係者本身的存在，變成一種自我毀滅的情況。而倫理是規範社會行為與社會互動的必要基礎，基於生存與發展的需要，自覺地建立起來的一種共識。違及倫理，雖不必受到法治機關的治裁，然而卻會受到其他同業或從屬的關係者的抵制。

構築倫理的要素，根據 William K. Frankena 的說法，共有下列六端：

1. 是某種判斷的行為，用來判斷道德現象有無某種道德的性質、義務與責任。例如：為了考量病患的接受情況，是否可以「善意的謊言」隱瞞病情？
2. 是一個假設，以提供道德判斷的理由是適切而且是可行的。例如：為了解決社會的失序現象，所以採用嚴峻的處罰是有效的。
3. 某些規則、原則、理想和德目，它們是普通判斷而為個別判斷的基礎，亦即定奪個別判斷的理由。例如：人應該誠實。
4. 某些自然或習得的「心態」，它能使我們自動地依道德判斷、規則和理想來行動。例如：人應該孝順父母，以反饋養育、教育之恩。
5. 某種制裁或其他動機來源，它也常以言辭表達。例如：負責任的人將可以得到應有的獎勵。
6. 一個觀點，是當事人在所有的判斷、推理、感受等所執著的一貫觀點，而與審慎、技術等所採用的觀點不一樣。例如：為服膺真理，就算為此殞命也在所不惜。

為使倫理能成為人們關係的規範，倫理有時需以正式性的條文，公開地揭示於日常生活之中。舉凡對各級各類人員的職責、職權和義務等所明訂的規範。因為經過這該規範的建立不僅有助於專業人員的界定、遴用、培訓、服務、業務等，同時也保障了受助者的權益，並提昇該組織的專業屬性與成員的認同感。社會工作倫理，是社會工作依據其哲學信念與價值取向，發展而得的一套倫理實施原則，以做為引導和限制助人活動的依據，其目的不外乎：

1. 為專業行為的指針。
2. 為社會工作人員，實現社會工作的功能時所運用的原則。
3. 為評斷社會工作實施的效能。

為此，社會工作倫理呈現出工作者在助人關係中對案主、對同僚、對機構、對專業的義務與職責，以確保社會工作之服務功效的充分發揮。社會工作倫理的具體表現是在於社會工作的專業守則。守則是從業人員道德規範與修己善群的服務圭臬，由於社會工作不僅是一種謀生的手段，而且也是人生的一種責任，愈是與人發生直接關係的職業，其所負的責任愈重，為能使從業者能善盡職責，就必須有遵循的規範，此規範就是倫理守則。

　　在社會工作的實施時，有時會遇到價值的衝突或兩難，例如：放任或約束？改革或保守？著重個人或偏執機構等兩難。為了保證社會工作專業的一致性，以及服務的功效，發展一套共同的倫理守則，解決衝突，引導行動是必然的趨勢。專業倫理守則的訂定，對專業地位的爭取、確立，有其助益，其內容規範了社會工作人員：

1.應有的行為、態度。
2.對案主的道德責任。
3.對同僚的道德責任。
4.對雇主與服務機構的道德責任。
5.對社會工作專業的道德責任。
6.對社會的道德責任。

　　美國在1980年7月1日開始實施的社會工作人員倫理守則，共分為十六項：其提供了對工作員的保護、對案主權益的保障、對專業發展的責任，以及社會福利之增進等價值的具體原則：

1.社會工作人員應有的行為與態度：

①品格：社會工作者應維持一種被視為社會工作身分與資格應有的高度個人行為標準。
②資格與專業發展：社工人員應努力維持精練的專業實施及發揮專業功能。

③服務：社工人員應將在社會工作專業的服務職責，視爲首要目標。

④正直：社工人員的行爲應符合職業道德和公正的最高準則。

⑤學術與研究：社工人員從事研究時，需依循學術上慣例的指導。

2.社會工作人員對案主的道德責任：

①案主利益至上：社工人員的首要責任便是對案主負責。

②案主的權利及特權：社工人員應致力於培養案主最高度的自我抉擇能力。

③保密與隱私：社工人員應尊重案主的隱私權，且對於在專業服務過程中所獲得的資料應予保密。

④費用：當決定費用時，社工人員應確定此一決定是公平、合理且相稱於所提供的服務，同時也要考慮到案主的負擔能力。

3.社會工作人員對同僚的道德責任：

①尊重、公正、禮貌：社工人員應以尊重、禮貌和信心對待同僚。

②對待同僚的案主：社工人員應本著專業謹慎的態度，與同僚的案主接觸。

4.社會工作人員對雇主和服務機構的道德責任：

①對機構的信約：社工人員應信守對機構的允諾。

5.社會工作人員對社會工作專業的專業責任：

①維持專業的整合：社工人員應遵守並增進專業的價值、倫

理、知識及任務。

②社區服務：社工人員應將社會工作的專業服務擴及於一般大眾。

③知識的發展：社工人員在專業實務上，應負起認定、發展與充分應用知識的責任。

6.社會工作人員對於社會的道德責任：

①增進一般的福祉：社工人員應增進社會的一般福祉。

參、社會工作者的價值

「價值」是指：「對事物或人類特質的偏好與讚許，代表理想的世界觀以及對人應有行為模式的期待。」（Siporin, 1975）若針對專業工作而論，「價值」所表述的則是：專業所偏好的事物。因此可以區分為：第一、對人看法的偏好，例如：相信人都有追求進步的慾望；第二、對人努力的目標，例如：人們期望社會正義的實現；第三、對服務人群的方法和工具。

運用專業服務可以改善人類生活的品質。亦即專業工作人員對於案主，以及其專業運作所持守的信念。所有的助人專業依此信念而運作，這些信念可能是未經驗證（或無法驗證），而被接納並引為專業的方向與行為的準則。

就價值的內涵而言，可以分為下列數端：

1.價值是從被觀察者的言和行，給予觀察者的感覺資料，而推論出來抽象的東西，是一個概念、一種邏輯的建構。

2.價值不僅僅是一種偏好，而且是感覺得到的，或者考慮過的，或者既感覺到又考慮到的偏好。

3.價值乃範定行為的觀念也，因為價值為褒貶反應所默認的前

提，一褒一貶之中，是含有價值標準在內的。

4. 可語言化方式價值，能施抽象，使成概念，方爲價值。習矣而不察焉，便是內含的價值。內含價值之留存於「概念」中，意指其爲概括而抽象的，被觀察者雖不能道出，但觀察者可將其說出。

5. 凡價值即涉及情感，故價值必與趨避相緣。它不僅具有「對的」和「錯的」認知判斷，也具有「好些」與「差些」的審美判斷，從而有選擇、有較量、有趨避。

6. 價值把理性和情感總爲一體。無理性，則所餘的殆不殊於「態度」。無情感，則不過是倫理加上些審辨美惡的規則而已。「慾望」和「評價」兩要素，在價值中成了不可分的結合。

7. 有選擇的行爲，必須有對價值的考慮，考慮到己方的價值，或對方的價值，或雙方兼顧。

8. 趨避之不同於價值，乃因趨避通常是基於時距短、範圍狹的考慮，而價值則意含了時距長、範圍廣的考慮。趨避是率性而行的衝動，價值則可抑制衝動，或導之而引向於較廣大悠久之目的。因而屬所慾的個人衝動之滿足；所花的代價，必須加以限制，而劃定其容許限度的，便是價值。

9. 從觀察者看來，各個可能選擇，實際上，均可實現而已，因其受到許多客觀條件的限制。

雖然，在社會工作中一直有價值的爭論，但是在 1958 年美國社工協會（NASW）提出「社會工作實務之運作定義」，社會工作者大多已接受下列六項專業基本價值：

1. 個人應受到社會的關懷。
2. 個人與社會是相互依賴的。
3. 每個人對他人負有社會責任。

4.每個人有共同的人類需求，但是，每個人是獨特而異於他人的。

5.民主社會的實質是表現在每一個人的潛能得到充分發揮，並經過社會參與的行動以盡到社會的職責。

6.一個理想的社會應有責任和能力，讓社會上的每一個人有充分機會來解決困難，預防問題，以及促進自我能力的實現。

當這些價值與信念受到威脅或遭到破壞時，就會有社會工作者介入，同時這些價值觀念也引導著社會工作的實施。社會工作被視為是一套價值、目的、社會認可、知識與方法的組合，源於一套為社會與社會工作專業共同認定的目標，並取得社會的認可，再據此發展一套價值體系與知識體系。價值體系提供道德標準、態度以及倫理守則，知識體系則提供技術的原理原則，就此二者，展開各種助人的方法、過程與角色。

Felix P. Biestek 為社會工作提出了九個基本的價值觀：

1.人的潛能（potentialities of man）：

①每個人都具有不同的潛在能力。
②這些潛在能力是多方面的，包括生理、智能、情感、社會功能、倫理……等。
③由社會福利服務而言，每個人都有實踐其社會角色，及處理人際關係之潛能。

2.人的義務（obligation of man）：

①人有實現及發揮其潛能的義務。這一點 Fromm 引用 Freud 的觀點，由實證的角度來說明，人的能力如果沒有得到發揮，則此方面必會致病。原來的生長與統合的潛能，若無充分發展亦會造成功能的喪失。

②由發揮潛能而導向自我實現：此點乃所有宗教之最高理想，亦為社會工作之最高目標。

③社會工作關心的是人的社會生活功能。

④人的「人性」係經由社會生活而發揮，並經由社會功能的發展而達到「自我實現」。

3.人的權利（rights of man）：個人對於實現其潛能的途徑與手段，是有所選擇的，必須是與目的有關，且必須是建設性的。

4.人性的基本需求（basic human needs）：

①根據各項心理學及人類學泛文化之研究顯示，人均有基本的人性需要。

②自我實現需要由調和的發展與成長來達成。

③社會安全保障及機會之提供，有助於此一目標的達成。

5.社會功能（social function）：人的社會功能，對於達成自我實現十分重要。因為人際關係之活動，是人類真正快樂的泉源。

6.社會的義務（obligation of society）：

①社會有義務幫助個人達成自我實現。

②此境界需由和平的秩序與公正而達成。

7.社會的權利（rights of society）：

①社會所擁有的能力，是來自成員對社會的貢獻。同時，社會有法律規約以約束成員，匯集力量。

②社會工作更應由各種行動，以增強此一力量。

8.人對社會的義務（man's obligation to society）：

①人必須經由自我實現的過程中，對公益有所貢獻。

②社會工作乃在幫助促進案主的健康程度，使其對社會有所貢獻。

9.自我決定（self-determination）：

①人有能力選擇，同時，爲了自我實現，個人有權抉擇

②「自決」是培養責任、促進成長的主要途徑。

社會工作即是綜合個人與社會兩者共同肯定者，而發展出屬於此一專業特有的價值體系，這些也都具體的表現在社會工作人員的倫理守則上。

肆、社會工作者的哲理

「哲學」是指：「一組信念、態度、理想、抱負、目標、價值、規範、倫理法則，以使人們瞭解存在與實體，以及賦予所在世界和歷史的意義」。專業的哲學（professional philosophy）則是指，「賦予專業工作的意義，並提供對現實的描述與測量。」（Siporin, 1975）哲學的實際價值，則在於能闡明生活的意義，以樹立生活的理想而確定生活的基礎，尤其是對於個人的精神生活和社會的文化生活，更具有直接的貢獻。社會工作是一致力於改善人類社會與人際關係的專業。在服務的過程中往往會遇及下述問題：

1.人類生活的意義爲何？

2.人類生活的目的爲何？

3.個人對社會中其他個人負有何種責任？

4.什麼是好的且可欲求的生活？

5.社會工作所肯定的價值與目標，所使用方法和技術爲何？

就以上的問題，社會工作承繼並發展出其哲理，做為工作的指南。專業哲理乃在為工作提供合乎理性的意義、信條與工作理想。對於現實問題的衡量及描述上，提供一個確定的標準，並且提供道德的價值判斷，用以構成專業的文化。社會工作的發展與社會福利有著不可分割的關係，而福利的觀念與範疇，是基於一個國家國民在某一時期對它的價值判斷而決定的。

從十九世紀末期來看，當時最有名的社會觀念首推人道主義（humanitarianism）、實證主義（positivism）與烏托邦（Utopian），以及專業主義（professionalism）。這時的觀念，已從認為個人是罪惡的想法移開，相信人類社會的問題可以利用科學來解決；且人基本上是善良的，將問題的產生的主因，歸咎於社會環境；認為如果每個人獲得適當的教育，人們將能利用科學來解決自己的問題。此四者也可說當前社會工作哲學思潮之主流，略述於後。

一、人道主義

「人道」就是待人接物之道，是一種主張發揚人性的哲學與價值觀念。是文藝復興時期的主要產物，反對當時以神、超自然等抽象觀念衡量一切，而主張以人為本，將注意力放在此生、此世，以及尊重人性之尊嚴與個人之價值。人道主義幾乎稱得上是社會工作的基本哲學與價值取向，其基本假定，有以下七項：

1. 人生而平等。即不論他（她）的生活環境、社會地位、種族膚色、宗教信仰、政治黨派或行為模式，均享有與他人同樣的生存權利。
2. 每一個人是一生物，心理與社會之有機體。人類之行為，可用科學方法及心智直覺力加以研究瞭解，且人類行為是不斷調和人類需要與其環境平衡的一種功能。
3. 人類生而自由。人是萬物之靈，是社會文化、社會制度之創

造者與主人。致使社會之組成；目的在保護個人、關心個人，因此，每一個人在不侵犯他人自由之下，應該享有宗教信仰、言論、出版、集會、旅行及其他生活之自由，而政府、法律與其他組織之存在則是爲服務人，所以其好壞的標準，即在於其是否能促進人類之福利。

4. 人就如其他物種一樣，需要依賴自己、互相依賴且依賴自然。個人與社會之存亡息息相關，因此，個人與社會整體有維護彼此之生存發展的責任。

5. 人類不斷地努力，設法改進、預防社會病態、罪惡、不公平之社會政治制度，就是人道至高之表現。因而強調自助、自我發展是爲個人成長與社區組織合作之理想方式。同時也認爲，人類有共同之生活需要，也有獨特不同之特點，而如何調和這些歧異的人類關係，就是人道藝術的表現。

6. 每一個人，不論其年齡、身分、以及生活環境，不論在任何時間，他做爲人類之尊嚴就必須得到尊重；不論是富有的、貧窮的；健康的、病弱的；正常的、不正常的；社會的、反社會的，均爲享有人性之尊嚴。當社會變遷必須發生以改進社會上大多數人之福利，並建立公平之社會制度時，那些被有計畫或無計畫社會變遷所影響的少數人，應該獲得人道的考慮與待遇，享有固有之人性尊嚴。

7. 所有的人均有追求自由平等、自我發展、自我決定以及幸福生活的權利。在一個現代民主自由社會中，每個人均享有生存權、工作權、健康權、教育權、居住權、休閒權、選舉權、參與權、服公職權、接受迅速公開之審判權，以及享有社會福利與人道服務之權益。人道主義自成一套對人與社會的看法，稱得上是一個沒有上帝、沒有啓示、沒有聖經的宗教信仰。

二、實證主義

實證主義為一立基於科學準則的思想體系，目的在瞭解世界如何運作，並獲得一些原理法則，進而影響、控制之。重視客觀的、科學的知識，講求科學理念、邏輯理性、實利主義、客觀性與普遍性等。對社會工作的意義則在於方法的提供，把人當成一個個體；是在社會場域內的一個小場域，由許多勢力匯聚而成；是一個動態之次體系，並且是大體系中的一個部分，由許多動態的變項交相組合而成。帶動社會工作尋找統計性知識，以科學化的方式，建構其專業知識體系，並運用經濟學、政治學、社會學、心理學、精神醫學、生物學、人類學等科學知識，以期有效地提供服務。人道主義是一哲學思想，主要在價值觀與信念的提供，而實證主義的影響則在於方法與技術上的講求。

社會工作的內省，使其警醒到社會服務方案本身的缺乏效果，要比受到預料束縛來得更為嚴重。因為案主的覺醒，資源的限制與社會工作本身的反躬自省，成為社會工作走向權責估量的必然結果，社會工作不能再耽迷於社會責任與人道主義的糖衣外表，而必須是依其工作成效，說服周遭能接受此項專業服務。亦即，使助人活動有其存在的價值，不能單靠哲學來搪塞，而要靠現實中的具體成效。因此除了反應費雪（J. Fischer）所強調社會工作的效能外，參與此項工作者必須加強實際工作能力，尤其是評估、管理、計畫、研究、政策分析等科學的素養。

三、烏托邦

烏托邦意指好的生活、善良的人民、至善而有責任感的社會。模塑社會工作的理想：使其對人和社會的潛能抱積極而浪漫的態度；相信人們有自主的能力與權利，也相信人性本善。社會工作的最終目標是理想社區的建立，創造使所有人的自我實現皆為可能的

社會制度與政策，並促使個人潛能的發揮，以求個人之自我滿足與社會公益之增進。

四、專業主義

在十八世紀以前，專業是有限的，到十九、二十世紀，由於社會分工的精細，需大量的專門人才，而促使專業主義發展。強調高層次的知識與技術，主要目的在於服務人群，以案主的利益爲第一考慮，且講求專業人員的客觀理性、自我瞭解、自我訓練、非形式化、負責任的行爲以及對案主與同僚的坦誠、正直等特性。專業化提供了解決價值、道德衝突的準則，並對抗科層化取向。受此思潮的影響，二十世紀的社會工作花了極大的氣力在專業地位與角色的爭取上，這包括將系統的、科學的程序爲納入實施技巧中、專業教育的加強、理論建構的努力、爭取社會的支持與認可以及專業倫理守則的設立等，以求成爲一種「助人的專業」。

哲學對社會工作的貢獻主要在於：(1)對於人的意義；(2)對於人在地球上生活的意義和目的；(3)對於人對他人和社會的責任；(4)對於人的至善和理想的生活等課題，提出了遵循的方案和方向。而且，當工作員面對悲傷、痛苦、憤怒與焦慮的案主時，對生活、生命的這些哲學性思考，將成爲能同理、接納案主與堅定本身信念，使免於過度挫折之良方。

社會工作者因其工作特質，常被視爲善心人士，或擁有諸多資源，專門提供助人服務者。爲此，其必須以一套社會與道德哲學爲基礎，運用科學的方法，以有效協助人們，方足以化主觀的關懷情感，爲客觀有效的具體服務。在社會工作的哲理，價值、倫理與理論、實踐方式上，大致可區分如下圖：

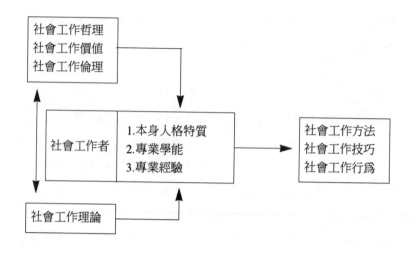

伍、結語

　　隨著社會工作的演進，已由個人到社會，由局部到全國，由零星到整體；使得今後社會工作的任務將日益重要。為此，參與該工作者除了工作的方法必須日益科學化外，同時需要重視工作者的專業修養，以具體成效獲得社會認同。而其對於社會發展的建設性功能，自然有目共睹。

　　民國86年3月11日立法院三讀通過了「社會工作師法」。這項確立專業人員法規的訂定，雖肯定了社會工作者的專業地位，但是，是否能經由立法的期許，而提昇其服務內涵及對整體社會的貢獻？則尚待彼等重視專業的工作倫理與基本價值，使專業地位的確定不僅有助於其士氣的提振，更有助於整體社會邁向「福利國家」的新領域。

　　哲理、價值與倫理等，對推動社會福利服務工作的貢獻主要在於：(1)對於人的意義；(2)對於人在社群上生活的意義和目的；(3)對於人對他人和社會的責任；以及(4)對於人的至善和理想的生活等課

題上，提出了遵循的方案和方向。而且，當工作人員面對悲傷、痛苦、憤怒與焦慮的案主時，對生活、生命的這些哲學性思考，將成爲能同理、接納案主與堅定本身信念，使免於過度挫折之良方。

社會福利服務的推動者因其工作特質，常被視爲善心人士；然而，「徒善不足以爲法」。爲此，其必須以一套社會與道德哲學爲基礎，運用科學的方法，以有效協助人們，方足以化主觀的關懷情感，爲客觀有效的具體服務。社會工作師法的通過，固然爲從事社會工作者的一項肯定與激勵，然而社會工作人員是否就此能搏得社會的認同與支持，則非僅憑藉一項法律的確立而被視爲理所當然，因爲「徒法不足以自行」。職是之故，尤賴參與該工作者能一本專業倫理、哲理、價值，以積極、努力的提昇品質，則本法所揭示的宏旨，方可致之。

第參篇
家庭福利

第1章　婦女福利的現況與努力方向

壹、前言

近年來，女性主義正風起雲湧的席捲台灣社會，各種以女性主義為論點的言論也如雨後春筍般出現，顛覆既有的男性主導的社會結構，使得我們必須正視女性在社會的地位與需求，以建構完整的婦女服務體系。男女兩性在現今的社會中，一同受教育，一起工作，也共同參與社交活動，使兩性之間的關係比過去的社會來得密切。

本文將就婦女生活現況、婦女特殊遭遇、婦女福利需求等單元加以探討說明，以期論述我國婦女福利服務的現況與努力的方向。

貳、台灣地區婦女生活現況

為說明婦女生活的現況以瞭解其工作、婚育、社交、休閒的情形，期能適時提供訂定婦女福利政策之參考，茲摘述內政部於民國90年12月公布的「台閩地區婦女生活現況調查報告」用為說明。

一、婦女工作狀況

1.就業的婦女占四成七，其中逾半數從事商業及服務業；未就業的婦女占五成三，其原因以照顧家人、及在學或進修中最多。

2. 沒有從事有收入工作的婦女較從事有收入工作的婦女多，爲 53% 比 47%。

3. 婦女沒有從事有收入工作的原因，以照顧家人、及在學或進修中最多，各占有 32% 及 29%，其次，是料理家事占有 21%。

4. 就業婦女有三分之二受私人僱用，每月平均收入爲 34,000 元；有四成五因經濟需要而從事目前工作。婦女每月的平均收入，以 2 萬至未滿 3 萬元居多，占 32%；其次，未滿 2 萬元，占 27%；第三，3 萬元至未滿 4 萬元，占 17%，第四，4 萬元至未滿 5 萬元，占 9%；另外，約有 10% 的婦女每月收入是 5 萬元及以上；每月平均收入約爲 34,932 元。

5. 婦女從事有收入工作的行業，以服務業及商業最多，各占 29% 及 27%；其次，工、礦及公教、軍、警，各占 19% 及 16%，以從事農、林、漁、牧業者最少。

6. 婦女從事有收入工作的從業身分，以受私人僱用者最多，占三分之二（67%）；其次，自營作業者和受政府僱用者，各占 14%，而以當雇主者最少。

7. 婦女從事工作最主要的原因，第一，因爲經濟需要，占 45%；其次，適合自己興趣或專長，占 31%；上述兩項合計高達 76%。

8. 五成九的就業婦女對工作環境存有困擾，其中，認爲工作壓力大者居多，占四成三；其次，員工福利不好及薪資待遇不公，分別有 18% 及 16%。

就業婦女托兒

婦女勞動參與率逐年增加，已由民國 67 年的 39.13% 增加至民國 90 年的 47%，歷年來主要的勞動力集中於 20 至 49 歲的婦女，顯示台灣地區女性勞動者在育齡年齡（20 至 45 歲）的勞動參與率大幅提

升的同時，仍需扮演著家庭照顧者的角色。職業婦女除了需面臨工作壓力外，還必須兼顧家庭照顧的責任兩頭奔波，因此，如何建立完善的托育服務網絡，擴大托嬰服務，並加強課後收托及臨時托兒服務，以減低婦女的照顧壓力。至民國90年底，我國公私立托兒所已有2,904所，可收托245,000個兒童，然面對廣大的收托需求，政府亦積極獎助各縣市政府增設或修建托兒所暨加強保母訓練。

二、婦女婚育狀況

1. 已婚婦女生育子女數，以生育兩人者最多，其次是三人，第三是一人，以上共計81%。已婚婦女生育子女的平均人數是2.4人。

2. 高達92%的婦女滿意（含很滿意）目前婚姻生活，只占4%的人不滿意（含很不滿意）目前的婚姻生活。

3. 有半數（50%）的家庭財務是夫妻共管，有28%是由太太管理，只有17%是由先生管理。

三、社交與休閒

1. 有七成的婦女平常從事娛樂性活動。婦女平常從事的休閒生活性質：第一是娛樂性活動，有70%的人從事；第二是體能性活動，有45%的人從事；第三是文化性活動，有41%的人從事；第四是社交性活動，有31%的人從事。

2. 婦女最近一年曾參與的民間社團活動，以同學校友會的人數最多，有27%；其次是宗教團體活動，有19%；第三是社會服務及慈善團體活動，有17%。另外，有44%的民眾最近一年來未曾參與任何民間社團活動。

3. 大多數（約81%）的婦女最近一年從未因認同團體的訴求而參與社會運動；有18%的婦女經參與；只有1%的婦女經常參與社會運動。

4.最近一年曾參與過的社會福利服務，有58%的婦女曾捐贈金錢或食物給政府、民間團體或個人，有54%的婦女曾對鄰居義務付出關懷；其餘社會福利服務參與者較少；另外，有20%的婦女最近一年皆未參與過任何社會福利服務。

參、婦女的特殊遭遇

1.有20%的婦女最近一年至少遭遇過一項不幸經驗，其中，以曾遭遇重大疾病或傷害者及遭受他人性騷擾者最多，分別約有8%。其次是企圖自殺及遭受家庭暴力者，各有4%。

2.最近一年，約有3%的婦女曾被先生施暴過。先生對太太施暴的主因，主要原因是個性問題及溝通問題（分別有60%及50%）、其次是經濟問題（占40%）、再其次是婚姻及家庭問題（分別有16%及22%）。

3.婦女在婚姻生活中，有困擾者以經濟問題最多（占27%）、其次夫妻溝通問題（占21%）、第三是子女或親人照顧問題（占19%）、第四是親子溝通問題（占16%）。

一、不幸婦女保護

遭遇變故之婦女，例如：未婚媽媽、離婚、喪偶、被遺棄、被強暴及婚姻暴力受害者等，往往非常缺乏非正式資源的協助，為針對這群特殊處境的婦女提供適切之保護措施，內政部於於民國78年開始編列預算，補助地方政府及民間團體成立不幸婦女緊急庇護所，截至民國90年底，全國提供不幸婦女保護安置庇護中心及中途之家，共計30所，共可收容450人。

根據民國89年台閩地區戶籍動態統計，89年台閩地區有53,603對離婚，較民國79年增加了7.84%，而粗離婚率則由民國79年的1.26%逐年增加至民國89年的2%，隨著離婚率與未婚生子的增

加，單親家庭有逐年增加的**趨勢**。大致來說，單親家庭一般可能遭遇經濟、就業、子女養育與理家、再婚與心理調適的問題，一些相關文獻更指出，經濟問題是單親家庭遭逢的主要問題，而其中女性為戶長的單親家庭更易落入**貧窮**，形成**貧窮**女性化的現象。

為因應社會上單親家庭逐年增加的**趨勢**，政府除結合民間團體繼續提供單親婦女之緊急生活扶助，協助其習得一技之長，輔導其就業外，並加強實施單親婦女之子女照顧，設立諮詢專線，提供心理諮商、輔導及法律方面的服務，並透過獎助地方政府及民間團體方式辦理各種宣傳活動、講座及成長團體，來教育社會大眾正確的婚姻觀。並透過專業人員提供各種婚姻諮詢及心理輔導服務，以增加兩性對婚姻問題的解決能力。

肆、婦女的福利需求

婦女福利經費從最初（民國74年）的200萬增至民國89年的1億8,400萬元，雖有顯著的成長，但是，包括：兒童、少年、婦女、身心殘障者、老人等社會福利服務的對象中，婦女是唯一沒有單獨立法保障之群體，然而卻是這些群體中人數最多的；而隨著社會變遷、婦女勞動參與率增加、女權運動的高漲，有關婦女的人身安全保障、就業問題等也逐漸成為重要的社會議題之一。政府近年來對於婦女福利之促進，表現在許多法規的制定與修改，例如：在民法親屬編以及刑法中，修正有關對於婦女權益與人身安全之保障，並陸續於民國86年制定「性侵害犯罪防治法」、民國87年制定「家庭暴力防治法」。唯婦女對整體福利服務的建置，尚有下列需求：

1. 婦女對於政府各項福利措施以工作權益法律保障的滿意度最高，為44.8%，而以婦女人身安全保護表示不滿意者最多，有48.1%，其餘之福利項目滿意程度約在26%至36%之間。其

中以托育服務與托育津貼、不幸婦女之緊急生活扶助及婦女訴訟律師諮詢服務等三項，表示不滿意者均多於滿意者，而對這三項選擇無意見或不知道的比例卻又高於不滿意者，可見政府對於各項婦女服務項目仍有極大的改善空間。（如下表）

項目別	滿意	不滿意	無意見或不知道
婦女工作權益保障	44.8	28.8	26.4
婦女就業服務	36.3	29.9	33.7
婦女社區服務	35.1	22.5	42.3
幼兒托育服務	26.3	32.0	41.7
婦女生活扶助	27.8	32.9	39.4
婦女收容安置	28.9	28.3	42.8
婦女訴訟服務	26.9	32.6	40.5
心理諮商輔導	34.2	24.6	41.2
婦女人身保護	30.2	48.1	21.7

2.婦女最關心的資訊：第一是社會治安，有69%的人關心；第二是家庭生活，有43%的人關心；第三是休閒娛樂與運動、和醫療保健者，有36%的人關心。

3.婦女認為政府應優先辦理的福利措施為「對不幸婦女的照顧」及「性侵害防治服務」；而對不幸婦女認為應優先提供之保護服務為「職訓就業」及「經濟輔助」。若以重要度表示，婦女認為，政府應辦理福利措施的優先程度：第一優先是對不幸婦女的照顧、第二優先是性侵害防治服務、第三優先是托育、托兒方面的服務及工作權益的保障。這些資料顯示出，婦女在兼顧家庭與就業時所面臨托育托兒的困境亟待解決，否則不足以落實兩性工作平等制度。

4.婦女認為，政府對不幸或困難婦女應優先提供的保護服務，以職訓就業為第一，其次分別為：經濟輔助與法律服務；再

次爲收容轉介。可見婦女一般認爲，不幸或遭受困難的婦女在家庭中，通常爲經濟上的弱者，一旦突然遭遇變故，由於缺少工作收入，或因無一技之長而無法順利進入就業市場。

5. 對托兒服務，婦女認爲，第一優先是辦理鄰里保母訓練、儲備保母人才；第二優先是加強托兒機構的評核；第三優先是推展保母考試發照制度及輔導機構附設托兒所，第四優先是辦理課後托兒服務，第五優先是鼓勵延長托兒機構收托時間。

6. 在就業相關的問題方面，托育問題使得許多婦女面臨家庭與工作的兩難選擇，成爲婦女就業的保障之一，而若是將來家庭發生變故，婦女也常常由於缺少經濟來源而導致生活困難；就業障礙造成女性勞動參與率偏低，另外，勞動市場中的兩性薪資差異、兩性工作不平等種種職業隔離現象也是目前國內婦女福利的重要問題。要改善這些問題，必須落實兩性平等的觀念，促進就業機會均等法、兩性工作平等法，加強推廣婦女二度就業方案，並輔以完善的托育政策與相關法令措施，才能解決目前婦女就業問題的困境。

伍、結語

截至民國90年12月底，我國人口總數爲2,228萬9,000餘人，其中，女性人口爲1,082萬3,000餘人，以往政府透過兒童、少年、老人、殘障者福利服務法及社會救助法，間接對全體婦女或直接對特殊群體婦女提供各項福利服務。隨著經濟進步、教育普及、民主發展，社會產生結構性巨變，占我國總人口一半的女性，其角色亦隨之有明顯變化。爲建構婦女福利服務的體制，政府於民國86年成立行政院婦女權益促進委員會，內政部性侵害防治委員會，於民國88年4月23日成立內政部家庭暴力防治委員會，期望透過跨部會之

運作，積極致力於婦女安全的維護、婦女地位的提升和婦女權益的保障。

　　由目前婦女服務提供的狀況與調查結果交互觀察可知，目前國內婦女福利問題以人身安全保障及與就業相關問題為兩大主軸。人身安全問題一直是婦女保護的重點，鑒於對於不幸婦女的輔導與服務均屬於事後的救助，唯有強化「性侵害防治法」、「家庭暴力防治法」的實施，對於受害婦女予以保護，對加害人給予處罰，才能有效發揮事前嚇阻與事後處置功能，家庭暴力防治法的制定也顯示出家庭暴力事件不再只是「家務事」，而進一步給予婦女安全之保障。另外，若以前項各統計資料觀察，除了提供中途之家、庇護中心這些消極的保護外，婦女更期望能以積極的職業訓練與就業輔導提供相關的福利服務措施。收容中心、緊急庇護中心畢竟只能提供臨時性的保護，唯有透過諸如婚姻諮詢、法律諮詢、自我心理調適、醫療與職業訓練等方案，讓婦女懂得如保護自己，更透過心理及社會調適提昇自我價值感，且免於經濟匱乏，才能促進婦女本身的福利。

注釋：本次調查以台灣地區（包括：台灣省、台北市及高雄市）為區域範圍，針對普通住戶內年滿15至64歲之本國籍婦女，採電話訪問方式，於民國90年2月15日至3月14日訪查完畢。調查有效樣本數為3,620人，可信賴係數為95%，誤差為1.63%以下。

第2章　女性與就業

壹、前言

　　隨著時代不斷地在向前推進，工業社會的崛起，不僅影響到產業結構的改變，更進一步在政治、文化、社會各方面產生了影響，其中又以女性角色的改變最為引人注目，由於女性的學歷較過去大為提高、參與社會工作的機會增加、家庭組織趨向小型化、子女人數減少等等，都使得女性的地位有了顯著的變化，加上女性一旦具有經濟能力，其自主權也就相對地得到了發展，於是男女的互動關係及家庭組織都產生急驟的轉變，至於女性的職業參與也有別於往昔，成為追求男女平等的一項基本權利。

貳、女性投身職場的情況

　　產業結構改變是影響女性勞動參與的重要因素之一。由農業及較重視勞動密集的工業轉到資本密集的工業結構，再由工業逐漸轉為較重視服務業的產業結構型態，正是台灣經濟結構帶動女性勞動參與的最重要原因。自 1961 年起，台灣地區農業總產值比率有逐年下降的趨勢；工業生產值則升到 1986 年的 47.64%，而後有稍降趨勢；服務業生產值則有逐漸揚升的現象。可見工業與服務業已變成產業的主流，尤其產業的特質傾向不需要體力勞動，因此有利於女性就業。究此，顯示女性就業受到產業結構轉型影響甚大。在工業部門和服務業部門的勞動力分布情形中，女性所占勞動比例有明顯增加的趨勢，其中，服務業裡的女性勞動更見大幅成長發展確實吸

引了女性勞動參與，也提供女性更多就業機會。而民國77年服務業勞動人口首度超過工業勞動人口。由於服務業的勞動性質與內容，頗能配合婦女勞動特質，故服務業的興起與擴大對婦女勞動參與有直接鼓勵作用。

其次，我國教育在質與量上的大幅提昇，造就出高素質的人力資源。反映在勞力市場上的變化是勞力素質的普遍提高。由於女性與男性有同等受教育的權利，故三、四十年來教育成果上很顯著的一項成就是，女性平均教育程度的提高縮小了與男性平均教育程度的差距。高級人才中如今不乏為數可觀的一群女性佼佼者。換言之，教育水準的提高造就出素質高的女性，也連帶地提高了女性的自我期望水準與工作成就動機，這點對婦女積極投入勞動力市場具有不可忽視的影響力。

另外，社會對女性從事家庭以外的勞動行為，逐漸能接納並肯定。換言之，女性的角色扮演有更大的空間。社會對女性「主內」角色的執著愈益鬆散。這使得婦女在生涯的展望上，能有其它的選擇。社會價值觀期望於女性在角色扮演上所產生的改變，也直接影響女性的勞動參與。

除上述三項結構性因素外，家庭結構的改變，如小家庭的普及與生育子女數的減少，與現代化科技簡化了家務性，從而減少了對家務的投入時間。以上因素均有利於女性的勞動參與。從勞動供給的角度而言，女性勞動參與率的提高確實提供了寶貴的人力資源。然而，值得注意並加以區別的是：女性勞動參與率的提高並不表示這些已投入勞動力市場的女性勞力已得到充分有效的運用。換言之，在注意到女性勞動參與率提高的同時，更應該關心女性勞動力是如何被使用。茲就女性教育及勞動的情況簡述如表一：

表一　台閩地區女性教育及勞動參與情形表

項　　　　　目	88年統計數	78年統計數
人口數	1,078 萬人	973 萬人
占總人口比率	48.8%	48.3%
出生嬰兒性比例（女=100）	109.2	108.6
初婚年齡	25.7 歲	25.2 歲
婚姻狀況		
未婚	30.3%	29.7%
有偶	57.7%	61.4%
高等教育學生人數	50.5 萬人	21.9 萬人
占總高教學生比率	51.4%	47.4%
碩士班	18,563 人	3,905 人
博士班	2,624 人	599 人
勞動力人數	385.6 萬人	315.9 萬人
勞動力參與率	46.0%	45.4%
就業人數	376.1 萬人	311.0 萬人
占總就業人數比率	40.1%	37.7%
職業結構		
專業、技術人員	25.2%	17.8%
生產操作及體力工	23.6%	37.6%
其他	49.7%	42.8%
非勞動力人數	452.1 萬人	380.7 萬人
就學	23.2%	20.2%
料理家務	58.2%	65.7%
受雇者平均薪資占男性比	73.5%	66.1%

資料來源：行政院主計處，《國情統計通報》，民國89年3月1日。

參、女性於職場上的特性

　　在整個女性僱用歷史中，一直存在著兩個很明顯的特色。一是工作的分派絕大部分是依性別而來的；二是女性的薪資明顯地低於男性。這使得女性不得不依賴男性以為生活，而勞動市場的性別分

工使得女性被侷限於從事女性的職業，此乃進一步強化了性別角色並削弱女性的抱負與自我期許，但仔細檢視女性於職場上仍存有下列特性：

1. 參與性的擴增：戰後女性就業型態起了極大的變化，獨身女性投入勞力市場，已婚女性就業的人數亦不斷成長。這些女性勞力主要是投入發展迅速的服務業。不少僱主也調整工作設計、時間與條件以因應女性的勞動參與率顯著的增加。

2. 相對性的剝奪：服務業的興起與蓬勃固然有利於女性勞動參與，但其提供的大量半職工作，其實無法充分有效的發揮女性勞動力。再者，教育普及後所普遍提高的女性勞動素質，無法反映在正式勞力市場上，亦即女性教育水準幾與男性看齊之際，女性仍然在某些職業及中低職階中，占有相當高的百分比。女性人力運用顯然尚未跳脫傳統的性別分工。

3. 邊陲性的角色：分析職業分類的資料發現，某些職業確實有性別區隔的現象。例如女性就業占絕對優勢的職業，包括：護士、僕役、圖書管理員、檔案管理員、幼教和小學教師等。至於垂直式的區隔，亦即在同一職業內不同職階間的性區隔，女性管理人員大多集中在低階主管的職位；當企業規模愈大時，其集中的趨勢愈明顯。這使得目前女性勞動人口集中在技能層次低及無技能的工作中，低度利用的情況甚為普遍。

4. 雙元性的負荷：男性在傳統角色規模下所被期待扮演的工具式角色，即只需扮演家庭的經濟支持者角色無需負責家務與照顧家人、與期待女性的情感性角色，使得女性工作角色增加之際並未相對地減少一些家務角色，此種兩性角色變遷的不均稱性，造成職業婦女在角色衝突或角色過度負荷下的心理壓力，直接地影響女性的勞動生產力。換言之，傳統角色

規範期待也可能造成角色的緊張，從而使得職業角色的發揮，無法完全。為了兼顧家務角色而妥協掉一部分職業角色。

5.主體性的衝突：不過根據Lambert（1990）所提出的外溢理論，即職業和家務兩體系會相互影響，這種外溢影響可為正向或負向，當角色負荷過重時，不僅會影響其家庭關係，也會影響其工作表現。總而言之，在傳統性別角色的意識形態下，女性的最重要角色是家庭主婦，主要工作即家務。家庭主婦的角色具有以下的特性：絕大部分的家務均分派給婦女；造成女性在經濟上對男性的依賴；家務不具有正式工作的身分；家庭主婦角色對其它角色具有優先地位，即使女性從事有給工作，其家庭主婦角色並不因此而消失。

6.侷限性的發展：女性的才幹能力無法充分反映在她們的教育水準與職業期望上。女性的職業生涯期望及選擇顯著地低於才幹相同的男性。換句話說，不少才幹甚高的女性後來只有極少數適得其所的發揮其才幹。Bem（1987）把這個現象形容為美國女性同質化，即女性無論才幹高低，社會化的結果是追求同樣的角色扮演。性別非個人特質最能預測女性一生中會扮演什麼樣的角色，會選擇什麼樣的職業。

7.次級性的勞力：著眼於科技變遷的影響者為二元勞力市場理論（Doeringer and Piore, 1971）。認為隨著科技發展，勞工的技能愈需提升，因此在訓練的投資上就必得增加，同時，勞工的經驗對雇主而言愈顯重要。訓練投資多與經驗長的勞工則得到較佳的待遇，相對於其他替代性高的勞工，後者則處於低薪、工作無保障及福利少的情況裡。女性勞工及其他少數族裔通常聚集於次級勞力市場中。至於女性為何會在二元區隔的勞力市場中，居於不利的位置，使其勞力無法充分發揮呢？因為女性勞工工會化程度不夠，另外一方面則是，男

性工會人士視女性勞工為勞動市場的競爭對手，故極力抵制女性勞工加入工會。（Rubery, 1980）

從歷史文獻分析所得到結論大抵上支持上述說法，不過存在兩性之間的父權社會的尊卑關係也是原因之一。許多職業本身已有的性別標籤是父權社會男尊女卑的自然結（Hartmann, 1979）。而從性別歧視的觀點來解釋職業上的性別區隔與女性薪資較低的事實則認為，性別歧視一方面使某些男性優勢的職業對女性勞動力的需求不高，故而壓低了在男性優勢職業中女性的薪資待遇；另一方面，因為歧視，使得女性勞工只能大量湧入女性占優勢的職業裡，供給增加因而間接地也壓低了女性在女性職業中的薪資待遇。總之，勞力市場的區隔，造成一些結構性的限制，使女性勞力集中於次級勞動市場，並從事替代性高的工作。

肆、增進婦女的職場參與

我國憲法增修條文第九條第五項規定：「國家應維護婦女之人格尊嚴，保障婦女之人身安全，消除性別歧視，促進兩性地位之實質平等」，相關法規亦應配合憲法規定不得牴觸，使男女平等更為落實。要增進婦女權益以促進兩性實質平等，有下列幾方面必須同時保障：

1. 觀念與信心：中國傳統的「男主外，女主內」的社會觀念與婦女自己對於參與勞動市場的信心，是影響台灣地區婦女勞動參與看不見但卻是很重要的一項因素。觀念與信心的重建是提高婦女勞動參與的基礎工作，唯有婦女本身先有信心，外在勞動參與輔助措施才能發揮功效。觀念與信心的改變和重建有賴透過教育、大眾傳播及婦女運動等方式來達成。
2. 勞動市場資訊傳播：提供婦女職業輔導與就業訊息是提高婦

女勞動參與所應優先考慮的作法之一。進入勞動市場的婦女往往需要向就業服務單位尋求協助，這些就業服務單位，一方面應有能力提供尋職婦女有關勞動市場職位空缺與教育和訓練機會的資訊，一方面也要能夠對尋職婦女提供雇主求才的資格及要求條件，才能有效的達成就業參與。

3.充實教育與職業訓練制度：許多婦女知道要投入勞動市場首先必須使自己具備合格的條件，如果婦女教育能夠更加富於彈性，對於勞動的勞動市場參與將有很大的幫功。例如：(1)放寬年齡與入學資格的限制；(2)上課時間彈性化。給予婦女每天、每週及修業年限更大的自由選擇；(3)課程、考試及學分的認定宜符合婦女進入勞動市場的需要；(4)資格與學分在機構內與機構間宜設法使其更加容易轉換；技術訓練不應限制在某些特定的職業之上，應鼓勵婦女經常接受新技術的訓練。對於已經在工作的婦女，施以在職訓練，使她們在必要時可以臨時接替其他女性同仁的工作，這樣可以使某些婦女不會因為工作中斷而被迫離職。由於家務工作與照顧小孩的限制，要使婦女能夠踴躍參與訓練計畫，時間與地點的安排特別重要，以使其能夠應付職業變遷的挑戰。

4.工作誘因：要吸引更多婦女投入勞動市場，工資、賦稅與社會福利制度必須給予婦女在參與勞動市場工作後，家庭生活水準能夠顯著改善的誘因。如果婦女由工作中所得到的金錢報酬不多，她們對就業可能便會缺乏興趣，而寧可選擇在家從事家務與照顧小孩工作。更重要的是，婦女由工作中所能賺取的報酬愈多，愈容易使丈夫信服她的工作是重要且值得的，因此愈可能取得丈夫支持外出工作。

5.充實幼兒保育措施：有工作意願與能力的婦女，若因育兒被迫退出勞動市場，不僅所得減少，也喪失在職訓練的機會，導致個人生涯的重大損失。而且，女性高離職率，會降低業

主提供女性在職訓練的意願，使她們的生產力與升遷機會不及男性，從而導致女性離職率的提高。為打破此一惡性循環，充實台灣地區的幼兒保育措施乃當務之急。目前台灣地區托兒所數目有限，公立托兒所收費雖然便宜，但容量有限。而且，由於保育時間限於白天，除白天定時上下班的勞動者外，其他時間的勞動者無法利用此項措施。是故，為鼓勵婦女就業，公立托兒所收費可更為確實反映成本，適度提高費用，藉以提升品質，增加容量，並實施更長時間及夜間保育服務，對激勵婦女重新進入勞動市場亦會有所幫助。

6. 工作時間：對大部分重新進入勞動市場的婦女而言，為使工作時間能與家庭需要相配合，部分時間的工作是她們優先選擇的對象。因此，要使婦女能夠大規模地參與勞動市場，必須創造更多的部分時間與彈性時間的工作機會。

7. 修改女性勞動保護法規：在高度工商業化與女性教育程度普遍提高的時代，以性別為準的勞動保護法規，不宜只是基於保護女性的觀點，同時也應配合女性勞動力的多樣化，以及重視人力資源派用的效率。

8. 避免已婚婦女雇用成本提高：如果保護女性的各種休假，諸如產假，在假期間完全由企業支薪，將使雇用已婚女性的成本提高，結果反而會對已婚女性的就業，產生不利的影響。為了避免這種現象的發生，產假原則上應採留職停薪制度，休假期間的所得損失可以考慮透過社會保險方式給予一些補償，如此可以使男女勞動雇用成本的差距縮小，因而有利於婦女（尤其是已婚者）的就業。

9. 工作資歷能夠延續：為鼓勵已婚女性重新投入勞動市場，可以設計一套企業工作資歷認證制度，使婦女過去的工作經歷可以獲得新雇主的肯定。如此，可以降低轉換工作的成本，提高再就業的意願，有利於已婚婦女再度進入就業市場。

10.充實勞動力統計的內容：目前我國勞動力調查報告對於瞭解
　　女性非勞動力形成的原因，重新進入勞動市場的意願與條件
　　並沒有多大的幫助。爲有效開發我國的女性非勞動力，促進
　　女性人力資源有效運用，政府統計單位宜針對女性非勞動力
　　部分進行更詳盡的調查分析。

伍、結語

　　臺灣地區由農業社會轉變爲工商業社會，產業結構逐漸由勞動
密集轉變爲技術、智慧密集，因而對勞動需求也產生變化，需要更
多專業性及技術性的婦女參與，使婦女勞動在國家經濟發展中能充
分發揮其才能、智慧。婦女的地位，包括在法律、社會、經濟、政
治、文化各層面，也需與男性居於平等。一般而言，臺灣地區的婦
女在教育與就業的機會方面已較傳統社會開放不少，然而少數行業
尚有單身條款或其他有違公平原則的限制，這是亟待改善的。

　　在民主法治的國家，人權本應受保障，男女權益在法律之前一
律平等，中華民國憲法第七條明文規定：「中華民國人民，無論男
女、宗教、種族、階級、黨派在法律上一律平等」，因此「人生而自
由平等」是民主政治的基本信念，無庸置疑。婦女各項權益應受法
律保障，婦權運動重點不在顛覆父權結構成爲母權制，而是在於改
變父權制中的階級壓迫及性別歧視，將此壓迫關係轉化爲彼此溝通
與互相尊重的兩性平等社會，正視婦女權益的保障，才能實質的促
進兩性平等的和諧關係。

第3章 單親家庭面臨的問題及解決之道

壹、前言

　　隨著工業化的進展，傳統的價值觀快速變遷，亦使得家庭型態有所變動，其中之一即「單親家庭」：也就是一個家庭內有若干子女，但卻只有一位家長（父親或母親）的型態正快速增加。單親家庭在西方的先進國家中相當普遍。過去二十多年來，美國、英國等國家的單親家庭數目已增加了兩倍多。傳統農業社會中，男性是家庭的主幹也是主要的生產者，婚姻主要的目的是爲了傳宗接代，增加家庭的生產力，甚至爲了光耀門楣。隨著工業革命改變了農業社會由男性所主導的生產方式，家庭已不再是個生產單位，女性在經濟上的獨立，改變了社會規範，尤其是女性在家庭中的角色，以及男女之間的關係。換句話說，家庭的觀念被沖淡，婚姻的牢結也就越來越鬆弛，婚姻與家庭之間的關係顯得特別的脆弱，容易造成離婚的發生。根據學者的實證研究，臺北市單親家庭總數約占所有家庭總數的8％到11％左右。以臺灣地區離婚率的攀升速度，可以預測的是單親家庭的增加勢所必然，因此更值得我們正視並提出必要的因應之道。

貳、單親家庭面臨的問題

　　不管是甚麼樣理由所造成的單親家庭，多少會面臨以下的問

題：

1. 經濟的問題：單親家庭中，由於單親父或母必須身兼雙職，獨自承擔家庭經濟責任，容易造成壓力過大、經濟拮据、就業時間不夠分配等困擾。尤其是在臺灣女性戶長單親家庭的收入低於一般家庭，僅為67.8%，同時由於我國社會福利的措施還不普及，單親家庭只能靠自己的努力解決生計的問題。因此採取的對應方式是：第一、家庭的成員儘量外出賺錢；第二、讓成年子女負擔家計以協助改善整個家庭的經濟狀況；第三、只要有工作就去做，而不論薪資的多寡。因此造成工作過度的負荷，或者無法兼顧家庭，乃至貧窮的困窘等現象。

2. 工作的問題：單親家庭由於人手的缺乏，所以家長必須同時肩負以維持生活所需、養育子女、料理家務等多項角色，往往造成過度的負荷。

3. 教養的問題：由於經濟的不穩定，以及身兼多職所產生的分身乏術現象，使得單親家長對子女的教養多半無奈與力不從心。由於沒有良好的家庭教育，自然不易導致良好的教育效果。此外，子女受到單親扮演父母雙重角色，勢將影響對性別角色的認同，在社會化不足的情形下，將不利於子女未來的婚姻與家庭。因此成長在單親家庭的人對婚姻多半不抱樂觀，他們對婚姻的態度與敏感，往往促成其自身婚姻和家庭的破裂，而這種現象也可能像貧窮問題一般，造成破碎家庭的世代間流傳。

4. 再婚的問題：儘管再婚可以帶來很多好處，然而也有其遭受的阻力，由於單親家庭的家長本身已經離婚或喪偶，加上照顧子女的負擔，論及再婚的確較為不易。

5. 心理的問題：包括離婚或喪偶後的心理適應、生活的安全

感、社會對離婚者的偏見等等，均會造成個人調適上的困難。離婚造成的心理困擾有時甚於喪偶。畢竟一個完整的家拆散開來，生活的習慣與重心都不同以往，雙方將會有段時期生活於混亂、徬徨與迷惑之中。

6. 社會的疏離：受到既有社會價值的影響，使得離婚者容易遭受到親友疏遠、歧視等。因此，在社會關係方面較易形成缺乏安全感、歸屬感，以及親友疏遠等情形。同時由於父母離異，爲了子女的監護權，即可能拆散父母手足共同生活，勢將造成親情的剝奪。

7. 法律的問題：離婚者在法律上將面臨包括：子女的監護權、探視權、親權的行使、財產權、繼承權等困擾。

8. 角色負荷的問題：雙親家庭的父母，由其所擔任爲人父或爲人母的角色任務，轉移到單親家長時，將形成角色負荷的情形與壓力，例如：生計壓力、子女養育壓力、家事管理壓力、個人角色之壓力等等。

9. 青少年偏差及犯罪的問題：經由實證研究發現，有越來越多的青少年犯罪問題與單親家庭有著密切的關係。單親家庭青少年犯罪年齡較早，違規犯罪類型方面以疏離行爲、依賴煙酒藥物和搶奪行爲較正常家庭青少年爲嚴重，其原因是因爲家庭裡缺乏許多重要的家庭動力，如關懷、監督、溝通等。

不管是甚麼樣的理由——死亡、離婚、分居或其它（自願或非自願），所產生的單親家庭，所要面對或解決的問題亦不相同。然而，由於其對個人產生的影響及對總體發展的障礙，的確需要社會加以協助。

參、解決單親家庭問題的策略

面對上述的問題，社會提供解決單親家庭的策略，一般可分為：

1. 提供必要且適當的經濟補助，以克服生活上的困窘。由於單親家庭易處於貧窮的狀態；因此宜透過諸如：稅收減扣、社會福利、社會救助等措施，以消除單親家庭的貧窮問題，而不是任其自生自滅，自謀解決。

2. 針對不同的單親家庭類型提供服務：社會福利機構宜針對單親家庭提供重要且實際的服務，如職業訓練、子女課業輔導、兒童照顧服務及心理輔導等。這些實際且急需的服務措施，將能有效的幫助受煎熬的單親家庭走出陰影，積極面對人生，這種實質上的協助有時是比現金的給付更有其實際效益。

3. 法律保障方面：宜透過有關於家庭法律的修改、增訂等，以因應社會、經濟、政治及價值觀念的變化與家庭需要。同時針對單親家庭加以訂定具體的法律保障條文。

4. 運用民間資源從事對單親家庭的協助工作，尤其是如能妥為善用社區資源；例如組成單親家庭協會、社區志工服務隊伍等等，並且互相合作與支持，使社會資源能統合運作以發揮最大功能。

5. 調整國人觀念，以正確的態度看待單親家庭。目前我們社會對於離婚者存有偏見，使得有些離婚家庭沒有受到應有的尊重。其實，國人宜隨著社會變遷調整觀念，離婚是婚姻失敗，其固然是一種挫折，但勿以原罪來看待離婚，勿以有色眼光看待單親媽媽或爸爸，因為感情生活的不協調，或個性

的不和而終止的婚姻關係，這只能說是生命過程中的一個轉型。

6. 政府應適當地協助以克服問題：在今日公權力不斷地介入私人領域的同時，政府不但應該適當幫助單親家庭，更應該適當地增加有關的經費來協助他們。因為這是一項逐漸普及的社會現象，今天不去關心照顧，明天社會就要付出更多的成本和代價。

由於單親家庭背景不一，需求與所面臨的問題自然也不相同。因此，只有充分瞭解單親家庭的情形，謀求因應之道，才有助於對衍生問題的解決。

肆、結語

在社會快速的變遷中，過去依照傳統所分類的家庭類型：核心家庭、折衷家庭、擴展家庭，在面對現今多變的家庭組成方式，如單親家庭、再婚家庭、隔代家庭、共居而不婚的單身貴族……等，顯得不是那麼的適用。家庭型態正逐漸在改變，其中，單親家庭其數量漸增，問題也漸嚴重。在臺灣發生的原因，雖然是以喪偶造成單親家庭的因素居多，但隨著社會的轉變，因為離婚、未婚生子等原因，形成單親家庭的比例，顯然是提升不少，而這類的單親家庭所要面對的問題，以及它對社會帶來的影響也特別需要關注。

並非所有的單親家庭都會問題叢生，但是，不可否認的是，因其結構特徵使其成員容易受到影響。所以社會大眾宜改變傳統對家庭的刻板印象，重新塑造單親家庭不是問題家庭的認知，使他們得以被社會接納，並協助單親家庭建立支持網路及正面適應，提供必要而且積極性的協助，以避免該問題的擴大及對社會發展的不利影響。

第4章　雙生涯家庭的問題與調適

壹、前言

　　隨著時代的演進，社會的變遷，近年來台灣的家庭結構有了重大的改變。已婚婦女，由於家庭經濟的需要，或因教育水準的提升，其追求自我實現與自我成就的動機愈來愈強，而紛紛投入就業市場，促使夫妻均從事有薪俸職業的家庭，即雙生涯家庭愈來愈普遍。雙生涯家庭即是指家庭中夫妻二人均從事有薪俸的職業。根據行政院主計處的統計，民國60年台灣地區的女性勞動參與率有35.37%，而男性的勞動參與率則為78.35%，但截至民國90年12月為止，女性的勞動參與已提高至47.01%，而男性的勞動參與率則下降至70.72%，女性的勞動參與率逐年增加，男性的勞動參與率反呈下降，由此變化可看出「男主外，女主內」性別角色行為的改變。再根據該項統計：在3,821,000的女性工作人口中，有2,026,000的人是已婚者，約占女性工作人口的62.12%，可見在已婚婦女的生活中，職業的角色占有愈來愈重要的地位。而從另一個角度分析：目前十個婦女之中仍有4.4個投入勞動市場，而大專以上教育程度的已婚女性就業比例更達七成以上。直線攀升的已婚婦女勞動參與率，使估計約兩百萬個社會基層單元──家庭，其生態改變、成員角色重整，甚且造成家庭的本質與成員的互動產生變化。

　　近年來國內有關雙生涯夫妻的研究，逐漸受到重視。這些研究主要在探討多重角色結合後的問題，包括角色過度負苛（role-over-load）、角色之認定與自信心，及職業與家庭角色之整合……等。雙生涯生活型態是一極易受到多重角色壓力及衝突的生活方式，需要

夫妻雙方共同學習、協調適應及外在客觀條件配合與協助。

貳、雙生涯家庭的角色與行為

　　角色重要性（role salience）的概念源自 Super（1980, 1982）的研究，意指個人視某一個角色為其生命中重要部分的知覺程度。Supe 結合角色理論與生涯發展的理念，認為人一生中扮演九種主要的角色，分別為兒童、學生、休閒者（leisurite）、公民、工作者、夫妻、家長（homemaker）、父母及退休者等角色。 隨著年齡的增長，每個人所扮演的角色越來越多，且在每一生活階段，個人同時扮演多種不同的角色。 這些角色在四個主要的舞台（theater）—家庭、社區、學校、工作場所演出，角色之間彼此相互影響，在某一角色上的成功，可能帶動其他角色的成功，反之亦然。不過，為了某一角色的成功付出太大的代價，也可能導致其他角色的失敗。

　　“dual career” 一詞意指，「夫妻雙方均追求個人之職業生涯的一種新的家庭生活型態」，國內學者將它譯為「雙生涯」（藍采風，民71）。雙生涯與雙工作（dual-work）的不同在於投入的程度高低及長程的發展性質。Rapoport 與 Rapoport（1969）指出，「所謂生涯指的是個人對其工作有一種長期性、專業性以及發展性的承諾與誓約。涉及個人自我意識、專業訓練、人生遠程計畫以及職業的認同。」

　　此外，雙薪家庭則僅指夫妻兩人皆有工作，一個家庭同時擁有兩份薪水。目前的社會，由於經濟、社會及心理上諸因素，使許多夫妻追求雙生涯的生活型態。雙生涯家庭具有高度的事業投入和承諾，此種承諾使得夫妻必須在角色扮演、責任需求和作決定上重新取得協調。

　　有關以雙生涯家庭為主題之研究，最早開始於1969年英國學者 Rapoport 及 Rapoport 。他們主要的研究方向在探討促使女性進入職

業市場，追求職業滿足，以及限制女性在職業生涯上追求與其能力相當的成就之教育、經濟及社會心理因素（Arfken, 1985）。這篇先鋒性的研究，帶動了英美等地社會心理及職業心理學者，對出現在結合職業與婚姻的生活型態中的各種問題之研究。雙生涯家庭的研究，大多包含了評估他們在實踐多重角色所經驗到的壓力與衝突，以及滿足感。以往的研究，由於性別角色刻板印象的影響，常偏重探討男女性工作及家庭領域之互動（Anderson, 1992）。具體舉例，Beutell 及 Greenhaus（1983）在對美國已婚職業婦女的研究中指出：現代婦女的主要角色有四個，即「妻子」、「母親」、「主婦」（homemaker）以及「工作者」。另外，Amattea、Cross、Clark 與Bobby（1986）等人則認為，對於雙生涯夫妻來說，最重要的家庭與職業角色包括：配偶、父母、家務及工作者角色。並且他們在研究成人之角色期望時，強調個人對不同角色的期望，可以決定其角色之重要性。

參、雙生涯家庭的生活壓力與問題

隨著女性參與勞動力百分比率之增加，以及更多的女性接受高等教育與專業訓練，再加上社會上一般人對男女平等概念之接受，雙生涯家庭的生活形式將廣泛地盛行於社會中。然而，由於社會對象家庭婦女的角色仍受某種程度的傳統觀念所束縛，以及實際問題的困擾（例如：子女教育的問題、夫妻之間與親子之間相聚的時間、家庭收入、家庭內分工、以及來自外在的職業壓力等）使得一般雙生涯家庭中的成員均感到多方面的壓力。本節將概略列舉，一般雙生涯家庭經常面臨的問題。

一、過度負荷的問題

當家庭中，夫妻兩人都擔當職業上之專任工作，再加上家務之

專職時，每天活動的負荷量顯然是過重了。問題不在於「過度負荷」本身，而是職業婦女常將自己的事業、工作當做第一「專職」，而把家務當做第二個「專職」，或視為專業之外的「加班」。在這種情形下，易造成身心疲憊，而在職業與家庭上增加不少壓力。下列因素將決定雙生涯家庭對過度負荷之感受以及對壓力程度之不同經驗：

1. 家庭對生育子女的期待程度，以及對生活情趣的重視程度。
2. 夫妻對家庭生活水準高低的嚮往程度。
3. 夫妻兩人對家庭內重新分工合作後的滿意程度。
4. 夫妻於工作中造成心理上的過度負荷，進而形成生理上過度負荷的情況。
5. 職業的種類以及夫妻在工作時間上相互安排與配合情形。
6. 夫妻對於個人工作之態度與抱負，以及夫妻二人對於彼此工作之態度與期待情況。
7. 丈夫對妻子成為職業婦女之支持與鼓勵程度。

二、認同的問題

認同上的困擾與社會上對傳統男女角色之偏見有極大的關係。在今日社會中，我們仍有極強的男主外、女主內之觀念。這觀念使雙生涯家庭中有雙性角色（androgynous roles）傾向者感到無形的壓力。雙性角色是當代新男女角色平等的概念之一，指男女均可互相扮演家庭經濟支撐者，亦同時扮演能幹的家庭主婦；而男性則一方面維持其傳統的男性角色，一方面也為了實際需要而勝任「家庭丈夫」的角色。據調查，許多職業婦女的壓力是來自無法接受或扮演傳統的「廚娘」或「某某先生的太太」的角色；或男性無法接受新的角色：「家庭丈夫」。照理論言，雙生涯家庭內女性與男性均會面對認同上的衝突問題。但研究指出，女性所面對之角色認同衝突之壓力遠較男性為高。

三、角色週期的問題

角色週期的問題係指雙生涯家庭如何將其個人生涯週期與其家庭生活史（發展史）週期互相協調配合。雙生涯家庭的壓力經常是有一種功力產生的轉捩點。例如：職業婦女一直在婚後繼續工作。但是，當第一個孩子降生之後，它造成了雙生涯家庭壓力的轉捩點。即言，新生兒的需求使女性面臨抉擇。若在新生兒學齡前一段時期能覓得保母或其他支持系統（如由婆婆照顧新生兒），仍需在安排上費盡苦心。若妻子在孩子們成長後不需多照顧時，才開始工作或回到原有之工作崗位，其壓力程度當較前者為低。

四、雙生涯家庭的適應

現代社會由大家庭轉為小家庭制度，在許多方面增加了雙生涯家庭是否應有子女，以及子女之年齡與夫妻生涯之發展（即家庭生活史與個人事業生涯史之比照）也造成了雙生涯家庭的複雜性。Heckmal（1977）等人所做的研究指出，僅有老一輩的職業夫妻以及無子女的家庭方會感到雙生涯家庭之優點。照顧孩子的需求以及尋覓理想的保母，使得年輕一輩之職業婦女感到萬分困擾。

肆、雙生涯家庭的調適

每個雙生涯家庭所面對的壓力程度與種類皆不同，且其問題各異，本質卻是相近的。歸結這些家庭用來適應壓力的方式，大致不脫離下列五種：(1)對情境與角色的再認識；(2)職業角色與家庭角色的配合；(3)對時間的控制與彈性；(4)家庭目標的擬定與修正；(5)外在力量的支持與協調。

一、對情境與角色的再認識

雙生涯家庭的壓力是不可避免的。因此,適應之重點應置於如何將壓力減到最低的程度;如何將負向的壓力轉變爲正向的壓力;以及如何控制壓力。最基本的方法是此種家庭應對情境及個人的角色以及新角色如:「家庭丈夫」、「職業婦女」有所認識,並且重新學習每個角色的期待與承諾。

當個人面對壓力情境時,如何改變其態度並權酌輕重是適應的良方之一,例如:職業婦女應比較一下她所付出之「代價」與所獲得之後果,並且衡量一下是否有其他之選擇;第二種方法是決定各件事(或角色)的輕重緩急;第三種則是儘量將工作上之煩惱或工作本身在辦公室做完,回到家後即置於腦後;第四種方法是設法妥協事業生涯的前途與期待,以滿足其他角色之需求。在婚姻關係中,妻子爲家庭而暫時或永久的放棄事業是常見之事。但近年來,丈夫爲家庭之協調而妥協他事業之升遷或放棄更好之機會也逐漸有所聽聞。新時代女性就業之動機大略可歸納爲下列數種:

1.增加家庭收入。
2.學以致用。
3.追求自我發展與自我認同。
4.以專長貢獻社會。
5.追求多變化之生活形式。

以上這些動機均屬正向。若能與個人之家庭需求配合時,家庭主婦就業當是屬於利多方面之活動。

二、職業角色與家庭角色的配合

考慮與妥協事情的輕重緩急是雙生涯家庭最常用來適應壓力的方式。他們不僅可以減去角色的直接衝突,亦可減少角色間不同種

類與程度之需求。例如：當夫妻工作過分忙碌時便降低一下家務之水準，比方：打掃房間原本每星期一次，可改為二個星期一次。這些協調的大前提是，夫妻都能體認到雙生涯家庭對家庭之凝聚力及家庭之建設有正向的功能。

三、對時間的控制與彈性

為了應付忙碌的生活與工戶的負荷，雙生涯家庭最珍惜的一點是時間，以及對時間的控制。Helmstrom（1973）的研究指出，成功的先決條件之一為對時間的有效控制與科學化的安排，但仍不失其彈性，這對職業婦女而言尤其重要。

四、家庭目標的擬定與修正

雙生涯家庭與一般家庭一樣，為了達到整個家庭的和諧，成員間必須能有效的溝通、互相的諒解、有共同的目標以及能為其他家人所接受之個人目標。 Rapoport 與 Rapoport（1978）有名的雙生涯家庭的研究指出一項相當有趣的作風，即在雙生涯家庭內，夫妻常會有意或無意地定出「緊張界限」，即超出某點即有對對方「忍無可忍」之狀況，在該界限內則為了家庭之幸福尚能忍耐或妥協。例如：丈夫贊成並鼓勵妻子就業，但若妻子必須上夜班時，丈夫則絕對反對。

五、外在力量的支持與協調

雙生涯家庭還是亟需外在之協助以減少壓力。因為一般雙生涯家庭之平均收入較單生涯者為高，因此，為了減少工作過分負荷，他們多願花錢請佣人或保母。目前在美國，這二種幫手通常很容易找人幫忙，但國內似乎較難覓得合適人選。因此，一般雙生涯家庭便分擔家務或以洗衣機、買現成的或已調配好的菜餚，以減少烹飪的時間與精力。利用親人（婆婆、阿姨等）照顧小孩，或小孩暫居

親友家也是國內雙生涯家庭常見的方式。

　　以上所列者大多是雙生涯家庭內部的自我調整，以適應這種多角色、多壓力的生活。其實在現今社會中，雙生涯家庭已是許多人不得不選擇的生活型態，換句話說，雙生涯家庭將是未來的社會趨勢，因而必須獲得更多學者和政府的研究與重視，以提供更健全的社會支援體系。

伍、結語

　　不論是男性或女性，在雙生涯家庭中經歷了同樣的挑戰和解放。過去所扮演的單一角色──出外拚戰的鬥士或家庭城堡的大管家，現在必須相互融合，共同攜手規劃，使夫妻雙方都能共同參與更豐富的人生經驗，包括事業的智性發揮、家庭品質的提昇、夫妻彼此的學習成長、子女的教養培育以及長輩親友的侍奉照顧……等，無一不迫便現代的新女性、新男性去學習如何扮演不同的角色。因此，學做 E 型（be everything to everybody）女性或是 E 型男性也許是許多現代人的最大挑戰；而身為雙生涯家庭中的兩位主角──丈夫與妻子，如何在這眾多角色中找到協調的平衡點，並且保持彼此的溝通以求持續的適應，就是「雙生涯家庭」能否幸福成功的關鍵了。

第肆篇
職場福利

第1章　職業與生涯發展

壹、職業與個人生涯的關係

　　如果我們要從一個人的資料來預測他的價值、態度以及生活型態，則最能瞭解他的事實，也許是他的職業。休斯（Everett Hughes）所發展的「主角色」（master role）概念，提到了一個人在現代工業社會所扮演的許多角色中，最為中心的與擴大的角色是為主角色（Hughes, 1958）。而職業角色往往是個人的主角色。同時，職業與個人聲望、權力及所得之間，有高度相關。工作的地方會影響其人際互動，與遭受同輩團體的壓力。因為大多數職業都要求某些必須條件，如年齡、教育、體力、技能與過去經驗，因此從事相同職業的人，會有一種同質性。另外，人們對於職業，常具有某種刻板印象，如律師是精明的、教師是誠篤的、企業家是尚利的、政客是虛矯的等等。對上述印象的期望，會影響該種職業者的行為；許多人會有意識或無意識地接近某一種典型。這些都足以說明職業與個人之間的關聯性。因此，我們經常以工作是瞭解社會系統與個人行為的一個重要指標。在社會層次上，工作者的人數與種類，為解釋社會系統的經濟組織提供了線索，由此可知職業與個人生涯的關聯性。

貳、當前社會的職業特性

　　由於社會快速的變遷，帶動著產業結構的變革，加以價值態度的異動等因素；均使得人們必須針對未來社會的職業特性有所因

應。至於當代社會的職業型態將受到哪些因素的影響？是否會擴張傳統職業生涯的內涵？我們試就社會學者的觀點加以說明：

1. 職業階層的變革：傳統社會中，社會分化單純，社會流動遲緩，強調歸屬地位取向，因此職業所代表的階層穩固不易變動，職業世代相傳，少有職業選擇的自由。然而現今社會開放自由，社會流動快速加以人權的講求，每個人都可以自由的選擇職業，是以職業選擇的問題也就產生。

2. 職業性質的改變：傳統的社會裡，職業種類不多，工作的內涵也極為簡單，而且往往是父子相傳，或者利用簡單的學徒制度訓練下一代的工作者，因此每個人不僅可以在生活的周遭看到各種的職業活動，同時對於各項工作的內容也大體有相當的瞭解，對於職業選擇不會有太多的困難。但是到了工業社會之後，不僅職業的內涵漸趨複雜、分工日漸細密、工作種類日益增加，而且由於各行各業的專業化，其工作漸漸脫離人們生活的社區，而轉移到特別設立的工廠或區域裡，人們因此不容易再親眼看到各種的工作，選擇職業也因而日趨困難。

3. 職業數目的增加：由於科技的進步、知識的爆發，不僅舊的職業不斷地消逝，而且新的職業更是不斷地產生。美國職業分類典（The Dictionary of Occupational Titles）中雖已列有三萬多種的職業，但新的職業仍然不斷的出現。根據專家們的估計，三分之二目前仍在幼稚園的學生，到了進入工作職場之時，他們所要從事的工作目前仍未出現。由於職業數目以極快速的速度增加，不僅學生、家長對各種職業無從瞭解，就是學校中的一般教師對職業之瞭解亦極為有限，人們的職業選擇，非得有受過相當訓練的專業人員來幫助不可。

4. 個人轉業次數的增加：由於科技的快速進步，技術或新產品

的發明到實際應用的時間大為縮短，技術淘汰的速度也大大的增加，而新的行業也就不斷地產生，舊的行業不斷地消逝，這使得個人轉業的次數也就更形增多了。根據美國教育總署的推估，現代美國人一生之中平均可能需要轉業六至七次。

5.職業刻板印象的消失：所謂職業刻板（occupational stereo-type）是指一般人在其意識中認為從事某一特定職業所應具備的知識、才能、特質、甚至於性別的差異，以致於影響其個人在選擇職業時的態度與觀念。近年來，由於教育的普及，人民知識的提高，以及民主浪潮的風行，職業刻板的觀念已逐漸地消失，人們從事職業已漸漸不受身分、特質、性別的影響，因而可以從事的職業範疇也就相對地擴大。

參、職業與生涯發展

如前所述，職業經常是人們用來評量一個人的社會階層，經濟所得，甚至預測其價值、態度及生活型態的主要標準，也是一個人在現代社會所擁有諸多角色中的主要角色。可知職業與個人的生涯息息相關，職業的獲取是一項長期的過程，依照生涯發展的觀點，則包括了個人的全部生涯，亦即從幼兒直到成人，依照職業認知、職業導向、職業試探、職業選擇、職業計畫、職業準備、職業安置、職業進展等循序漸進，而每一階段均有其特殊的發展任務需待完成，經由該階段的逐步實施，使個人獲得職業的生涯，並建立個人生活型態，以促使個人能過一種經濟獨立，自我實現及敬業樂群的生活。

一、職業認知

此階段的輔導應在幼兒時期開始實施，若以學齡而言，亦即屬

於學前教育及國小的階段。該時期的兒童會幻想著成人的行為，並且透過觀察周遭，模仿父母兄姊、師長的行為，試圖扮演其角色。儘管他們扮演各種職業角色只是隨心所欲、好玩而已，並沒有真實性或能力的考慮；然而，卻是足以促發個人認識自我、認識工作世界，瞭解愛與被愛的感覺，並且配合保護、關注和適切的指引，使兒童做為日後選擇生活型態的基礎。由於此階段的身心發展是甫開始的時刻，因此其目標應該是經由教育的機會達到教育認知與基礎能力的培養，以做為未來職業認知：認識相關的生活型態，有關職業工作的狀況、閒暇時間的運用、職業教育方式等的基礎。

二、職業導向

此階段約略是在國小教育的後半期及國中教育的前半期。由於此時期的少年有較多的機會認識到社會的內涵，對職業的認知已能有較為清晰的概念。因此選擇職業的主要依據不再是如同過去一般的幻想，而是著重在個人的喜好和興趣；因而會促使個體開始關注所感興趣的工作與自身能力的比較；並且能將個人的注意力擴展到個體以外的外在因素，以配合個人的選擇。因此，宜透過各種簡便或可觀察的學習情境及模擬狀況，以便瞭解有關職業的技能、人際關係。促使工作價值觀念注入個人價值觀念中，裨便自己未來的生計發展建立更為明確的目標。

三、職業試探

此階段的目的是希望能夠對工作世界有更寬廣層面的接觸，以期認識到工作的狀況、特性、運作方式等。

此階段的生涯發展內涵，就吉斯伯（Gysbers）、樸理查（Pritchar）、赫爾（Herr）等人所提供的意見，宜注意下列幾項：

1.能清楚認識到自己的興趣、價值觀、能力、個性等人格特

質。

2.學習對自我教育，掌握各種職業訊息等資源運用的技巧。

3.認識各種職業的性質及所需的技能。

4.認識職業內涵會隨著技術進步有所轉變的特質。

5.認識到各種教育領域的本質及目的，以及進入該領域的途徑，並由生涯發展的觀點預估各項教育領域，及在未來所能提供的職業種類。

6.評斷此行業所提供的生活型態是否為個人所期望。

7.知道如何達成有效率的工作安排及休閒生活的方法。

8.瞭解人際關係及受雇技能在職業上的重要性。

9.認清到為了達到各種不同的目標，他所必須做的決定，並認清個人及環境的因素對其未來發展的影響，適切地考量到各種可能的正面和負面因素所導致的結果，以做為選擇正確發展方向的參考。

10.考慮個人在各種組織中應有的生活及所扮演的各種不同角色。

11.以周延的評量、完整的資訊，做為達成預定生計目標的有效計畫。

四、職業選擇

注意到職業選擇所要考慮的因素，並能夠透過對自己能力、興趣、價值等主觀因素的評量，對工作條件的客觀衡量比較，以做為職業選擇的基礎。是以其重點是在使個人確定進入工作世界的路徑。在此過程中對職業的選擇由於常受自我觀念的影響，時間經驗的堆砌而發生變動；因此，必須有系統地逐步檢視其職業的偏好，學習成就及經驗累積，並且經由客觀的評量工具，以真正瞭解個人的能力與偏好，以裨益未來生計的選擇。

職業輔導的創始人帕森斯（Parsons）認為，從事職業選擇時必須考慮三個因素：（李義男，民66）

1. 充分瞭解自己，包括自己的性向、能力、興趣、抱負、才華和缺陷等。
2. 明瞭從事某些職業所需要具備之條件，及這行職業的利弊與發展前途。
3. 確實瞭解上述二項的符合程度。

每一行職業均要求特別的能力、興趣、與人格品質，但卻有很大的伸縮性。因此，可以容許個人從事某些不同的職業，亦可容許某些不同的個人從事同樣的職業，這便是職業選擇所產生的結果。在選擇的過程中人們如何決定其職業，以金斯柏格（Ginzberg）的說法：「是在考量到優先（priority）、需慾（desires）、機會（chance）、和限制（constrains）等工作世界的因素之間，尋找一個滿意的目標。」生計的選擇包含著權衡職業價值與得失，因此妥協的觀念和作法仍應被重視，同時其過程是漫長而且無止境的，與人們的工作生涯並存。

五、職業計畫

「計畫」提供了行動的明確步驟、方案，也提示了檢視行為的標準和依據。而職業計畫是植基於計畫對行動的影響性和重要性的基礎，強調對一個人生計過程的妥善安排，在這種安排下，個人得以依據各計畫要點，按部就班充分發揮自我潛能，並妥為運用環境資源，達成其既定的目標。良好的職業計畫，除了能提供當事人經由自我瞭解，認知發展自我的最佳途徑，以達到獲取經濟需求的滿足外，並且可以使個人清楚掌握自己與對工作環境的充分瞭解，以為必要應變、調適的參考，達到適應環境的功能；甚至由完善的計畫，學習到抉擇的技巧，達成生涯遠景的最佳發展。

六、職業準備

「職業準備」即是針對已選定的目標，所實施的工作技能訓練，並藉著各種實習，觀摩活動，以及親身的行業經驗，來幫勵個人準備其未來生計所需的知識、技能，以使學生能順利進入就業市場，以期順利發展生計。職業準備所強調的並非預先爲學生建立一些主觀目標，要求同學朝該目標運作，而是在於促使學生在此階段學習到應有的職業工作態度、處世藝術、對工作世界領域的瞭解、對職業機會的抉擇能力、以及實際工作能力的培養。因此，職業準備的實習不能僅只限於學校，職業訓練場所，尚且包括家庭、社區和工作環境等領域。

職業準備應包含：

1.職業知識：

　①一般知識。
　②專業知識。
　③與專業相關的知識。

2.職業技能：

　①專業技能。
　②與專業相關的技能。

3.職業態度：

　①成熟、理性的適應能力。
　②建立正確的人生觀。
　③在將來就業時及擔負工作後，要善於建塑自己。
　④建立正確的職業觀念。

4.人際關係的維繫。

七、職業安置

「職業安置」是指在完成某階段學業後，尋求工作的技能，以便順利選擇適當工作，進入工作世界。該階段宜注意：

1.蒐集職業資料。
2.運用職業資料：經由對職業資料的蒐集和瞭解，並配合自我探索，以便做為應徵工作的準備。
3.廣泛使用可能資源。
4.面談的技巧。
5.工作決定的技巧：

　①工作本身的因素，包括：升遷、福利、工作環境、安全性等。
　②謀職者本身的因素，包括：自我能力、興趣、性向、人格特質、自我價值觀念、個人教育及生活背景等。
　③外界的影響因素，包括：父母長輩的期望、師長的建議、同學的選擇與勸說、社會潮流的趨勢、社會對此工作的觀感等。

八、職業進展

隨著個人志業的發展，人生目標的建立，以既有的工作為基礎，把握終生學習的態度，以促使在生涯階梯上循序漸進地發展。

肆、結語

就理論上的意義言，現代社會是一個高度組織化的社會，人類

從出生到老死的各種生命階段，都與組織發生密不可分的關係；人類的許多社會性與心理性的需求都受到組織情境的影響，組織也提供了這些需求的滿足。因此，瞭解人類對於組織情境的反應，人在組織中的各種態度與生活，可以說是瞭解現代社會的一種基本途徑。其次，就實際上的意義言，人在組織中或在工作時能否得到滿足，是影響組織運作與績效的因素，組織如欲繼續存續發展，除了圓滿達成其最主要的目的（如生產物品或提供服務）外，還需要給予其成員某種程度的滿足。再就更廣大的社會面來說，組織成員的滿足與社會生活的素質也有關係，工作滿足的高低可以代表社會措施的是否公平與合理，因此，它可以作為探討社會問題的一個指標。

第2章　職業輔導與生涯輔導

壹、職業輔導的意涵

任何一項思想觀念，學理的提出，並不是憑空杜撰、玄想捏造，總有其時空背景的因素與之相互配合。職業輔導觀念的產生雖然是發跡 1908 年，因帕森斯（Frank Parsons）有感於社會就業問題的嚴重性，於美國波士頓創立「職業輔導局」（Vocational Bureau of Boston），並首先使用「職業輔導」（vocational guidance）一詞，引起美國各州、各地公私立團體紛紛響應並且設立機關，展開對青年的職業輔導工作。然而此一輔導觀念的提出事實上可以追溯到更早的時間。在十八世紀末葉人類未發生工業革命之前，社會上的職業種類不多，很少有特殊性的職業出現，職業類別單純，並且只是飽食暖衣的來源憑藉，因此「克紹箕裘」、「子承父業」成為職業遞嬗的固定模式，在這種社會運作下，遑論職業問題或是職業輔導。可是自從十八世紀末期工業革命以後，以機械替代人工生產，使人類生活產生巨大的變化，人口集中城市，產品大量增加，生產型態和制度大幅改變，社會上職業種類與就業機會亦益趨複雜化和特殊化，人類面對此一新的環境與新的生活需要必須以新的訓練和技能才能適應社會。青年需要在社會上安身立命，不獨面對著職業訓練的問題，也面臨職業選擇、職業適應等問題。結果許多青年在職業上得不到成功，在工作上感到苦惱。事實上，社會新的職業日益增多，許多人對職業名稱都感到陌生；又焉能洞識職業的內容。父母與兄長已無法具備這許多知識以幫助子女選擇職業，也沒有充分時間照顧自己子女的細微問題。因之，輔導青年職業的責任，乃漸漸

由家庭轉嫁到社會機關與學校身上。同時隨著工業生活的複雜化，各大都市也開始感覺有幫助青年選擇就業的必要，職業輔導工作便在此種環境下產生。

　　職業輔導漸次地在有志之士的推動下，建立起輔導的規模與工作內涵。根據美國職業輔導學會（National Vocational Guidance Association）在1937年曾對職業輔導給予一個新的定義。他說：「職業輔導是一種幫助個人選擇職業、準備就業、獲得職業、並謀求進步的過程。」亦即，職業輔導是一種幫助個人的過程，以便在職業上做最佳的選擇與調適。職業輔導的內涵是以職業為核心，強調如何選擇職業安置就業，乃至就業後的適應與發展。其主要內涵包括下述四項工作：

1. 職業選擇：職業輔導的目的在協助個人尋求適當的職業，因此，首先即需透過各種測驗工具的使用、資料的傳遞介紹，以及個別和團體輔導或諮商過程等方式協助其瞭解自我及工作世界，進而選擇所要從事的職業。

2. 職業準備：個人選定職業方向後，即進入準備就業的階段，其中包括：(1)職業準備；及(2)在職準備兩種。前者泛指在實際就業之前必須接受的教育或職業訓練，後者則係就業與職業準備同時進行，在工作崗位上接受在職訓練。

3. 職業安置：此項工作為職業選擇與準備的延續，目的在根據個人所作的選擇與準備，落實於適當的工作上。因此輔導人員必須協助個人蒐集有關就業機會的資料，並作好求職的準備，以求每個人在適當的工作上均能適才適所，使才能得以發揮。

4. 延續輔導：延續輔導是職業輔導的最後一個步驟，其目的是針對就業後的個人，瞭解其對工作環境的適應及工作進步的情形，並幫助其在職業上求發展，另外，對工作情況不能調

適的人則給予工作調適的輔導或者提供轉業指導，以使個人能適合其工作或者另找工作。

職業輔導的工作雖引起許多慈善團體的響應，紛紛設立機關，展開對青年的職業輔導。然而，由於有感於隨著社會的分化，學校逐漸取代家庭成為教育人格、傳遞技能、授與知識的主要場所，而且教育內涵必須配合著社會的發展趨勢，滿足求學者的需要，引導青年順利進入社會，適應未來的生活。因此，在校期間，必須有充分的訓練、準備與規劃，期使他們於就業後能勝任愉快、敬業樂群、獲得工作上的滿足。同時根據推動職業輔導的經驗，光是由社會機關幫助青年就業尚嫌不足，必須自在學時期即開始協助學生作職業的準備、職業選擇，然後於畢業前再加以輔導就業安置方為萬全。因之，漸漸把這種職業輔導的觀念與做法傳入學校之中，使得職業輔導的基礎重點，並不放在社會而是置於學校之中。

貳、生涯輔導的意涵

經由對職業輔導的定義及內涵說明可以發現，傳統的職業輔導較侷限於工作本身的選擇，且偏重人與事的配合，而忽略與工作有關的個人情緒與人格因素，似有偏頗之處。隨著時代的變遷，人們更加重視由工作中反映個人的價值，實踐個人的理想，避免職業落入「為生活而工作」成為徒然獲取生活物質所需的工具等偏狹意念。使得狹隘地以職業選擇與適應為著眼點的職業輔導，已不再適合現代社會的要求，同時隨著心理學上有關自我發展、自我分析的研究正可提供傳統職業輔導概念不足之處的學理基礎；因此而有所謂生計輔導一詞的出現。生涯輔導隨著行為科學的建構和相關理論的提出，強調的是：「協助個人建立並接受一個完整而適切的自我概念（包括職業自我），同時由此概念轉化為實際的生計選擇和生活

方式，藉適切的角色行為，以滿足個人及社會的需要；其內涵包括：生計認知、生計導向、生計輔導、生計選擇、生計準備、生計安置、生計發展等部分。」

生涯輔導的出現除了是針對職業輔導的變革、擴充外，與美國聯邦教育署長馬倫（Sidney P. Marland）於1971年倡議的「生涯教育」（career education）觀念有密切的關聯性。馬倫博士為了改變過去傳統教育中教育系統與社會隔離的障礙，使學術與就業準備在生計課程引導下，讓學生作最有利的選擇，以使人能盡其才，發揮教育的實用性。因此主張，「生計教育從義務教育開始，延伸至高等及繼續教育的整個過程，它教育下一代在心理上、職業上及社會上的平衡與成熟的發展，使每位國民成為自我認知、自我實現及自覺有用的人。這種教育同時俱備學識及職業功能，升學及就業準備。它強調在傳統的普通教育中建立起職業價值，使學生均具有謀生能力。因此，其基本目標是培養個人能過豐饒創造、有生產價值的人生，這是發揮教育真實價值的整體構想。」為了達到這項構想，自然需仰賴「生涯輔導」的推動以茲配合，亦即生計教育經由教育的方法，生涯輔導則透過輔導的服務，兩相配合以促使個人生計發展得以落實。而學校正是實施此種輔導措施最佳的園地。

早期的職業輔導工作以帕森斯（Parsons）所提的概念為核心，並且經由心理測驗及職業資料的充實，逐步建立起輔導架構。及至五〇年代，由於受到人文心理學的研究成果影響，使職業輔導的內涵注入了生涯發展的概念，而呈現明顯的轉變。到了七〇年代，受到對職業價值觀、生活型態與目標等個人生計發展有密切關係的主題的探討，使得這項輔導領域除了在理論與工具方面繼續充實外，並將範圍擴及個人一生所扮演的角色，使輔導範疇逐漸擴大到含涉個人整體生活的發展，真正發揮生涯輔導揭示的功能。

參、職業輔導與生涯輔導的比較

　　經由上述，我們可以明顯看出生涯輔導與職業輔導間的關係，在輔導的內涵上，生涯輔導不僅包括了職業輔導，同時將輔導範圍更為擴大，而形成廣及人生的終生輔導歷程。根據上述對生涯輔導的說明，我們可以將此輔導工作歸納為生計輔導是一種策略模式，此項策略不僅以解決就業問題為主，同時在協助受輔導者獲取有助於其生計發展的知識、態度與技能，以促進個人自我的成長，並解決其生活適應上的困難。其性質著重終生性及全面性的發展，除需針對個人終生不同階段與不同需要的目標設計輔導過程外，更應積極協助各種不同的人，如：學生、社會青年、成年人、老年人、婦女、殘障等，使其在各職業歷程中獲得充分而正常的發展，從根本上培養健全的個人。因此，生涯輔導可說是一個人一生學習的發展過程，其目標在輔導個人如何生活，如何學習及如何謀生。換言之，生涯輔導是考慮到個人生活方式的每一層面，同時提供許多的機會與經驗，以幫助個人生計的順利發展。

　　為了達到生涯輔導揭示的目標，該項輔導工作的內涵係包含下列六項：

1. 決策技巧的培養：生涯發展為一連串決策的過程，因此必須協助學生及成人學習決策技巧，同時協助個人在面對各種抉擇情境時，能界定問題，蒐集並運用資料，以提高生計決策的能力。

2. 自我觀念的發展：決策與計畫均為個人自我觀念的產物，因此必須協助學生及成人在覺知職業過程（occupational awareness）之前或之中，對自我有深入的瞭解，而有關職業與生涯發展方面的資料，亦不應僅侷限於若干表面的事實狀況、消

息，還應包括與個人期望、價值觀有關的訊息，以發展正確的職業自我觀。

3. 個人價值觀的澄清：教育、休閒、工作或職業相互關聯、構成或影響個人的生活方式，而這些皆與其價值觀念有密切關係，因此必須協助學生或成人澄清並建立個人適切的價值觀。

4. 自由選擇的機會：生涯輔導的重點不僅在強調教育系統中某些特定課程的選擇，同時亦注重生活中其他各種可能的選擇，以及與選擇有關的個人特質、期望及其選擇結果；各種選擇適當與否，是以個人特定的標準來比較其相互間的利弊，力求配合個人所追求的生計或生活方式，作自由而適切的選擇。

5. 個別差異的重視：自由社會最重要的是承認個人的才能有所差別，發現並培養其潛能，同時給予個人充分的機會，以獨特方式去發展及表現才能。在生涯輔導過程中，必須特別注重此種個別差異之現象而予以適切的協助，以進一步發揮個人獨特的潛能。

6. 適應變遷的彈性：為適應快速變遷的社會狀況與職業環境，必須協助個人培養應變的計畫、考慮彈性的目標、及達成目標的多種途徑等變通方法。

為能進一步釐清職業輔導與生涯輔導的差異，茲引用輔導學者林幸台教授於《生計輔導的理論與實施》一書中的內涵，整理簡述如表一：

表一　職業輔導與生涯輔導的比較

名稱	職業輔導（vocational guidance）	生涯輔導（career guidance）
定義	協助個人選擇職業、準備就業、工作安置與就業後的適應。	協助個人建立並接受一個統整而適切的自我概念（包括職業自我），同時將此概念轉化為實際的生計選擇與生活方式，藉適切的角色行為，同時滿足個人及社會的需要。
輔導重心	以職業選擇、準備、就業及適應為重心。	以自我瞭解、自我接受及自我發展為主。
輔導時機	遭遇求職困難或就業後發生適應問題時。（短期）	終身的發展。（長期）
特性	以職業選擇與適應為主。	以整體的生計發展為主，不同時期有不同的主題。
功能	以解決問題為主，注重輔導的處理功能。	以發展為主，注重刺激探索的功能。
程序	以測驗、資料的使用為主，強調個人與職業的配合。	強調知職、技能及觀念的培養與發展，以達成生計成熟（career maturity）的目標。
特質	注重輔導本身的系統。	注重輔導與教育的配合（含生計教育的概念）。
人員	獨立於教育之外，由輔導人員自行負責。	融合於教育之中，由輔導人員與教師、家長及社區中相關的人員共同配合。

肆、結語

　　生涯輔導與職業輔導，雖然在發展上有其先後的關聯性；然而，隨著其援用理論的差異，輔導架構之別，使得二者之間在輔導重點、輔導時機、輔導主題、輔導型態、輔導過程，甚至輔導組織、輔導人員上等方面都有其不同的意涵，而隨著終生學習理念的推廣，及人們因應社會變遷的需求，皆已使生涯輔導的作法逐漸取代職業輔導，成為輔導工作的主流。

第3章　以生涯規劃畫出亮麗的人生

壹、前言

　　如果人的一生是部連續劇的話，如何演出好自己的角色，這是我們每個人都會面臨的考驗。也許有人認為人的一生都是由命運所決定的，但許多成功的事例使我們堅信，透過自己潛能的發揮，配合有序的生涯規劃，是能夠改變人生的道路的，因為，一顆美好而堅韌的心靈，是創造一切奇蹟的源泉。

　　人只要憑藉自己堅定不移的信念，不斷地奮鬥努力，就能把自己撰寫的腳本演成一齣精彩的戲劇。但這一切必須從人生邁出的第一步開始，必須真摯地去生活，把每一寸光陰串連成有意義的永恆。人在成長與發展中承受打擊是必然的。逆境更能展現人之本色，一個人若無勇氣去迎接命運的挑戰而產生動搖的話，那麼勢將一事無成。能克服逆境，除了需有著堅毅的心靈外，尚且因個人具有明確指引的目標，所以，無生活目地者與有人生目標者，所織構的人生之路是截然不同的。

貳、瞭解自我

　　人生要怎麼建構可說是因人而異。唯有確實地認識自己、掌握自己，才得以在生命中保有希望，人生的希望是旁人所無法給予的。充滿希望的人生並非靠別人指引而能得到，而是靠自己的意

志，也就是說，將自己視爲主體，主動積極地去面對。如果一味地在意別人的眼光，只是想盡辦法迎合他人的期望，結果將可能喪失人生規劃的自主權。

人生規劃的第一步是「發現自我」。根據行爲科學研究心得「自我發現」的六個步驟：

1. 釐清自我的意識：自我發現的第一步便是在於釐清自我的意識，肯定生命要靠自己去開創，人生的希望要由自己去選擇，拒絕以順其自然的方式隨波逐流，打開心扉認眞地與自我做一番溝通，在生涯規劃中勇敢、眞實地做你自己。

2. 評估自己的過去：自我發現的第二步在回顧自己的歷史，反省並評估其過程。當個人開始對誕生至今的歷程加以回顧，往事必如走馬燈般一一閃現，使人想起昔日的種種喜怒哀樂、失望與希望，這些經驗對我們產生的影響是無以計量的。流逝的歲月絕不會再回頭。每天感傷昔日的種種，弄得自己可憐兮兮、悔不當初，這對人生毫無幫助。與其一味緊抓著過去的失敗不放，不如從中汲取教訓，對未來做出有利的貢獻。很多時候，在眾人眼中的谷底期，往往是通往下一個巔峰的準備期。像生病、遭逢不幸或失敗，這看來似乎是一種打擊，但在個人的生涯歷程上卻是讓人拓展視野，習得嶄新生命意義的契機。

3. 肯定自己的價值：透過自己生命的回顧與記錄，相信可以發覺在自己生命的經歷中得到不少恩賜。甚至是當處於人生谷底與低潮時，也往往能爲個人帶來不少深具意義的啓示。自我發現可說是人生恩賜的發現。「恩惠」是一種被加諸的價值，而這種價值有的是有形的、有的是無形的。這些價值是深深影響一個人未來發展的寶藏。每個人都有自己獨有的特別價值，唯有去發現這獨特的價值，才稱得上是自我發現。

4.確立自我的價值觀：我們通常都有一套生活的原則，但卻往往對此毫無察覺，只知茫然度日，或者是常常為他人的想法所左右，甚而迷失自我。自我價值觀的確立等於是對人生形式、目標、遠景的抉擇。世界上似乎較少有人能夠依據個人的根性因緣，堅守自己的價值觀，做一個真實的我；泰半是套用他人準則的人生扮演著他人編撰著的角色。大多數人總是在意他人的批評，迷失真正的自我，像這樣的人生過程中，無法發現真正的喜悅與自我的存在價值，因而也就無法認識真正的自己。能夠很充實、很快樂、很自在、很幸福的人，往往是活在自己價值觀的人，這是一種活出自我的寫照。確立價值觀就是一種自立的過程，即自己去認識自己、認清自己與他人之間的不同。自立，就是親自去掌握唯我所屬的自我價值。發現自我即是肯定自我的存在，從而產生出對生命的自信。從自我價值觀的確認，即可認清真正的自我，並且明確掌握自己真正想要追求的目標。

5.證明自己存在的價值：成功的人生是在於個人能「活出自我來」，能夠依循著自我的價值觀生活。每個人皆為一個獨一無二的個體，必須要對自我的存在有相當的自覺。唯有自覺到自己的重要性，我們才會產生存在感，對生活充滿自信。擁有存在感，就是對自己所扮演的各個角色都感到充實。

6.創造未來的信念：人類生命充滿無限潛能，開發這無限潛能的就是生涯規劃。若是只知渾渾噩噩度日，是無法開發一個人的潛能。對人生毫無目標，潛能就處在多眠狀態。一個人的未來遠景並不是先天就被決定好的，因此不能放任自然隨波逐流，而宜依照個人的意思及已有的規劃按部就班地去開創。

參、建構生命週期中的生涯目標

目標是一種夢想、一種希望,每個人都懷有很多的夢想和希望,可是多半是模模糊糊的。人總是被眼前的問題所困惑,花費許多時間想盡辦法去解決,待醒悟過來,才發現已虛度大半人生。那麼,人生目標究竟是什麼呢?那就是:由自己勾勒出具體、明確的目標,讓自己的存在被具體的證明出來,也就是依照自己的心靈去揮灑生命。未來無法完全預測,但卻可以按自己的意思去創造。創造人生要實際去實踐。我們常說「沒有目標就沒有希望」,日子過的糊里糊塗,毫無目的,則原有的才能將永遠被埋沒。在這一生中,將永遠無法證明自己存在的價值。人生可分成好幾個不同的時期,並隨著時代、環境、工作、家庭與扮演的角色不同而有所修正。易言之,若將人生比喻成舞台,則可劃分出以下幾幕(參見表二),每個人都必須擬出自己在各幕(時期)的社會生活、職業生活、家庭生活的人生目標努力去踐履。

1. 生涯準備期:這是一個發現自己個性、特質,積極去學習、體驗,以使自我人生更加豐富的時期,也是學習人際關係與培養工作基礎能力,藉由體驗與學習累積人生資本的時期。在家庭方面,則是準備獨立的時期。
2. 生涯成長期:確定未來的方向與職業觀,訂定出自己的專業領域,提升專業能力,在社會上和職場中,充分發揮自己能力的時期;對社會和職場的各領域積極投入,使自我成長。同時這也是結婚、建立家庭的時期。
3. 生涯定型期:確立在社會和職場裏的指導地位,致力於專業能力的精進,在組織中深受肯定。藉由工作能力的充實,使得個人能在社會上擁有許多活動觸角。50歲以後的生涯規劃

表二　生命週期與生涯發展

階段	年齡	生涯發展的主要任務
生涯準備期	12至18歲	*發展和發現自己的需要和興趣。 *發展和發現自己的能力和才幹。 *學習職業方面的知識，尋找未來的角色模式。 *從測試和諮詢中獲取規劃的訊息。 *察找有關職業和工作角色的可靠的訊息資源。 *發展和發現自己的價值觀、動機和抱負。 *接受教育。 *進行自我測試，以發展一種現實的自我意象。 *尋找試驗性工作和兼職工作的機會，測試早期職業決策。
生涯成長期	19至30歲	*學會如何找一項工作，如何接受工作考驗。 *學會如何評估一項工作和一個組織的訊息。 *通過挑選和測試。 *作出有效的第一項工作選擇。 *克服缺乏經驗帶來的不安全感，發展一種信任感；達成一項正式可行的和心理的契約，保證個人和雇主的需要都能滿足。 *承擔責任，成功地履行與第一次正式分配有關的義務。 *發展和展示自己的特殊技能和專長，為提昇或進入其他領域的橫向職業成長打基礎。
生涯定型期	31至40歲	*尋求良師和益友。 *根據自己的才幹和價值觀以及組織中的機會和約束，重估當初決定追求的工作。 *準備作出長期承諾和一定時期的最大貢獻或者流向一個新的職位和組織。 *應付第一項工作中的成功感或失敗感。
生涯成熟期	41至65歲	*堅持技術上的競爭力，或者學會用已經驗危機的智慧代替直接的技術能力。 *發展所需要的人際和群體技能。 *發展必須的監督和管理技能。 *學會在一種政治環境中制定有效決策。 *應付「嶄露頭角」的年輕人的競爭和進取。

續表二　生命週期與生涯發展

階段	年齡	生涯發展的主要任務
生涯成熟期	41至65歲	*應付中年危機和家庭的「空巢」問題。 *為高級領導角色做準備。 *從主要關心自我，轉而更多地為組織福利承擔責任。 *負責地操縱組織機密和資源。 *學會操縱組織內部和組織外環境的高水準能力。 *學會在持續增長的職業承諾與家庭的需要之間謀求平衡。 *開闊視野，從長計議，現實地估量在社會中的角色，如果身為有貢獻的個人並適時推銷成長觀點，以獎掖後進。
生涯完成期	65歲以後	*在業餘愛好、家庭、社交和社區活動、非全日制工作等方面，尋找新的滿足源。 *學會如何與配偶更親密地生活。 *估價完整的職業，著手退休。 *在失去全日制工作或組織角色後，保持一種認同感和自我價值觀。 *在某些活動中依然傾心盡力。 *運用自己的智慧和經驗。 *回首過去的一生，感到有所實現和滿足。

也已擬定，並且能積極為人生的目標建立周全的準備。家庭方面，為居住、育兒、教育等最忙碌時期。

4.生涯成熟期：此階段是人生在職場上最為圓熟的時期。在組織內外的地位都已確立，不僅在工作上，在社會上也能深受肯定，人格與精神皆達到相當的圓融。在家庭方面，是幫助孩子成長的時期。

5.生涯完成期：職業生活畫下句點，與社會的關係逐漸減退，將工作經歷活用於社會，生活內容與精神皆十分淡薄，就人

生做「最後的修飾」。家庭方面，因孩子都已獨立，故以老夫、老妻爲生活重心。

生涯規劃會因爲每個人人生目標的差別而有所不同。在社會中，由於每個人對自己的期望有所不同，其所追求的目標，自然也會不同。小時候，每個人都會想要爲自己編織一個未來的夢，有人想當老師、有人想當科學家等等，然而長大以後，有人實現了夢想，當然也有人改換了夢想。總之夢想在人的心中，是一道光亮的指引，有了這道光人生才有方向。有了這個方向，你才能一步一步走向美好的未來。因此，要想擁有充實美好的未來，首先，先要爲自己設定人生的目標。

訂定生涯計畫和人生目標選擇常常是不易的，因爲其間涉及到仔細的思考和下定決心。其過程使人們需考量要用什麼標準以訂下優先次序。不同的標準，所訂下來的優先次序也就不同，如果分不清潑，就會發生衝突而不知所措。我們每天的生活都是經由時間而組織起來的。因此，時間的把握與規律，對每天生活充實是非常的重要。時間的測定不正確，便不能有計畫地規劃生活，縱然是建立了計畫而不能按計畫去實行，則再詳實的生涯規劃也無法達到原先預期的目標。把握時間，按部就班地履行，則每天的生活，也必定是充實與成就。生涯規劃中必須能正確測定時間，譬如說，由對面駛來了汽車，駕駛人爲了躲避汽車，必須考慮目測距離和汽車速度，測定該車輛來到跟前所需的時間，自己應該向後或是向前，如何的行動，都在刹那之間必須要決定。如果是判斷錯誤，便會產生危險。人生的生活，當然不像汽車那樣的快速。但是自己所預定的時序安排如果與事實發生了誤差，到時候把自己陷入進退維谷莫衷一是的窘境。對於一件事能夠有正確的判斷，才能有堅實的人生規劃。這當然要依據自己的能力和知識，再加上有實踐計畫的行動力和積極性，個人生涯才能有所成就。許多人做起計畫來似乎很困

難，因爲他們認爲做計畫只是「想」而已，結果變成不是「瞪著眼發呆」，就是「做起白日夢來」。所有的計畫，不管是遠程的也好，中程的也好，或近程的也好，應把所有要做的事情列成一張表，再訂定各項工作的優先次序。一旦把計畫表列好了，就要按部就班地履行，才能達成原已設定的目標。

肆、妥愼規劃生涯營造充實人生

擬定生涯計畫是爲了將自我實現的課題，依照社會生活、職業生涯以及家庭生活等分項整合起來，考慮其先後順序與時期，做成具體的行動計畫。生涯與工作的區別，在於是你控制人生，抑或被人生所控制？是你決定你所要的，抑或僅是取得你所能取得的。你是有目標地進行，抑或漫無目標地飄蕩？雖然工作與生涯均是在工作，但生涯的工作能使我們達成設立的目標，實現自我的抱負，並在其過程中達成中自我成長。因此，在規劃我們的生涯之前，必先透視時光隧道，回顧過去的成長經驗，審視自我目前發展的狀況，才能夠預定我們未來可能移動的行進方向。因此，妥愼的生涯規劃應該讓我們從追溯過去至今成長的痕跡著手。

試著爲自己的人生，填寫一份「生涯年曆」，其方法如下：

1. 設定一個死亡預定日。
2. 以這個日子爲標準，將你的人生，平均等分爲幾個框格。
3. 標出你現在的年齡。
4. 將現在到零歲的這段框格用黑筆塗去。
5. 將剩下的歲月，按照個人特質、目標，區分爲幾個階段。

穿越時光隧道的過去和現在，也許使你對自我的認識做了番整理，而有了比較完整的面貌；然而，停留於此不足以使我們前進。生涯規劃鼓勵我們向前看，描繪未來的生涯藍圖，並掌穩目前的步

調。這個手續是企劃人生的過程中不可或缺的事情。因為他們能清楚地讓自己知道，距離你的未來還有多少。此外，「自我經營資源」也是個人企劃人生中最重要的一環。所謂「人生的經營資源」，簡單的說，可劃分為三部分：所擁有的專門知識、人際關係以及對未來理想的奮鬥意志。倘若能夠對此有所瞭解，並加以巧妙運用，不僅可以預測自己的未來，也能夠提高創造美好未來的可能性。倘若結果並不是很好，也不用擔心，畢竟得天獨厚的人占少數，需要靠後天努力的人占多數。俗語說：「一勤天下無難事」，就是這個道理。如果不知好好努力，縱使擁有得天獨厚的資源，三年、五年、十年之後，也會耗用殆盡。生涯計畫付諸實行後，事先預想不到的阻礙必會接踵而至，而這正是學習挑戰的機會。在計畫遇到阻力致產生無法順利進行時，此刻就是成功與失敗的轉捩點，放棄就只有失敗，如果提起勇氣再次挑戰就有成功的希望。既然計畫是經由自己精心思考得來的，就務必相信那是可行的。凡是往好處想，如此才能將阻力障礙轉化為增強能力的資源。

伍、結語

生活的體驗告訴人們：每一個人都會對人生產生迷惘的時候。例如：究竟是要繼續深造？還是就業？相信是每一個人都曾產生的困擾，由此可知，周延的生涯規劃是對個人而言是多麼重要的事情。它不僅可以幫助我們瞭解自己擁有什麼，還可以使我們明白該如何走向屬於我們的人生；它不僅可以解決我們眼前的困擾，還可以使我們確切明白未來的方向。生涯規劃並非一成不變的，而是隨著經驗的成長和環境的變動而不斷的修正與調整，才能逐漸釐清自己的方向，達成人生的目標。人生該猶如「八爪章魚」伸展觸角，多方嘗試，在過程中瞭解自己、培養自己、肯定自己，以擴展出一片屬於自己的天空。

第4章　弱勢族群的就業

壹、前言

　　如果我們要從一個人的資料，來預測他的價值、態度以及生活型態，則最能瞭解他的事實，也許是他的職業。在工業化的社會中，工作對人的意義愈來愈重要。一個人的職業（occupations）已不僅止於謀生而已，它通常被認為是判定個人在社會結構中所占位置的最重要指標。職業提供了收入、社會地位和個人的一種滿足。Waite認為，「職業是個人以某種經濟角色為中心的一組活動，以此一項職業即為一個社會角色。」楊國樞也認為，「職業和工作是人生最主要的活動。人生和工作是分不開的；工作是個人社會自我的主要部分；工作幾乎就界定了我們是誰。」由此可見職業對人的意義。因此，我們經常以工作是瞭解社會系統與個人行為的一個重要指標。

　　但是，無可諱言的是，或因為社會結構、或源於個人條件、或來自職場的變遷、或是整體產業的因素，造成有些族群處於職場的弱勢，形成謀職或工作維繫的困窘，就一個追求公益的社會而言，皆屬應正式乃致於需積極改善的。

貳、中高齡者的就業

　　就一般而言所謂中高齡就業是指45至64歲的工作者，依據行政院勞委會於民國89年辦理「中高年勞工就業狀況調查」中發現，中高齡就業者目前仍就業的主要原因（參見表三）以經濟上的考量居

表三　中高年齡勞工目前仍就業之主要原因　　　　　　　　單位：%

項目別	總計	維持自己與家人經濟生活	提高生活水準	工作有益健康	有社會參與感，可使生活有意義	其他
總計	100.0	78.1	3.0	7.5	10.3	1.1
性別						
男	100.0	85.2	2.0	4.4	7.3	1.2
女	100.0	68.1	4.5	11.9	14.5	1.0
年齡別						
45~49歲	100.0	82.8	3.0	4.6	7.9	1.8
50~54歲	100.0	77.3	3.4	6.5	12.3	0.6
55~59歲	100.0	72.5	3.0	14.2	9.8	0.5
60~64歲	100.0	67.2	2.2	12.6	17.1	0.9

首；依性別觀察，兩性均因「為維持自己與家人經濟生活」而就業者居多數；其中亦顯示男性經濟負擔較重，而女性較能依自己意願而就業。

中高年齡勞工在就業職場上可能面臨的問題：

1. 可能面臨失業之情形：調查結果顯示四成（占39.3%）的中高年勞工認為目前有可能面臨失業，其中，男性有43.8%，較女性之33.0%為高。依年齡別觀察，最有可能面臨失業的為50~54歲者為41.3%；依教育程度別觀察，最高的為專科學歷占48.5%。

2. 可能面臨失業之原因，依序分別為：「公司營運狀況不佳（占35.4%）」，「公司希望進用年輕者（占22.4%）」、「體力無法負荷（占21.4%）」、「工作技能不足（占5.1%）」。

3. 就四成認為目前可能面臨失業危機的中高年勞工進一步調查，結果顯示65.6%的中高年勞工仍有再就業的打算。

為促進中高齡者就業，目前政府正實行多項措施，分由工作機會之維持、就業能力之培養及就業服務之提供等三方面著手，在工作機會之維持方面，實施的具體作法有現任工作之安定、再就業之促進；在就業能力之培養方面，實施的具體作法有職業訓練之加強、轉業或再就業準備之協助；在就業服務之提供方面，實施的具體作法有爭取就業機會、強化職業介紹及諮詢功能等，另訂定多項配套措施，唯調查結果顯示，中高年勞工知道本會為促進中高年齡者就業，所採行之各項行政措施，僅約在一至一成五間，中高年勞工對各項措施認知程度稍低，如獎助企業僱用中高齡者之措施，僅14.8%之中高年勞工知道，建立「中高齡者就業諮詢服務中心」知道者占13.1%，辦理中高齡者生涯規劃就業講座，知道者占10.9%，為加強促進中高年者就業，宣導工作仍宜持續進行。

　　就促進中高年失業者再就業措施方面，中高年勞工認為，政府應採行的措施以「推動多樣化的僱用與就業型態（如彈性工時、部分工時、論件計酬、勞務派遣等）」為最多，占33.7%，顯示中高年勞工對於再就業工作型態的選擇，不再拘泥於朝九晚五的傳統工作型式，除了全職工作外，中高年勞工對於其他工作態樣的需求更高，其次認為「獎勵或補助中高年者之就業措施」亦有33.1%，「修訂保障中高年者工作之法令」及「修改勞基法及勞保條例中之退休制度」分占31.9%、30.5%。

　　隨著人口高齡化之進展，未來中高齡者僱用就業型態可能影響所及之範圍必將日益擴大。中高齡者之就業問題牽涉層面頗廣，有僱用觀念、意願的問題，有法令制度設計修改的問題也有高齡本身技能、體能、觀念的問題。諸如：

1.企業雇主抱持之刻板印象：認為中高齡者能力退化、工作效率低、頑固不易溝通等，對中高齡者存有刻板印象，導致僱用意願的不高。

2.退休制度之缺失：強制退休制度造成仍有工作能力及意願之
　受雇人，無法繼續留在原工作場所工作，且退休年齡之未能
　配合延長亦為阻礙高齡者就業之重要因素。
3.中高齡者本身之技能不足及期望落差問題：中高齡者無法配
　合技術革新學習新技能並培養第二專長，且面對轉業或再度
　就業後之薪資、職務、身分之轉變與其中產生之期望落差，
　無法做好心理調適及工作適應準備。

參、原住民的就業

　　就台灣地區而言，在論述族群關係上最受矚目的是漢民族與原
住民間的互動關係。經由人類學及民族學的研究得知：關於台灣原
著民族群的分類，依其體質、語言、習俗，等特質，共可區分為：
阿美、魯凱、卑南、達悟、賽夏、泰雅、布農、排灣、曹族（邵族）
共計九族，人口總數為39萬人，占全台灣地區人口數的1.8%。

　　原住民的就業問題在農業時代並不嚴重，但在工商業發達的現
代社會，隨著社會的快速工業化與都市化，原住民社會無論是傳統
宗教信仰、生活作息甚至整個自然生態等都有所改變。原住民人口
在生存環境改變及保護大自然生態法規的設限下，快速遷徙至工作
機會多且生活現代化的都市之中，但也因此浮現出許多都市生活適
應及就業的問題，特別當經濟不景氣時，其失業情況往往較一般國
民更為嚴重。根據許木柱、瞿海源調查研究顯示，原住民認為當前
最迫切需要解決的問題，依序仍是就業問題、教育問題及經濟問
題。

　　目前多數原住民在職場上除了本身欠缺就業技能外，在工作適
應上也多有問題：

　　1.就原住民本身條件而言：教育程度大多為國中、國小，就業

之工作性質大多從事半技術性工作或體力工作，且因辛苦職業進退率比較高，所以原住民的工作流動率相當大，在這種工作情況下，原住民無法發展熟練技術，常轉換工作及再找工作，至常有失業現象。

2.人力資本條件不足：原住民教育程度普遍低落，所需人力資本條件智識與技術不足，同時，原住民教育過程與「職業準備」之間的落差很大，導致就業困難或大部分僅從事非技術性、基層的體力工作，致使其社會、經濟難於脫離弱勢的地位。

3.就業的不穩定性：原住民就業大多未考慮畢生工作生命週期的全程規劃，完全著重於短期性、及時兌現的工資水準作爲衡量，不考量周邊的福利條件，如保險、津貼、獎金及晉升等，點工制的高工資體力工，成爲最受歡迎的工作，頻頻進出於勞力市場的結果，形成「就業的不穩定性」，容易受經濟不景氣以及引進外籍勞工產生「替代效應」的影響。

4.特殊社會文化適應問題： 由農業及傳統部落生活所形成的原住民社會文化，部分與工商社會有適應上的問題，如集體習性、時間觀念及數字概念等，往往成爲對原住民勞工歧視或差別待遇的藉口。

5.資訊傳達不暢：原住民由於環境的限制，與大社會之互動不足，加上行政體系的科層障礙，使得原住民對於就業服務機能的認知不足，而就業服務機構也無法掌握潛在的原住民求職者，使得就業服務的措施難以落實。

針對原住民的就業宜朝向：

1.辦理訓用合一職訓專班：就公營或民營企業機構所需人才，由職訓機構與企業機構共同辦理原住民職訓專班，訓練期間除提供技術專業課程外，並強調紀律培養和證照之取得。

2.輔導辦理社區型之技藝訓練：配合社區總體營造，地方產業發展，依地區特性，集合若干部落之原住民，就當地所需職種技術，辦理訓練並輔導創業或就業，鼓勵開創中、小企業。

3.設置原住民就業服務網絡：爲考量原住民之認同感問題，宜由原住民同胞服務原住民求職者，以達成就業媒合服務工作。

4.加強就業服務資訊的提供：輔導原住民鄉鎮市，建置原住民就業服務資訊網路站，利用電腦設備，透過網路系統與各地就業服務、職訓機構連線，隨時提供原住民就業資訊。

5.培養原住民正確的職業觀念：在學校、社區舉辦就業相關活動，提供資訊及現代社會應有的職業觀念。

6.輔導辦理原住民參加技能檢定。

　　台灣社會歷經了現代化變遷的過程，全面走向自由競爭市場經濟的生活方式，在此發展過程中，少數群體的利益容易被忽略。爲維護社會正義，尊重少數群體地位，乃成爲現代社會多元化發展之必然趨勢。然而原住民也要體認，現代國家發展更需要加強整體社會整合，因此原住民群體在多元化發展的趨勢之下，不僅就業，他項生活皆宜自助人助，方不致於自絕於整體社會之外。

肆、身心障礙者的就業

　　我國於民國69年及民國74年相繼公布「殘障福利法」及其施行細則，已奠定我國推展身心障礙福利服務之基礎。民國86年4月23日更名爲「身心障礙者保護法」。至民國90年底止，臺閩地區身心障礙者人數計有747,973人。就身心障礙者的就業情況而言，各機構法定應進用總人數爲29,439人，實際進用人數爲35,402人，總進用

率為120.3%。唯以進用機構觀察，臺閩地區有義務定額進用身心障礙者之機構數為8,257個，其中未達法定進用之機構數為1,751個，占21.2%，其中有六成二屬於民營企業機構。

身心障礙者因在生理、心理條件的限制，使其在就業市場中居於弱勢的地位。由此不但影響僱用意願也影響到身心障礙者本人的就業意願以及工作適應。目前身心障礙者在就業過程中常遭遇之困難可分為三方面：

1.身心障礙者本身方面：

①工作條件欠佳：因生理或心理的殘缺常導致其工作體力不足，且因就學或訓練機會受限，亦使其工作技能無法達成雇主之工作要求。

②工作態度不當：部分身心障礙者因身體上之不便，而易產生自我憐憫的情愫，從而表現出不當之工作態度。

③適應能力不良：部分身心障礙者常伴隨有情緒方面困擾，此不僅影響其工作表現，且亦妨礙職場中人際關係的發展。

④身心障礙者家屬過度保護，亦是身心障礙者就業過程中的一大阻力。

2.雇主方面：

①刻板印象：缺乏對身心障礙者的真正認識，認為其沒有工作能力，且容易在職場內發生意外，故不願提供就業機會。

②薪資待遇偏低：不願給付身心障礙員工合理的薪資待遇。

③欠缺職務再設計觀念，並常以職場內乏無身心障礙環境或無適合之職務為由，拒絕提供身心障礙者工作機會。

3.就業服務人力缺乏：目前各公立就業服務機構並無常設專職身心身心障礙者就業服務員及專責部門，致無法有效提供身心身心障礙者及雇主就業媒合服務。為促進身心障礙者就業之具體做法為：

①普及特殊教育，增進生活知能：加強特殊教育學生鑑定及就學輔導；增設特殊教育學生多元安置設施；加強辦理身心障礙學生職業教育。

②推廣社區就業，鼓勵自力更生：開拓職業訓練項目，落實身心障礙者就業適應服務及工作保障。

③辦理身心障礙者社區化、個別化就業服務；施予職業輔導評量，開拓就業機會，給予適性就業安置。

④推動「職務再設計」活動，藉由獎勵及補助方式鼓勵事業單位為身心障礙員工進行職務再設計。

⑤辦理「身心障礙者就業適應成長團體活動」，透過團體輔導，藉團體所產生之動力，影響團體中之身心障礙成員，使其增進本身之就業適應能力。

⑥培訓身心障礙者就業服務員：培育身心障礙者就業服務人力，增進其專業知識與實務處理技巧，以投入身心障礙者就業服務工作。

我國的社會福利走向，是以救濟津貼為主，以消極的金錢補助替代積極的推展方案，把身心障礙者當作「特殊的個體」，忽略了他們該享有的「一般性福利」，也就是說沒有把社會權的觀念普及到身心障礙者身上。身心障礙者福利政策仍停留在社會救濟的階段，把身心障礙者的工作權和一般勞工者的工作權視為兩種不同的層次；另把身心障礙勞工當作工作職場上的「特殊個體」，缺乏正視身心障礙者勞工「工作平等」的社會權利。身心障礙者的工作權應該如同所有的人民的工作權一般，都是整個社會的責任，如果政府推動各

項政策或法案時沒有公平性社會權觀念，推展身心障礙勞工福利會落入「特殊性」的觀念中，而非「一般性」的整合於整個勞工福利。今日我國的社會福利政策走向，應朝著資訊社會福利政策的方向，以落實社會權的觀念為前提，利用科技技術或資訊技術應用，使得身心障礙者在生活上或職業上有更好的生活品質和專業技術。

伍、結語

　　弱勢族群的就業亟需各級政府秉持公平、正義原則，顧及國家社會、經濟整體均衡發展，並依各類弱勢族群之真正需要，提供最適當的服務。各項政策之落實執行，尤需社會各界配合政府措施，共同提供有形、無形，生理、心理，硬體、軟體等兼籌並顧的完整環境，使能克竟事功。我國正面臨社會變遷的轉形期，政府的施政作為，應掌握社會脈動，因應民眾需求，符合世界潮流與國情。因此，弱勢族群就業的推動，更應具前瞻性，計畫性、步驟性的規劃。在政府及社會大眾共同努力之下，以溫和與理性的態度，透過具體的關懷行動，秉持「權利非施捨、尊重非同情、接納非憐憫」的正確觀念，共同協助社會上每一位需要支持、鼓勵的成員；讓每個人與一般人一樣，在關懷、善意的環境中生活，擁有生命的尊嚴，獲得適當的扶助，並充分發揮其潛力。建構完整的福利制度，讓民眾福祉獲得保障，讓公平正義得以弘揚，以開拓二十一世紀福利服務的新紀元。

第5章　失業與失業保險

壹、前言

　　職業經常是人們用來評量一個人的社會階層、經濟所得，甚至預測其價值、態度及生活型態的主要標準，也是一個人在現代社會所擁有諸多角色中的主要角色。職業與個人的生涯息息相關，用為促使個人能過一種經濟獨立、自我實現及敬業樂群的生活。因此，失業不僅將導致個人的生計問題，亦將導致社會的發展遲滯。而失業是一種極複雜的社會問題，也是人類社會的一大挑戰。工業社會從業人員的結構，受僱者居多，常依工資或薪俸以維生活，故職業對受僱者之生活有極密切關係，一旦失去職業，則生活即難以為繼。是以，近代國家均以維持國民充分就業為努力目標，實施就業安全制度，以免除國民對失業之恐懼感，並以各種經濟手段防阻失業現象的發生。

貳、我國失業的現況

　　失業率升降除深受景氣榮枯左右外，近年在產業結構加速調整、外勞引進、企業組織扁平化及生產自動化等因素影響下，我國失業率逐漸出現結構性變化。若將近十年失業現象加以分類，大致可列表如下：

	79年	84年	85年	86年	87年	88年
失業率（%）	1.67	1.79	2.6	2.72	2.69	2.92
失業人數（萬人）	14.0	16.5	24.2	25.6	25.7	28.3
按失業原因分（萬人）						
初次尋職者	4.7	4.7	5.6	5.7	5.9	6.0
場所歇業或業務緊縮	2.4	2.9	6.8	7.1	7.1	9.1
對原有工作不滿意	5.0	6.6	7.9	8.4	8.2	8.6
臨時工作結束	0.6	1.0	1.9	2.2	2.5	2.6
其他	1.3	1.4	2.0	2.2	2.0	2.0
結構比（%）						
初次尋職者	33.7	28.3	23.2	22.4	22.9	21.3
場所歇業或業務緊縮	17.2	17.5	28.2	27.7	27.8	32.1
對原有工作不滿意	35.6	39.8	32.5	32.8	32.0	30.4
臨時工作結束	4.2	6.2	7.7	8.6	9.7	9.1
其他	9.3	8.2	8.4	8.6	7.7	7.1
平均失業週數（週）	14.8	17.2	20.5	21.4	21.8	22.5
想找工作而未找工作者（萬人）	8.5	10.7	11.9	10.7	11.5	14.2

附註：其他包括健康不良、女性結婚或生育、退休、家務太忙等。

資料來源：行政院主計處。《人力資源統計年報》。民國89年04月25日。

　　就失業原因觀察，民國79至87年以對原有工作不滿意之自願性失業者最多，近十年平均占三成五，此乃勞動市場之自動調整現象，並不足慮；初次尋職者的占二成八；至於場所歇業或業務緊縮之非自願性失業則在傳統產業式微，高科技產業吸收剩餘勞動力之胃納有限下，逐年快速增加，民國88年高達9.1萬人，凌駕於其他原因之上，占失業人口之比重由民國79年17.2%劇升至32.1%。此外，非勞動力中，想找工作而未找工作之隱藏性失業人口亦有遞增現象，民國88年已達14.2萬人之歷史新高，顯示就業市場結構丕變對勞動者求職意向不無影響。未來我國加入WTO，產業競爭益趨激烈，加上明年工時大幅縮短，對整體就業市場衝擊有增無減，尤以中高齡之基層人力因技能轉換困難，結構性失業短期仍難消除。

參、失業保險

　　失業保險爲社會保險的一環，是結合個人與社會責任的一種經濟互助措施。爲政府勞工保護的政策，其主要目的爲保障勞工在失業期間的基本生活。我國所實施的失業保險保障對象是已繳納一定期間保費的受雇者，並不是對全體失業者的救濟措施。申領給付的條件必須同時具備：

　　1.非自願性失業。
　　2.接受公立就業服務機構的推介而仍未能就業。

　　辦理失業保險的消極目的在保障勞工在失業期間的基本生活；積極目的在結合職業訓練及就業服務，提升就業技能，促進失業勞工再就業，以建構完整的就業安全體系。

　　爲保障失業勞工生活，由行政院勞委會頒訂「勞工保險失業給付實施辦法」一種，自民國88年1月1日起實施；並於7月30日起放寬失業給付適用對象、提高給付標準，及簡化申請程序，民國88年8至12月平均每月給付5,501件，較1至7月之平均每月1,709件增加2.2倍，全年給付39,000件，給付金額5億2,000餘萬元，平均每件給付金額13,082元（每月發給一次）。我國爲實施勞工失業保險的主要內容請參見表四。

　　參酌主要工業國家失業保險重要內涵爲（參見表五）：

　　1.實施失業保險國家均以受雇者爲被保險人，各國均未將無一定雇主勞工納入。
　　2.保險費以由被保險人與雇主共同分擔居多，美國因採經驗費率保險費全部由雇主負擔，政府僅負擔行政成本，少數亦由國家政府補助部分保費。

表四　勞工失業保險之主要內容

項目	內容	說明
被保險人	現行勞工保險條例第六條第一項第一款至第五款規定之本國籍被保險人爲給付對象。	不包含無一定雇主或自營作業勞工、外國籍勞工等。
保險費率	訂爲被保險人當月之月投保薪資之1%。不適用失業給付者扣減其普通事故保險費率。	開辦初期以普通事故保險6.5%費率下挪移1%支應，不適用失業給付者扣減費率。
給付條件	自勞工保險失業給付實施辦法施行日後因所屬投保單位關廠、歇業、休業、轉讓、解散、破產、業務緊縮或生產技術調整致所擔任之工作確不能勝任之非自願性失業者，且其參加勞工保險滿2年、具有工作能力及繼續工作意願、向公立就業服務機構登記求職14日內仍無法推介就業或安排職業訓練者。	排除：無正當理由不接受推介就業或安排職業訓練者、領取失業給付期間，另有工作且工作收入超過基本工資80%者。
給付標準	每月按被保險人平均月投保薪資50%計算，每半個月發給一次。另有工作且每月工作收入加上失業給付之總額超過平均月投保薪資80%部分，自失業給付中扣除。	爲兼顧權利與義務對等原則給付標準參酌被保險人平均月投保薪資計算。
給付期限	該辦法施行日起繳納失業給付保險費合計未滿5年者，每次最高3個月，5年內合計以發給6個月爲限；合計滿5年以上未滿10年者，每次最高6月，10年內合計以發給12個月爲限；合計滿10年以上者，每次最高發給8個月，合計以發給16個月爲限。	給付之期限係考量被保險人盡繳費義務時間之長短及保險財務之考量，並避免給付期過長而影響其勞動意願。
停止給付	未經原公立就業服務機構爲失業再認定者，停止發給失業給付。	繼續請領失業給付者，每半個月應親自前往原公立就業服務機構接受失業再認定，但因傷病診療期間無法親自辦理者，得以書面陳述理由，病提出醫療機構出具之相關證明文件，委託他人辦理。

表五　各主要工業國家失業保險重要內涵比較表

國家	被保險人	保費分擔	給付水準	給付期限
美國	工商企業受雇員工	被保險人：0% 雇主：平均爲薪資的2.6% 政府：行政費用	薪資的40-70%	26-39週
日本	所有受雇員工	被保險人：薪資的0.4% 雇主：薪資的0.75% 政府：給付的25%及行政成本	薪資的60%-80%	90-300天
德國	受雇者	被保險人：被保險人薪資的3.25% 雇主：薪資的3.25% 政府：補助並支付行政成本	淨收入的67%（有子女者），或60%（無子女者）	78-832工作天
英國	週薪62英鎊以上之受雇者	統籌於國民保險中	18歲以下1週29.60英鎊 18-24歲1週38.90英鎊 25歲以上1週	6個月
法國	受雇員工	被保險人：3.01%至3.6% 雇主：5.13%至5.26% 政府：無	49.15英鎊 日薪的57.4%	4-27個月

資料來源：Social Security Programs Throughout the World-1997, SSA, USA.
　　　　　1999. 6. 24。

3.給付水準以原工作薪資的40%至80%居多。

4.給付期限以四個月至一年居多，部分國家可延長至一年以上。

肆、失業保險的努力方向

為使我國相關社會安全制度能更臻完善，茲對未來失業保險實施提供若干建議，以期提升我國未來人力運用的效能：

1. 實施雇主負擔保險費部分之經驗費率制：為簡化行政作業成本及維持社會保險危險分擔之原則，我國失業保險給付開辦初期實施固定費率制確實較為可行，唯長期為避免高解僱率雇主之解僱成本由其他低解僱率雇主來分擔，進而促使任意解僱行為的擴大，應可參考我國職業災害經驗費率制，將事業單位雇主負擔部分之失業保險費率分成幾個級距費率，實施經驗費率制。

2. 強化勞工保險投保薪資查核作業：失業保險給付要能提供失業者尋找新工作機會之緩衝期、維持失業者購買力並避免次級失業的產生，其給付水準必須達到與失業前薪資所得某種程度之比例，雖然我國失業給付水準為投保薪資之50%，唯大多數被保險人皆有高薪低報情形，因此實際能發揮之功效有限，有關單位應加強對勞工保險被保險人投保薪資是否按實申報加強查核及宣導作業，並對參加職業訓練者考慮增加「延長給付」之制度，以收失業保險給付對人力運用之正面效益。

3. 加強就業服務機構之功能：目前我國相關之就業服務機構在中央有職業訓練局、青年輔導委員會、國軍退除役官兵輔導委員會，地方僅有七個公立就業服務中心及三十四個就業服務站，且因彼此之電腦系統不同，尚未能完成電腦連線作業，以民國89年為例，光是求職與求才人數合計即有437,000多人，而就業服務中心之推介媒合人數僅40,000人，因此要

能發揮失業保險之積極促進失業勞工再就業之功能，必須充實足夠之就業服務中心、完成電腦連線系統，並透過各種途徑使就業資訊充分流通，以期提高就業服務對求職者與求才者之媒合率，充分運用閒置之勞動人力。

4.調整職業訓練職類、增加職業訓練機構、提高訓練成效：前鑑於我國人才培育與市場職類需求產生結構性之差距，因此，為提升失業勞工之工作技能，加強人力開發與運用之效率，應針對近年來中年失業率提高、低學歷低技術勞工大量失業情形，有效調查市場職缺情形、調整職業訓練職類，針對各類失業人口施以不同之職業訓練，以積極與失業保險、就業服務中心共同完成一完善的社會安全體系。

5.建立「三合一」、「單一服務窗口」：為發揮失業保險、就業服務以及職業訓練之積極功能，我國可參考英、美近來失業保險制度之發展趨勢，建立失業保險給付、就業服務及職業訓練單一服務窗口，使失業者能於單一窗口即能儘速獲得各項輔助，以促使其儘速重回勞動市場，有效運用人力資源。

失業給付，係以救急為原則，亦即在被保險勞工遭遇勞工保險失業給付實施辦理之一定期間之基本生活。用以確保及安定失業者失業期間之基本生活，並協助及激勵其迅速再業登記機制，結合就業輔導及職業訓練措施，達到就業安全的目標。鑑於近年來因事業單位關閉等原因導致勞工失業之情形有逐漸增多之趨勢，為落實失業保險保障勞工於失業一定期間基本生活，被保險人於勞工保險失業給付業務施行後，因所屬投保單位關廠、歇業、休業、**轉讓**、解散、破產、業務緊縮或生產技術調整致所擔任之工作確不能勝任，且非自願離職辦理勞工保險退保者，可依規定請領失業給付。換言之，勞工保險失業給付主要目的，在整合就業媒合，以促進失業勞工儘速再就業為積極目標。

伍、結語

就業環境改變，尋職難度升高，亦反映於失業週數之延長，民國79年平均失業週數為14.8週，民國90年因亞洲金融風暴遞延及921震災影響提高至26.5週，待職期間幾已長達半年，影響失業家庭生計甚鉅。由於生產自動化趨勢持續、企業合併風潮方興未艾、知識經濟導向時代隱然來臨以及加入WTO之衝擊，結構性失業將日益凸顯，加強就業者第二專長及在職訓練，契合教育體系與勞動需求，應是改善失業根本之計。

失業保險之實施，不僅可解決勞工失業期間之所得損失，促進勞工再就業，亦可促進社會整體之經濟穩定。唯為避免歐美部分國家實施失業保險後，造成國民就業意願低落的顧慮，我國開辦失業保險，應以積極的促進就業取代消極的核發給付，亦即以促進再就業為主、生活津貼為輔的政策目標妥善規劃，故施行初期給付標準與給付期限自不宜過於寬鬆，以免形成勞動怠惰。嗣施行一段期間後，再視社會經濟變動情形、保險財務及國家財政狀況，逐步調高給付標準，延長給付期限，俾使保險體制臻於完善並利制度之順利推行辦理，達到保障失業勞工生活，穩定經濟發展，增進社會安全之目標。

第伍篇
健康保險

1. 健全醫療保健制度維護國民健康
2. 健保財務之檢討與規劃之芻議
3. 全民健保實施之檢討與未來發展

第1章　健全醫療保健制度維護
國民健康

壹、前言

　　聯合國最新公布的「1999年世界經濟」報告指出：1999年全球
經濟成長率估計僅達2%，儘管遭受金融危機打擊的東亞及其他地區
部分開發中國家，可望在今年漸次走向經濟復甦。但是，該報告指
出，住民實質收入驟減所造成的負面影響，卻遠比經濟景氣的波動
來得更久，對社會秩序的安定與住民健康將產生長期的傷害。其中
特別值得重視的是，伴隨著經濟全球化風潮的加速度發展，全球財
富重分配的速度與幅度既快且大，無論在國際層次或國內層次，都
出現貧富差距兩極化現象日益嚴重的趨勢，連帶地造成人們心理與
生理健康情況的惡化。此種趨勢日益加深人們對於醫療保健的需求
與依賴，甚至成為人們的基本人權之一。我國於民國84年起實施全
民健康保險便是著眼於此。目前投保的人數計有二千零九十三萬
人，納保率為95.5%。無論是就投保人數或醫療服務量、醫療給付
……等皆可發現醫療服務量持續增加。唯因其與民眾關係密切，因
此健全的醫療保健制度，便成為社會政策的主要議題。

貳、醫療保健備受重視

　　就美日歐等經濟先進地區來說，儘管這些國家的人民生活相對
地較為富裕，但因近年來產業結構的加速調整，造成許多人精神壓

力越來越大。尤其是不斷流失的中間階層，精神健康指數的下降趨勢更形顯著。憂鬱病、精神官能症、失眠或過眠等睡眠障礙，以及自殺等問題日益嚴重，各種心理問題引起的生理疾病更大幅增加，因心理刺激而造成的高血壓、腦血管、心臟病死亡率，也出現逐年遞增的趨勢。

就開發中地區來看，近年來經濟與社會情勢的惡化，造成各國政府越來越沒有能力建立或維持公共衛生與保健體系。此一事實，加上全球開發中國家每日所得不足一美元的貧窮人口目前已增至十五億人之譜，致使越來越多的人民營養不良，平均健康指數急遽下降。免疫力或就醫能力大減，連帶著促成了霍亂或傷寒等沉寂已久的傳染病，有再度猖獗傳播的現象，且爆發頻率越來越短，蔓延幅度越來越大。

再者，在開發中地區原本已相當嚴重的環境污染問題，近年來更形惡化，俗稱為「環境荷爾蒙」的內分泌擾亂化學物質所引起的各種問題，諸如死產兒、畸型兒、兒童免疫機能的低落所造成的夭折問題等，也都有迅速增加的跡象。其結果，開發中國家人民的平均壽命，近年來日趨低降，其中又以中東歐、獨立國協等前共產圈地區的低降率最為驚人；過去十年來，這些地區人民的平均壽命縮減了五歲以上。

簡言之，近年來國際結構的劇烈變遷，尤其是貧窮與環境污染問題的惡化，已在大多數開發中國家引起嚴重的各種生理健康問題。至於先進國較富裕的人民，絕對貧窮引起的健康問題雖不嚴重，但社會心理挫折所引起的心理症候群，以及由此而來的生理疾病，卻有日益嚴重化的傾向。

在這些新趨勢中，先進國家的壯年男子，以及開發中地區的婦女與兒童，已成為最大的受害者。美國、日本、西歐等地區近年來的官方統計顯示，在經濟結構大幅調整的過程中，壯年男子因背負的經濟壓力較大，因而心理疾病症候群也最為明顯。另根據「世界

衛生組織」在6月底公布的報告，開發中國家人民營養不良的問題，則以婦女及兒童最為嚴重，兩者的免疫及抗病力較差，罹病率偏高，而幼童的夭折率則節節攀升。

針對環境變遷與健康問題，世界衛生組織在1999年6月底於倫敦召開了第三屆部長級會議，廣邀各國相關領域的內閣官員、專家與學者與會熱烈討論，並獲得許多寶貴的政策建言：

1. 政府預算所支持的公共衛生保健制度，被視為確保國民健康與壽命的關鍵，因而各國政府應設法建立健全的全民健保制度，尤其必須建立起保護弱勢人群的健保機制，防止中下階層人口因收入較低，導致實質上被剝奪享有醫療保健的權利與機會。
2. 應強化社會保障，特別是失業救濟與就業輔導制度，藉以緩和失業為個人與社會所帶來的傷害。
3. 導入成人再教育制度，藉以培養成人就業人口層足以跟上時代變動的新知識與新技能。
4. 國際組織或非政府團體所提供的人力、物力援助，應以協助無力建立或維持上述制度的開發中國家為重點。

健全的國家，寓於健康的國民。任何一個國家的發展與富強，端賴其國民生理與心理健康的品質，特別是在全球化與資訊化的時代，人口的品質更已成為國家競爭力的關鍵。過去幾年，政府在醫療保健、公共衛生和社會保障方面，建立了基本的政策體系，但面對全球健康惡化的新趨勢，未來仍應加強健全各項制度，以確保全體國民生理與心理的健康發展。

參、全民健保推行的省思

社會保險制度是依循「相對報償原則」，運用「風險分攤」的原

理，對組織具有共同利害之團體組成分子而言，在付出相對代價後（即保險費），當面臨特定之社會事故時，可以透過團體的力量，給予保障，使其可能產生之生存威脅，降至最低。社會保險是互助行為的一種，互助行為的發生，必須以該團體組成分子之間的同舟共濟意識為基礎。且此種意識將隨著團體的擴大與異質性的提高，而逐漸薄弱。因此就產生了一個問題，即團體愈小，同質性愈高，同舟共濟意識愈強，不需有太大的強制性，故個人的自由選擇程度較大，但同時，其風險分攤的功能亦受到限制，也就是安全保障低。相反的，若保險團體組成皆予擴大，雖然風險分攤功能可以充分發揮，所能擁有的安全保障較高，但由於同舟共濟意識薄弱，將產生所謂的「道德危險」，需要相當的強制力，以能維繫保險團體的生存。一個福利國家的保險制度多是後者。和我國之前所舉辦的公勞農保相較起來，全民健保就是一種大範圍的健康保險制度。

美國健康保險學者戴維斯（Karen Davis）曾在她所寫的《國家健康保險》（*National Health Insurance*）一書中指出，強制性國民健康保險的目標分為主目標及次目標：

主目標可分成三項：

1.確保國民醫療服務的可用性（availability）。
2.消除國民獲得醫療服務的經費障礙，達到可近性（accessibility）。
3.抑制醫療費用的高漲。

次目標也分成三項：

1.國民應享有「公平」（equity）的保險給付。
2.各項醫療服務的安排，均能讓醫療供應者與需求者感到滿意。
3.醫療品質的控制。

理想的醫療保健服務在保證民眾不因經濟、地理或其他因素之不同而致使服務之「可用」及「可近」有所差別。「可用性」是指醫療保健衛生之人力、物力、財力之分配是否合理；「可近性」是指民眾之態度及需求，對存在之醫療保健資源能否充分利用。

　　儘管政府在福利國家的角色扮演上仍具不可或缺的地位，但如果政策推動上沒有眞正存在於強大工會和公民決策參與監督的環境中，反而可以藉福利之名，增加平民稅收，助長政府權力擴張和責任消除；全民健保政策的推動便是如此。因爲台灣推動全民健保制度有其背景，儘管在健保制度推行前，已有所謂勞保、農保或公保，部分民眾可以獲得就醫或生活上的保障，但由於欠缺監督機制，使得這些立意良好的制度每年虧損不斷，因此推出範圍含蓋全體民眾的全民健保，但卻是變相讓民眾「再保一次保險」。根據國際的經驗，國家在推動某項關係全體民眾政策時，如果未能有強大工會和公民決策參與和監督的環境，反而可能藉福利之名，增加平民稅收，進行反福利的「濟富」和「充公」活動。健保政策最大的受益者，便是行政官僚體系和醫療體系。更甚者是透過「福利民間化」之名，政府便能以極少的福利預算，控制原本自主的民間組織，使其監督功能日漸消失，而轉變至國家的執行機制，對整體福利的運作而這並非良策。

　　全民健保的實施，其中最引人關注者厥爲財務基礎能否維持穩固的問題。自民國87年健保開始出現赤字，預估明年虧損可能超過兩百億元。爲避免情勢持續惡化，衛生署於該年著手推動改革，從開源、節流兩方面雙管齊下。全面提高投保費率固然最爲方便，但恐將使全民負擔增加，衛生署只有從抑制浪費著手，推展兩項節流措施：其一是加強就醫民眾部分負擔，期爲健保局每年節省六十億元；其二是強化對醫事服務機構的輔導、訪查與違規處理，監控不當醫療浪費、不當用藥，藉此消除每年估計高達一百二十億至一百八十億元的「藥價黑洞」。就前者而言，衛生署所採新制，係針對藥

品、高利用率及輕度復健等高度使用之項目實施門診部分負擔之加收，一方面增收費用最高限爲一百元；另一方面又將低收入戶、重大傷病患者、山地離島居民、榮民等排除於適用範圍之外，已兼顧對弱勢群體權益的維護。而其實施結果，對基於貪小便宜心理而濫用醫療資源的行爲，預期將可收遏止之效。主管單位若能將這項具備正當性、合理性的政策詳盡對外解說，應可很快消弭不必要的爭議。就後者來看，衛生署在宣布實施部分負擔新制的同時，未能展現全力掃除「藥價黑洞」的決心，已引起民間極大的誤解，認爲政府置醫界、藥界從全民健保攫取重大利益於不顧，卻專找毫無抗拒能力的民眾下手。「藥價黑洞」的存在，源於現行藥價給付標準無法確實反映國內外藥品市場價格變動，造成健保支付給醫療機構的藥品費用，與藥廠實際販售醫療院所的價格總額之間，存在極大落差。此一問題如果未獲解決，醫院診所不當獲取暴利的現象將持續存在，全民健保永續經營的根基自然很快腐蝕殆盡。

肆、運用社區健康營造推廣全民健保

針對民眾對健康的期待，並且思索克服全民健保的缺失，以營造健康的環境，衛生署實應規劃「社區健康營造」計畫。因爲「健康生活化、生活健康化」將是新世紀全民保健的新趨勢。世界衛生組織已決定以公元2000年爲準，要求各國努力達成全民健康目標；衛生署爲此擬訂了推動社區健康營造三年計畫，決定在全國三百六十八個鄉鎮各設置至少一處社區健康營造中心。衛生署今年將先補助五十個鄉鎮設置，並公開徵求民間社團參與。透過醫衛保健體系的建立，並廣爲運用相關資源，深入服務社區，可望落實全民保健工作。

社區健康營造計畫若能順利推展，必可普遍提昇國民生活品質與確保身心健康。根據社區健康營造中心的設置構想主要將提供醫

衛諮詢，轉介或開辦日間照護班等服務，此外，還可辦理居家照護、戒菸班、體重控制班、健康生活養成班等保健業務；總之，要透過各項保健服務或競賽活動建立社區健康生活形態。這些業務與社區民眾日常生活息息相關，若能全面落實則績效必然可觀，民眾確可獲得實益。衛生署在嘉義縣新港地區試辦菸害防制、口腔癌篩檢、婦女老人保健檢查等服務，經由寺廟熱心參與，均有相當績效。準此，全國各鄉鎮應可在最短期限內普設至少一處，何待三年？

社區資源必須妥為運用，尤其在醫衛保健相關業務上可發揮甚大功能。特別是在各大都會，相關資源不為不豐，醫衛機構、學校、社團甚多，人員配備充足；由政府出面組織，結合社區志工，以社區為中心，提供醫衛保健或教育等服務，最為切實可行。即以農村或偏遠地區而言，亦可針對實際需要，在鄉鎮醫衛單位或社區中心設置相關業務服務中心，並定期辦理巡迴服務活動。鄉村寺廟或學校往往是當地居民的主要活動場所，若能妥為運用，作適當的組織與結合，將足以提升服務功能。

全民健康的確保，不僅有賴於醫衛設備的擴充與服務品質的提昇，尤有賴於良好生活環境的確保。要達成全民健康目標，當然要有明確有效的醫衛政策與健全的醫療保健體系，並透過必要措施加強疾病的防治。但個人生活習慣也直接影響健康，不容忽視。衛生署積極推動「健康生活化、生活健康化」，期能引導民眾重視身心健康與正常生活，革除民眾生活上的不良習慣，對達成全民保健目標確實具有意義。結合社會資源，深入社區服務，是必要措施，但更不可忽略確保良好的生活環境。政府與民眾都應盡最大的心力，全面徹底防治各種污染。無論垃圾、空氣或水污染，已對人體健康造成嚴重威脅；若不迅即根絕，則單憑全民保健尚不足達到人人健康的目的。

伍、結語

　　由各項指標觀察，全民健保不僅納保率高，民眾保費負擔低，而且醫療照護範圍廣泛，已經獲致全民普遍的肯定，與其他先進國家比較，我國實施成果明顯極為突出。尤其在這項制度之下，民眾不必擔心無法支付醫療費用而忍受疾病的痛苦，對低收入階層更是一大福音。根據統計，這些年來享有免除就醫部分負擔的重大傷病患者，即達三十六萬人之多。

　　全民健保是政府強化社會福利措施，提升全民福祉極具關鍵性的重大政策，經過四年的施行之後，自須針對已經顯現的缺點，進行檢討、修正。如何確保這項制度可大可久，讓全體國民繼續以低廉成本享受高品質健康照顧，政府部門自然責無旁貸。國人應該珍惜既有的健保制度，支持合理、務實的改革，繼續累積、擴大共同擁有的醫療資源。

　　全民健保開辦已逾四年，對保障全體國人平等醫療機會、維護社會公平正義原則，已發揮一定功能，如今基於健全體質考量而規劃種種興革措施，確實極有必要。使得全民健保成為周密並且符合民眾期待的良策。

第2章　健保財務之檢討與規劃之芻議

壹、前言

　　全民健保實施以來，已使大部分國民納入醫療保障體系，根據健保局統計，至民國89年3月納保人數共計2,117萬人，占應納保人口96.0%；民國89年1至3月健保門診及住院申報人次分別為8,059萬人次及65.4萬人次，約較88年同期減少2.8%及3.9%，平均每人門診14次，平均每件住院申報金額為3.6萬元。民國89年3月底健保資金餘額僅261億元，至6月行將用罄，健保財務狀況頗為吃緊。

　　全民健保自民國84年3月1日實施以來財務危機逐漸浮現。相較於其他先進國家在實施健保時，保險支付的負擔即有逐漸加重的情形，例如：在1972年至1995年間，各主要先進國家醫療費用的每年平均增加率：美國12%、英國為20.9%、法國為17%、西德為17.4%、而日本為21%。在1982年時，各主要先進國家每人平均醫療費用均已超出500美元；醫療費用占GMP的百分比也達5%左右，瑞典則高達9%。可見得醫療費用的高漲已成為各國醫療福利的最大難題。因此如何有效控制健保過度支付成為健保永續經營所需考量的挑戰，也是這項社會政策能否達至原設置旨意的關鍵。

貳、健康保險醫療費用上漲之原因

　　由於長期以來各國醫療費用不斷上漲，其成長率在某些國家已

超出經濟成長率，甚至於在有些國家已形成國家財政危機。是以醫療費用控制為當務之急，為要控制醫療費用，需先瞭解影響費用上漲的原因。OECD（經濟合作開發組織）、ISSA（國際社會安全協會）、EC（歐洲共同組織）及 ILD（國際勞工組織）都曾因健保財務狀況提出有關的報告。綜合而言，可將健保費用上漲的原因區分為：(1)社會結構的因素；(2)醫療體系的因素二種。

一、社會結構的因素

1. 人口結構的變化：因營養的改善、醫療進步而累積增加的總人口數以及老年人口，使得醫療支出跟進增加。
2. 生活素質的提高及教育的普及：使民眾對醫療的期望增高，醫療需求亦提高。
3. 生活環境及工作環境的改變：使得疾病種類越趨複雜化，相對醫療的需求增加。

二、醫療體系的因素

就醫療運作的過程，我們將造就醫療費用上漲因素劃分為三個部分來探討：(1)醫療需求面；(2)醫療供給面；及(3)中間機構——即所謂的保險部門。

需求面

1. 保險人數增加，使得保險支出增加。
2. 保險服務範圍擴大。
3. 被保險人的需求及利用率因無需看病、無需自己付費，而導致其道德上的危害，更加使用醫療資源，使得醫療費用增加。

供給面

1.醫事人力供給量增加、薪資提高及工作時間縮短，相對的醫療支出增加。
2.醫事人力分工日益精細與過度專業化。
3.醫療設施過度投資及管理缺乏效率。
4.醫療科技創新及引進新科技。
5.醫療供給者對檢驗、藥品及其他醫療科技的濫用。
6.醫療過失造成保費上漲。
7.醫師為防止醫療過失，而增加各種預防性的服務。
8.醫療用品及藥品價格上漲。
9.醫師薪資增加率高於一般所得增加率。
10.醫療提供者為達到其利潤，常誘使民眾利用醫療資源，並不斷擴張其設備。
11.醫院間無止境的競爭，而形成一無解的惡性循環，同時亦不斷累積增加醫療費用。

保險機構

1.支付制度的不當設計，使得醫療體系內缺乏節制的誘因。
2.缺乏合理的醫療審查制度，無法有效的控制醫療利用費用。
3.健保當初設計是定率給付，病患看診有一定比率，例如20%或40%，有如公保時代公眷自付10%。然而由於政治的不當角力，以致最後變成定額自付。也就是說，不管你拿二百元或八百元藥費，均只需自付五十元。
4.醫師獎勵制度之變更。醫院實施業績（PPF、專業醫師費）制度，看多少病人、做多少檢驗、手術就有多少業績。部分醫師拼業績、搶病人，醫師、病患、廠商共蒙其利，健保局成為最大的受害者。

醫療體系內的因素所牽涉的層面不僅是各醫療組織間的關係，更涉及與保險單位、醫療需求者的關係，其肇使費用上漲的因素，各因素間常常是環環相扣，使問題相對的複雜。

參、健保醫療費用的控制

因應醫療費用的上漲，許多施行健康保險的國家不斷採取對應措施，以避免醫療費用的擴張。以下我們試圖就上漲原因提出其控制之道。

一、醫療需求者的費用控制

因為保費繳交與醫療使用間沒有直接的關聯，使得民眾對醫療成本不在乎，而任意使用醫療資源；因此設計醫療費用部分負擔的制度，目的為抑制醫療資源的濫用，並加強民眾的醫療成本意識。部分負擔制有增加保險財政的功能。因為由部分負擔收取的費用可補貼保險費收入的不足，同時也讓使用醫療者多付費，達到使用者多付費的公正。

二、醫療提供者的費用控制

造成醫療費用大量上漲的，乃在於醫療人員；亦即費用控制重點應針對醫療提供者，對醫療提供者予以適當的管理，才是費用控制可能成功的核心。目前世界各國為考量財務平衡而有不同的方式：

1.論量計酬制：即保險單位依照醫療服務數量給付醫療提供者之醫療費用。此種方式基本上無節制成本的誘因，並傾向於多提供服務量。然而在醫療保險財務不虞匱乏且醫療資源有限時，此一方式可刺激醫療進步，同時也改善民眾醫療照護

品質。

2. 論人計酬制：即於固定時間內依照一定人數額，予以醫療人員固定報酬，而不論某段期間內病人看病次數多寡。此種方式有節制成本的誘因，不論醫療人員多看或少看病，其支領的費用是一定的。因而醫療人員會傾向於少提供服務量以提高其報酬。通常這種制度施行於醫療的門診部分，例如英國的公醫制度中的家醫支領一定薪資，負責一定範圍的醫療照護。

3. 論病計酬制：即把治療及耗用資源相似者歸為一類，同一病例給予相同價格，也就是所謂的同病同酬的給付方式。此一方法被認為是較公平的給付方式，由於醫療費用給付是依照當時經濟狀況，每年計算出的平均醫療費用，一方面給予醫療人員理性的報酬，一方面病人也得到一平均水準的照護。

三、保險機構的費用控制

保險機構支付制度設計不當及不恰當的醫療審核制度，是造成醫療資源為醫療提供者濫用的重要原因。是以，保險單位在醫療費用的控制與改善上，也都朝此方向在進行。同時，由於保險機構行政上的浪費，也會造成保險費用擴張。當行政體系過度龐大，科層組織複雜化之後，不但沒有增加行政效率，反而形成作業上的困難與緩慢，以及人事上龐大的支出。有關解決方式常以提升電腦化作業，讓一些例行業務由電腦處理，將人員配置於提供資訊與服務上。

肆、健保財務改善之芻議

健康照護系統的財源應該集中於國家或一個準國家的機構，並

由其保管支用。各國健康照護系統的財源籌措，依其性質的不同而可分爲 RHS 模式（即透過一般賦稅的方式，如英國、加拿大與北歐斯堪地那維亞國家）與社會保險模式（即透過保費支應的方式，如德、法、日本等）。但無論財源支出的方式爲何，觀察各國近年的健康改革，將籌措的財源統一集中於一個具公權力的國家或準國家機構，則是一主要趨勢，原因如下：

1.總體醫療費用的控制：無論是以國家預算通過或設定公共保險費率的形式，健康照護系統的支出是透過這種在總體層面而設定的方式而加以控制，因而具有總額預算的意味，因爲支出上限已被固定。這也是一般認爲，單一支付制度有助於抑制費用上漲的原因，如加拿大的例子。

2.社會公平性的保障：公共健康照護系統的建立，其立意本來就是植基於一個「和衷共濟團體」(a solidarity society)的理念。透過公共財源的籌措，排除國民在就醫時的財務障礙，因而具有重分配的功能。就此意義而言，此一「和衷共濟團體」的建立必須是強制性的，否則，將出現有能力繳費的團體基於利益的考慮而不願加入的情況。而具有建立此一「強制和衷共濟團體」能力者，即使不是國家，也是透過國家特別立法的公法人機構。

3.總體健康政策的調控：現代福利國家在總體調控上的兩個主要政策工具，一個是社會立法，另一項則是金錢。透過控制金錢的流向渠道，可以有效地影響相關各造的行爲。而在公共健康政策的實施上，亦有類似的情形。健保的財務權利集中化有助於健康政策的執行。

爲達到這些改善的目標，全民健保宜積極朝向：

1.修訂法令，將健保與政治分離，促使政府權利下放，降低政

治力量的干預。修法使政府不再擁有訂定預算總額的權限，同時應盡速成立醫療費用協定委員會，挑選各方信賴的公正人士參與。另一方面，建立利益團體協商的規則，在民意及輿論可以監督的範圍內，發揮總額預算中費用協商的精神，同時在協商有關擴大保險範圍或調高支付標準時，應該當場以電腦立即算出究竟要增加多少保費，由要求提高支付標準的代表直接說服付保費的代表。

2. 以立法或其他補助措施，鼓勵民間或官方機構設立健康維護機構（Health Maintenance Organization, HMO），民眾可以自由選擇加入，打破目前健保局獨家承攬的局面，以促使健保局發揮效能。

3. 在多元的架構下，在民眾自由選擇健康維護組織加入，至於沒有加入健康維護組織民眾的醫療照護，則可由健保局與醫師醫院特約的模式供給。

4. 改建保局為財團法人，負責目前的投保作業以及保費收取，並由健保局及多家健康維護組織之間互相競爭，達到確保醫療品質，維護病人之權益的目的。

伍、結語

由各項指標觀察，全民健保不僅納保率高，民眾保費負擔低，而且醫療照護範圍廣泛，已經獲致全民普遍的肯定，與其他先進國家比較，我國實施成果明顯極為突出。尤其在這項制度之下，民眾不必擔心無法支付醫療費用而忍受疾病的痛苦，對低收入階層更是一大福音。根據統計，這些年來享有免除就醫部分負擔的重大傷病患者，即達三十六萬人之多。

全民健保是政府強化社會福利措施，提升全民福祉極具關鍵性

的重大政策，經過四年的施行之後，自需針對已經顯現的缺點，進行檢討、修正。如何確保這項制度可大可久，讓全體國民繼續以低廉成本享受高品質健康照顧，政府部門自然責無旁貸。國人應該珍惜既有的健保制度，支持合理、務實的改革，繼續累積、擴大共同擁有的醫療資源。

對於全民健保的實施，我們可以看到成功的一面，也可以看到尚待強化改善的一面，這過程中的種種問題，除了應有系統的整理與探討之外，我們期盼從規劃實施全民健保所帶來的寶貴教訓與經驗，可以作為未來國民年金制度及其他福利制度的借鏡。值此，我國正逐步邁向完整的社會安全體系之際，健康保險財務所突顯的問題，正提醒著只有良好的規劃才可以預見其未來實施的可行性。社會保險體制自民國39年起的勞工保險，接續公保、學生健保、軍保、私校教職員保險、農民健康保險……等陸續展開。就經濟效率、業務協調配合，以及所欲保險全體國民最低生活水準等觀點而言，仍待強化之處甚多。祇有結合福利、經濟、財政、醫護、社會、公共政策等相關人員集思廣益，共為籌謀，則其揭示目標概可至之。

第3章　全民健保實施之檢討與未來發展

壹、前言

　　儘管各國所採行的社會安全制度不盡相同，唯大致上仍以社會保險、公共救助及福利服務爲主。尤其是以社會保險爲主幹。我國憲法除於第十五條明訂對人民生存權的保障之外，並於第一五五條規定：「國家爲謀社會福利應實施社會保險制度。」本此精神，是以政府業已自民國84年起實施全民健康保險。值此國內政壇權力遞嬗，社會大衆、民意代表、輿論各界，紛紛要求建立完整的社會福利制度，甚且邁向「福利國家」領域時，健全的全民健康保險制度益顯得殷切與重要。

　　健康保險制度起源於德國俾斯麥首相，於1883年率先針對勞工，以社會互助的方式，實施健康保險。影響所及，近代西方先進國家業將個人享領社會福利服務視爲現代社會的一項基本人權，也就是所謂「社會福利權」。此與政治參與的平等權、經濟保障的財產權、人身自由的公民權等權利施爲同等重要。由於經濟社會的變遷，改變了人民的生活方式，也威脅到人民的健康；例如：工作環境的改變增加了職業病、飲食內容的改變增加了慢性病、文化環境的改變增加了精神疾病、自然環境的改變增加了公害症。由病例的增加趨勢看來，現代病患需要更進步的醫療設備與技術，也需要更長期的醫療時間。這種需求當然需要更多的醫療費用。如果這些費用全由病患自行負擔，必將拖垮其生活，威脅其生存。政府基於保

障人民生存權的立場，應該給予必要的醫療補助。而以保障人民健康權爲目的健康保險，以危險共擔的原理原則，普遍適用於全民，這就是全民健康保險的理念。

貳、全民健康保險實施的方式

世界各國由於國情與文化的差異，政府財政的差別，致使健康保險的實施也有所不同，以1993年的資料，社會保險人數占總人口之百分比爲：美國56.81%、英國66.66%、日本64.84%、法國70%、德國92%。且其制度也有所不同，法國和日本就是實施全民健康保險的國家。至於英國，則以政府的保障，實施全民免費醫療。有些國家，如荷蘭及從前的西德，是以所得作爲加入健康保險的條件；而美國的健康保險，則只限於老人。在沒有全民健康保險或全民免費醫療的國家，通常是以醫療補助和民間保險的方式，達成保障人民健康權的目標。除了健康保險外，許多國家對於特殊對象的國民，也提供醫療補助，例如，戰爭或自然災害的受害者、早產兒、殘障者、精神病患、低收入者等。另外，大多數國家都對全民提供健康檢查、預防接種、衛生保健指導等保健服務。這些保健服務能夠發揮預防疾病的功能，國民健康具有很大的正面作用。

政府保障國民健康權的政策，因社會文化背景與經濟發展的程度而有別：例如：美國早期移民在缺乏母國照顧下，孕育了個人責任的精神，所以不把健康權視爲一種權利，更由於自由經濟思想的根探蒂固，而無法達成醫療社會化。反觀西歐工業國家，社會化的傳統思想仍十分普及，而經濟發展所造成的貧富懸殊依然難以消除，導致政府必須以社會化的政策干預醫療市場。因此，各國所實施的健康保障制度，也各有差別，就其內涵則大概可分爲醫療救助、健康保險、公共保健服務三大類。實施保健服務的國家又可分爲二類：

1.第一類型是以社會主義國家為代表，醫療機構均屬國營，醫療人員均為公務員，也就是典型的國營醫療。

2.第二類型是如英國等資本主義國家的醫療機構，除了公營之外，仍有部分民營，也尊重醫療人員有開業的權利。

雖然醫療的供給手段因社會經濟狀況不同而有差異，實施保健服務的國家都有一個共同的理念，就是要貫徹全民均等的醫療保健服務。資本主義國家大都採用健康保險制度，諸如：德、法、日、美、瑞等，健康保險型的醫療保障制度有兩個特色：

1.以治療為重點，保障其必要之醫療費用，忽視了預防和照顧的功能。

2.將低收入者排除於健康保險之外，代以醫療補助。

瑞典的醫療保障制度是採用保健服務與健康保險的混合型，其基本作法是，門診採用健康保險型，住院採用保健服務型。

參、實施全民健康保險的爭議

由於各國政府在健康保險支出的遽增，造成政府財政的惡化，越來越多的學者開始對國民是否享有健康權表示懷疑。甚至有人主張政府不該保障國民的健康權。美國的庫斯基教授（Garvan F. Kuskey）在〈保健、人權與政府干預〉一文中強調，「權利不能存在有衝突。健康權會威脅到他人財產權的使用，也會造成社會資源的浪費，所以不應是一種權利。」這種論調完全是以結果論斷價值的說法，忽視了權利的本質與技術的缺失。我們應該瞭解，如果政府有保障國民健康的責任，健康權就應該是一種權利，如果制度設計完善，就不會造成無效率的浪費。根據國際勞工組織（ILO）的報告指出，「國家是為全民幸福而存在的共同體，促進社會福祉乃是

其主要機能。」國民健康攸關全民福祉甚鉅，應由政府承擔部分責任。大多數工業先進國家的社會福利支出均占政府預算的比例甚大，而醫療保健費用更是福利支出中最重要的項目。可見，大多數國家都將保障國民健康視爲政府的責任。

保健服務和醫療保健補助的財源來自租稅；健康保險的財源則來自保險費，以上三種醫療保障制度，可以說是從保障國民健康權與維護醫療機會的均等主義兩個基本理念發展出來的，尤其是保健服務制度，更限制了醫療資源的私有性質，強調公共財的特性。因此，即使醫療費用龐大、財政負擔沉重，各國基於職責仍應繼續施行該制度。儘管有部分歐美學者對醫療社會化的問題，提出種種責難，甚至認爲，健康保險所產生的負面效果是導致經濟衰竭的主因，反對政府干預醫療市場，主張以民間保險取代社會保險的呼聲日漸高漲。然而，就以貫徹醫療市場化的美國來說，民間保險所產生的種種問題；例如醫療供應者的過度競爭，大企業對醫療市場的介入，醫院規模的大型化，民間保險團體的複雜化及低收入者的健康危機，逐漸暴露出民間保險的缺失。因此，如果政府不能肯定社會保險的正面意義，卻任憑民間保險以市場原理壟斷醫療市場，可能會引發嚴重的社會問題。

肆、全民健保實施之檢討

全民健康保險在民國84年3月1日開始實施。這項爲人民福祉的百年大計，在每年花費將近三千多億的全民健保，是否眞正能增進人民的福祉？或者只是一塊被利益團體瓜分的財務大餅？推行一年餘之後，經專家的評估檢討，目前所呈現的問題主要有：（蕭慶倫，民89）(1)國內政治生態的改變；(2)全民健保第一期規劃案的精神與架構未能全面貫徹；(3)政府行政組織與管理的不健全。

一、國內政治生態的改變

從解嚴之後，國內政治勢力快速的轉移與重組，以利益團體為主軸的民主政治取代了威權政治。權力的分散與下放，使得各類利益團體得以大力的介入政策的制定與執行。從行政部門到立法院，從法案的審查乃至政策的執行，處處可見利益團體的積極活動。無論醫師、藥師、資方、勞方，無不全力動員，以維護自身利益為目標，而社會公義以及全民福旨的代言人則顯得軟弱無力。在這利益團體主宰的現實政治下，全民健保難以照顧到全民利益。

二、全民健保第一期規劃案的精神與架構未能全面貫徹

從經建會完成全民健保第一期規劃案後，衛生署繼續從事規劃工作，但是並沒有保留原先規劃的一個要點：原先規劃是把健保與政治儘量隔離，淡化政府所扮演的角色，在財務上，政府除了固定的負擔比例外，並不負擔盈虧。更重要的是，預算總額的訂定，是由利益團體代表、保險付費者代表（包括政府代表）和專家學者各占三分之一的委員會共同協商訂定，政府只保留核定權，而不是像目前由政府主管機關擬定預算總額。健保需要跟政治隔離是因健保對醫界利益息息相關，各醫事團體又大多與衛生主管機關關係密切，在政府沒把權力分散給保險付費人的情況下，醫事團體用政治力量和演政治戲來吃健保大餅，對健保主管部門施壓力，自是預料中事。

三、政府行政組織與管理的不健全

健保如一面鏡子，從其中可以看出現在台灣政府的效能。在第二期規劃中，應該具體落實的工作項目，還是停留在「紙上規劃」的階段。從選擇適當區域進行試辦工作、逐步擴大原有公勞保範

圍、行政作業的配合，乃至人才的訓練培養、民眾的教育宣導等，皆未如原先預期般的落實，這暴露出政府組織與管理的不健全，也難怪健保倉促開辦後，亂象叢生，民眾抱怨連連。

伍、全民健保未來發展之方向

為期健全醫療福利制度，也必須正視政府於健康保險支付上的負擔逐漸加重的情形，此種情況以統計數字顯示：在1972年至1995年間，各主要先進國家醫療費用的每年平均增加率：美國12%、英國為20.9%、法國為17%、西德為17.4%、而日本為21%。在1995年時，各主要先進國家每人平均醫療費用均已超出500美元；醫療費用占GNP的百分比也達5%左右，瑞典則高達9%。可見得醫療費用的高漲已成為各國醫療福利政策的最大難題，從各國近年來的制度改革內容看來，健保政策有朝向下例幾個方向發展的趨勢：

1. 由醫療到照顧。
2. 由都市醫療到社區保健。
3. 由個體醫療到群體醫療。
4. 由低保費到高保費。
5. 由病患免負擔到部分負擔。
6. 改革醫療報酬制度。
7. 實施醫療轉診制度。
8. 實施醫藥分業。
9. 加強藥品產業與藥價之管理。

目前台灣政治以走向以利益團體為主導的民主政治，同時，近幾年來政府效能不彰、責任政治未能確立、人事財務制度還沒現代化，在此狀況下，唯有改採「多元化」的方案，才是健保長遠之計，其精神與架構如下：（蕭慶倫，民84年）

1. 修定法令，將健保與政治分離，促使政府權力下放，降低政治力量的干預。修法使政府不再擁有訂定預算總額的權限，同時應儘速成立醫療費用協定委員會，挑選各方信賴的公正人士參與；另一方面，建立利益團體協商的規則，在民意及輿論可以監督的範圍內，發揮總額預算中費用協商的精神，同時在協商有關擴大保險範圍或調高支付標準時，應該當場以電腦立即算出究竟要增加多少保費，由要求提高支付標準的代表直接說服付保費的代表。

2. 以立法或其他補助措施，鼓勵民間或官方機構設立健康維護機構（Health Maintenance Organization, HMO），民眾可以自由選擇加入，打破目前健保局獨家承攬的局面，引入競爭的觀念，以促使健保局發揮效能。

3. 在多元化的架構下，由民眾自由選擇健康維護組織加入，至於沒有加入健康維護組織民眾的醫療照護，則可由健保局與醫師醫院特約的模式供給。

4. 改健保局為財團法人，負責目前的投保作業以及保費收取，並由健保局及多家健康維護組織之間互相競爭，達到確保醫療品質，維護病人之權益的目的。

對於全民健保的實施，我們可以看到成功的一面，也可看到失敗的一面，這過程中的種種問題，除了應有系統的整理與探討之外，另外重要的一點是評估工作，我們期盼從規劃實施全民健保所帶來的寶貴教訓與經驗，可以做為未來國民年金制度及其他服利制度的借鏡。

陸、結語

值此，我國正逐步推展全民健康保險之際，良好的規劃才可以

預見其未來實施的可行性。雖自民國39年起，我國首先辦理勞工保險，接續公保、學生健保、軍保、私校教職員保險、農民健康保險……等陸續開展。儘管我國各項社會保險業務仍然不斷擴充，唯就經濟效率、業務協調配合，以及所欲保險全體國民最低生活水準等觀點而言，仍待強化之處甚多。祇有結合福利、經濟、財政、醫護、社會、公共政策等相關人員集思廣益，共爲籌謀，則其揭示目標概可至之。

第陸篇
環境保育

1. 強化環境保護工作以永續經營臺灣
2. 環境保護與永續發展

第1章　強化環境保護工作以永續經營臺灣

壹、前言

　　臺灣地區人口相當稠密，加以經濟的蓬勃發展，使得環境的負荷程度非常高，根據下列統計數字我們不難看見其所呈現的豐貌：

人口密度	610人／平方公里	世界第二
汽車密度	151輛／平方公里	世界第三
機車密度	297輛／平方公里	世界第一
工廠密度	2.8家／平方公里	--------
在養豬隻密度	182頭／平方公里	世界第二

　　若相較於他國，臺灣地區環境相關負荷因素明顯高於他國。（見表一）

　　人口稠密所產生之垃圾、廢氣、廢水、噪音污染等隨之增加，環境負荷亦相對較重。另外，台灣地區養豬隻797萬頭，平均每平方公里182頭，僅低於荷蘭之349頭；一頭豬之排泄物所產生污染量為一個人的2.5倍，而每年約有四成未經處理的排泄物排入河川。另1997年台灣地區每平方公里耕地使用農藥4,357公斤，為日本的3.1倍、荷蘭的4倍，農藥長期、高密度的使用與殘留蓄積，對環境之負面影響殊值關注。

表一　臺灣地區環境負荷程度相關因素統計表

國別	人口密度（人／平方公里）	機動車輛密度（輛／平方公里）		豬隻密度（頭／平方公里）	耕地農藥使用密度（公斤／平方公里）
		汽車	機車		
中華民國	610	151	297	182	4,357
美國	29	22	0	6	200
英國	241	96	2	33	600
法國	106	55	4	28	400
德國	230	122	0	68	300
荷蘭	382	152	10	349	1,100
日本	334	183	1	26	1,400
韓國	456	61	24	71	1,300

資料來源：行政院環保署，「臺灣地區環境負荷程度統計」，民國88年8月。

貳、水資源的維護與污染防治

　　根據聯合國最新公布的水資源報告顯示，二十一世紀世界將面臨的最大危機，可能就是水資源的短缺、破壞、污染蔓延並急遽惡化的問題。聯合國特別宣布每年3月22日爲「世界水資源日」，期藉此喚起人們對水資源的重視。環顧過去幾年來臺灣大大小小的風災、水災，不僅凸顯出臺灣水資源環境的危機重重，且有日漸惡化的趨勢，舉凡山坡地濫墾濫伐、砂石濫盜濫採問題、超抽地下水導致地層下陷、河川污染等，這些存在已久的問題，仍持續破壞著臺灣的水資源。

　　當1999年10月12日世界人口突破六十億，面對人口快速增加，用水量急遽增加，二十一世紀將是大家搶水的世紀。此一情勢已在台灣提前上演，濱南工業區與台南科學園區的用水引起爭議，

即是明顯一例。目前國內有多項重大水資源開發工程（如美濃水庫、瑪家水庫），受到民眾反對無法推動，若無法化解民眾反對阻力，或提出其他替代方案，一場大規模的搶水戰爭勢難避免。根據資料顯示，隨著經濟發展，國人用水量不斷增加，目前台灣地區每人每日用水量超過三百五十公升，台灣地區農工商業及生活用水一年需要量高達二百億公噸。

　　台灣地區雨量充沛，依據中央氣象局統計，民國38年至89年，每年平均降雨量約二千五百公釐，超過世界平均降雨量九百七十三公釐超出很多。但因為台灣地狹人稠，每人所能獲得的平均降雨量只有四千七百五十八公釐，僅為世界平均的七分之一，使台灣成為一個「多雨缺水」的國家，聯合國並把台灣列為水資源貧乏國家。在全球人口增加到六十億後，水的問題是迫切要解決的課題之一。科學家預測，二十一世紀來臨後，有的地區將為搶水而戰，有的地區卻會因暴雨而淪為「水世界」。

　　水資源的開發、利用與維護，應將生態環境的維護及永續利用列為優先考量，在臺灣水資源已遭破壞殆盡的今日，此一社會政策尤應妥為執行。其中可積極朝向下列方向，期使臺灣水資源能積極邁向永續發展的歷程：

1.近年來，政府投入在水利建設工作上的經費相當可觀，民國83至89年度所編列的水利建設總經費即高達一千四百七十五億元，其中水資源開發七百六十點六億元、河海堤整治三百六十五點八億元。而未來民眾對防洪等水利的安全要求勢將日益殷切，水利建設亟需龐大經費，政府實應另謀經費來源。同時可促使民眾更懂得珍惜水資源，進而減輕水源開發壓力，使水資源得以永續利用，加福於後代子孫。在現階段要求小而能政府，而政府財政又非十分充裕的情況下，水利建設亦可委由民間以 BOT 的方式來推動，不僅可帶動民眾對

公共議題的關心，亦可減輕政府的財政負擔，進而提升民眾生活品質。以符合現今社會講求「使用者付費」、「受限者得償」等原則，進而可有效促進水資源的利用、調配與開發。

2. 培育專業的水資源人員，成立一工作團隊，針對現階段重大的水資源課題，研擬具體作法，訂定合宜的政策，以利水資源的充分運用。

3. 根據行政院主計處所公布臺灣地區近五年水污染的調查報告可知：由於人口逐漸增加，生活污水排放量與日俱增，加上污水下水道尚未普及，故絕大部分生活污水未經處理即逕行排放，致河川污染源中來自生活污水比重已躍居首位（近五成）且逐年增加；為有效整治河川污染，政府宜儘速積極推動污水下水道建設。

4. 工業廢水、生活污水及畜牧廢水為河川污染的主要來源，為減輕工業及畜牧廢水污染，政府積極對所排廢水易造成重大污染之事業單位進行事業廢水污染管制；包括污水下水道的普及率宜提升，養豬戶廢水的管制及工業廢水的管制皆宜有效對應。

5. 有效阻止地下水的超抽，以避免地層持續下陷。廢水之重金屬及其他有害化學物對土壤及地下水污染的問題，應儘速蒐集完整資訊，並應儘速有效解決。限期提高污水下水道之普及率，以有效改善水質污染。

台灣地區降雨季節多分布在夏季，季節性分布極為不平均。加上空間分布也不平均，有的地區降雨量高達七、八千公釐，也有的只有一千公釐，造成台灣地區水多與水少的問題同時發生，「不雨成旱，一雨成澇」成為台灣水資源的寫照。而民眾於環保意識的薄弱及公德心的缺乏也是造成水污染的主要主因。水的問題是全球性共通問題，要解決水的問題，必須從水、土、林三位一體來考量，

河川上游集水區造林、治山防洪；中下游興建水利措施，必須全方位思考。另外強化民眾的環保意識，以珍惜水資源亦為必要的措施。

參、垃圾問題

今日臺灣許多縣市都面對無處可置放的垃圾山、垃圾掩埋場、垃圾焚化爐的設置等等問題，沒有人希望自己的家園就在散發惡臭、醜陋礙眼的垃圾山旁邊；但是一味的抗爭，並不是徹底解決垃圾問題的根本方法。對有關單位而言，另覓他地，或是協調、斡旋都不是治本的途徑。對整體臺灣來說，如此不負責任的拖延術，只會將問題累積到更嚴重，恐怕日後難以收拾。

無人不希望生活在一個清淨無污染的環境中，為自己也為後代子孫。但是至今大部分民眾並法提昇環保意識、不懂得愛惜、維護與創造我們的環境。雖然一些宗教、環保團體推行環保運動，多能夠在日常生活中發揮作用，但是畢竟這還是不夠，如果不能成為一種全民、全面的生活運動，仍然是很難達到整體的改善效果。除非整個社區也都能如此做，更重要的是，最下游的垃圾處理單位也能如此執行，也就是說，整個社會是在這樣一個習慣中生活著，那麼才有可能達到減少垃圾的效果，否則光是個人或是某些團體、單位的實行，若無政策性的全國推動，恐怕只是自我心安的一種作法，而無實質的效益。究此，在推動全民、全面的環保生活運動時，首先需要的是整體一貫的規劃與理念的宣傳。另外，可以在自家門前或後院自做堆肥場，消融家裡製造出來的有機垃圾。用此有機堆肥，種植庭院、陽台的盆栽蔬果和花木，既經濟又健康，更有美化家居生活與環境的樂趣和享受。除了宣傳和推廣每個家庭如此做之外，還要以每個社區或是鄰、里為單位，在社區的垃圾放置處，或是鄰、里的定點地方，設置一個有機垃圾的堆放箱，讓家裡多餘的

有機垃圾，或是真的無法在家裡放置有機肥製造箱的人，可以有地方處理。每個社區、鄰、里，可以利用這些有機肥，滋長社區、鄰、里種植的花草樹木。再就不可腐爛的垃圾資源而言，政府相關單位應積極鼓勵研發妥善處理這些二度資源的任何可能，使資源回收和再運用。

另外，在各級機關學校，以及各單位團體和公共場合，都應實行各種垃圾的分類放置，不僅可以隨時提醒人民實踐環保，養成習慣。讓環境保育落實於生活之中，不要讓我們今日製造出來的垃圾，成為明日無法消除的生存障礙！

肆、空氣污染

民國89年底台灣地區機動車輛1,531萬輛，較76年成長一倍，平均每平方公里448輛，其中汽車151輛，僅低於日本之183輛、荷蘭之152輛，另機車297輛，則遠高於表列主要國家。機動車輛所排放的一氧化碳、碳氫化合物等，近年均占國內空氣污染排放總量的五成以上，為國內空氣污染主因。

另外，依據環境品質文教基金會於民國88年12月公布台灣現有五座焚化爐致癌風險，以美國的模式計算，台灣地區現有五座焚化爐戴奧辛「總致癌風險值」是美國的9.35倍到32.09倍。如果再加入人口因素計算，台北市民的「致癌負擔」是美國加州標準的二千多倍，台北縣民則為「致癌負擔」的一千多倍。正說明空氣污染的嚴重性。

而根據聯合國氣候變化問題小組研究報告顯示，未來百年間，溫室效應可能激增；到二十一世紀末，大氣中二氧化碳含量將是今天的5倍。果真如此，由於氣溫、海平面都將大為升高，對地球的氣候系統幾乎篤定會造成不堪設想的後果：淹水的沿海地區人口外移，不免要引起社會、經濟大動亂。此項研究曾把人口增加、經濟

成長、能源使用，及土地使用變更等變數納入。這些專家以四十種情況中的四種爲「標記」來呈現咸認2100年時幾種主要溫效氣體可能之排放量的總結。其中，因人類活動而產生的主要溫效氣體二氧化碳排放量的可能性甚廣，令人不安；二氧化碳的高排效量勢將造成樹木把先前儲存的二氧化碳全部釋出而造成森林的集體枯槁，如此只會使地球暖化變本加厲。南極洲的冰棚難免因而終告崩潰，從而使全球海平面高漲，幅員廣闊、人口稠密的沿岸地區會遭淹沒而消失。另外，很可能高到使亞馬遜雨林備受摧殘，到處鬧飢荒、水荒，水患風險大增，罹患瘧疾者可能再添三億人，而地球溫度會上升攝氏三度左右。爲能避免如此災難，勢賴全球民眾提昇環保意識和作爲以維持地球村的永續經營。

伍、結語

要改善上述問題，應從新理念來思考未來走向。首先，要奠立人們對人的憐憫、關懷和尊重。也就是將人道主義的精神，延伸爲對人類生存與發展所繫大自然的關懷和尊重；藉著「新環境典範」的倫理體系在台灣社會深化，以達成環境保育觀念及行爲的深化。其次，要從單一世代的享受，改變成爲跨世代的共享。對於所有的經濟活動和所累積的富裕，要考慮到承載能力的作用。

鼓勵企業引入環境管理之觀念，使企業主建立「污染是一種企業資源的浪費；減少污染，企業就能降低成本」的觀念。事業單位應強化有害廢棄物的處理，正視目前非法棄置的問題。訂立廢棄處理時間表，使目前不到一半的事業廢棄物妥善處理率，限期提升到八成以上。政府應建設足夠之廢棄物處理場地，藉以使全體國民及企業界確實負擔起廢棄物處理及減量之責任。

在具體的作法上，政府在環境政策上可試編「綠色國民所得」。政府施政，應考慮以綠色國民所得而非僅以傳統國民所得之成長爲

目標。其次，將綠色國民所得，配合人文關懷的提昇，擴大到廣義的國民生活福祉指標。除了環境之外，另將公共安全、交通、醫療、教育、所得分配等影響生活福祉的因素均予納入，成為政府施政的目標，與民眾共同努力，齊力建立一個環保典範。

第2章　環境保護與永續發展

壹、前言

　　九二一大地震及其後的土石流所帶來的重大傷害，使大家深切認知到「環境保護與自然保育」工作的重要性。根據臺灣大學全球變遷研究中心的研究報告顯示，環境所能承受之污染負荷有其極限，臺灣地區由於土地幅員有限，經濟快速發展，形成單位面積承受之環境負載非常沉重，而影響環境品質之主要原因包括人口壓力、工廠、車輛以及人類日常活動所產生之廢棄物等等……。由於我國人口、車輛、工廠及飼養豬隻之密度均比其他國家高，而污水下水道之普及率則偏低，所以環境品質相當惡化。美國國家科學院院士——柯林頓總統的首席科學顧問彼得・雷文（Peter H. Raven）博士於民國89年6月來台的一場演講中指出，為免人類濫用自然資源以導致物種迅速滅絕的現象，請大家善待地球。因人類濫用自然資源，近五十年來，地球減少四分之一的表土、五分之一的可耕地及三分之一的森林，物種滅絕的速度約每年一千種，是自然滅絕速度的五百到一千倍。若繼續用此方式與地球相處，下個世紀將因資源與糧食不足，使得人類的生活水準快速下降。臺灣近年環境惡化與災害頻仍，顯示自然容受力（carrying capacity）已無法承載。因此在建構社會政策之前，嚴肅探討臺灣永續發展的議題，確屬必要。

貳、臺灣的生態資源

「生物多樣性」名詞在 1986 年首度被提出，最早是指對地球上所有植物、動物、眞菌及微生物物種種類的清查。之後，生物多樣性的意義被擴及於地球生命世界所有層面，包括所有物種的遺傳及變異，以及由物種組成的群落與生態系統。在此定義下，生物多樣性的概念等同於地球上所有生命。人類所有的糧食、大部分的醫藥、建材及衣物織品的主原料、製造業所需的化學原料、還有許許多多生活要素，都是由各類生物物種所提供。人類生存全然是依賴著生物多樣性。

自生態學者的全球研究發現，蕞爾小島的臺灣，生物物種數目與整個歐洲大陸差不多；這是臺灣獨特的資源，長期以來卻乏人關注。生長在臺灣的生物中，約有四分之一是全球其他地方沒有的所謂「臺灣特有種」，其他四分之三物種的遺傳特徵也是非常獨特；臺灣四周的海洋生物種類，幾占世界的十分之一。就生態環境而言，臺灣是一個封閉系統，很有機會發展成生物多樣性保護的全球示範地區。從亞洲東北沿海下來，一直到臺灣、馬來西亞這塊地區，是全球生物多樣性最豐富的地方。臺灣身在其中，有必要盡一份國際責任，將屬於我們的部分保護下來。臺灣曾經被海上的旅人譽為「美麗之島」，但近五十年來高度經濟開發，改變了一切。柔腸寸斷的山林、地動山搖的土石流、地層下陷的西海岸，以及消失中的珊瑚礁，將使臺灣島生物多樣性快速消失。瞭解、保護、並永續利用臺灣的生物多樣性，是我們的義務。如果做得到，對未來的福祉、健康及安全將可提供重大貢獻。重視並身體力行保護世界各地的生物多樣性，同時把「永續性」作為社會永續發展的考慮因子，將使臺灣在改善全球人類生活上有獨特貢獻。歐美、日本等工業先進國家過去五十年的發展模式，幾乎掏空地球資源。臺灣要進入下一世

紀，絕對不能重蹈覆轍，必須在經濟開發與生物多樣性的天秤上，取得平衡點。

世界著名的未來研究機構羅馬俱樂部，1997年完成一個重要的研究報告「四倍數」（Factor Four），號召全世界進行一場資源生產力革命，如果未來的人類想福利增加一倍，那麼必須使資源生產力提高一倍，或者說資源消耗量減少一半。實現人類的福祉提高不是依靠更多的電、更多的水、更多的生物資源，而是改善現有的系統、而是節流。由此而論，創造我們未來社會的發展之道，絕非再依賴傳統的競爭力理論，而是資源生產力革命；產業規劃也不應根據產業的附加價值，而是資源保留價值；技術的新舊、高低也不是根據資本多寡和電腦應用的程度，而是資源消耗的多少。一旦生物資源消耗減少，溫室氣體發生量同時也減少，使得生物棲息面積逐漸復原，棲息面如漸改善，則自然生態即能恢復均衡狀態。

參、永續發展所面臨的思維

永續發展（sustainable development）作爲解決全球環境問題的指導綱領，乃源自於1992年聯合國地球高峰會關於「二十一世紀議程」（Agenda 21）之決議。人類透過工具改變自然環境，造就物質文明與經濟發展，卻影響自然體系原有的容受力，導致環境的變遷。人們經由自然資源的抽取、製造加工的程序、操控環境的生態等三種形式，改變物質在自然界原本之狀態，以及有機物種在生態系統中的均衡，造成對人類與自然體系之影響。因此討論永續發展，需考量下列幾項關鍵議題：

1. 理性面貌：環境議題是以理性邏輯推演論述爲其方法，不以感性與信仰爲定位。
2. 環境議題需以整體論（holism）爲方法論，不僅探討環境問

題，並且追究其社會背景，以圖以人類文明爲經、以自然科學爲緯，建構一個完整的問題解釋。

3.環境議題牽涉人的因素，非單純之純粹科學問題。

4.環境議題爲眾人關切的問題，探討所有影響個體與群體的整體因素。

當臺灣的發展歷程，由於國際化、全球化的趨勢，以及菁英教育的發展，形成第三波文明的基礎；在此同時，永續發展所揭示的環境資源的永續以及生活品質的維護，成爲全面努力的目標。經歷九二一大地震後，臺灣各種不同文明典範之間對於環境維護的迫切需求，恰可爲跨世紀永續發展的優先目標；也就是自然保育已形成社會政策核心，是未來臺灣建構永續發展策略時，必須優先考慮的目標。

德國長期實際研究國際環境、能源以及環境發展問題的Ernst Veizsaecker教授認爲，「二十一世紀是『環境的世紀』，由於自然資源的逐漸減少與環境污染問題的累積，下個世紀各國的科技與文明發展都必須適應這種環境的挑戰」。也就是說，一個國家在長期國際競爭下的未來發展潛力，乃是取決於該國潛在的生態環境風險與解決環境問題的能力。因爲在二十世紀以資源累積所達成「量化」的經濟成長模式，下一個世紀已經不可能再繼續發展，所以，一個有遠見的國家應該開始擬定「生產創新」的策略，以符合生態與社會文明共同演化的發展觀念。人類以生態系統的一個組成分子，在這百餘年來恣意地從自然界掠奪物質，同時也生產了大量的原不屬於這個生態系統的物質，並且擾動了千萬年來的自然韻律。如果我們想讓我們的子孫也能活在這片土地上，一個以環境意識爲基礎的永續經營策略，恐怕是迫切和必要的。

肆、環境保護與永續發展相輔相成

　　製造業的蓬勃發展創造了臺灣的經濟奇蹟；然而，在國民平均所得與日俱增的同時，社會大眾也因過分重視經濟活動，而付出了相當的代價。工業污染和災害所導致的公害事件，究其原因係企業對於經濟活動的投資與開發過於著重技術和經濟效益的考量，而忽略環境保護的影響。環境保護已備受全球重視，目前國際間重要之環境問題相對應之環境保護公約如下：1989年保護地球臭氧層的「蒙特婁議定書」、1992年有害廢棄物越境移轉管制及處理的「巴塞爾公約」、1994年溫室效應的「氣候變化綱要公約」等；世界貿易組織（WTO）中設置貿易與環境保護委員會，以協調貿易與環保間之問題與紛爭；國際標準組織（The International Organization for Standardization, ISO）為響應1992年聯合國地球高峰會議的保護全球環境之決議，召集各國研商制訂企業環境管理標準之ISO-1400系列，其中，部分標準已於1996年陸續公布實施。面對環境保護的全球化趨勢，如何把管理的理念、知識、方法與工具運用於處理與解決問題，以達成提高生活品質和追求公眾福祉，將成為今後社會努力的目標。

　　雖然「永續性發展」這個概念早在1987年世界環境委員會的報告中就已經被提出，然而若考慮全球棲地破壞現況、預測速率、單位面積物種數目的關係，預估在西元2050年時，高達三分之一的全球物種將滅絕或瀕危，另外的三分之一也會在二十一世紀末前，走向絕路。人類若坐視地球物種大量消失，則在二十一世紀，物種滅絕速率就會達到六千五百萬年前白堊世紀末期的水準。當時地球上生物發生鉅變，恐龍消失。部分生物經過五百萬到一千萬年之後，才恢復原來的生存動力。生物多樣性形成了生態系統，提供人類許多重要的環境服務，諸如保持土表、維護集水區、提供授粉的昆

蟲、益鳥及其他生物、決定地區性氣候，及復原被蹂躪生態所需的模式及物種。如果人類繼續破壞大自然生物多樣性的環境，必自取惡果。根據聯合國對世界人口成長的估計，公元2050年將達八十五億人，二十一世紀末會跨越一百億大關。若不能及時阻止物種滅絕速度，屆時不知如何才能提供足夠的糧食及衣物給這麼多人，更不知道怎樣才能維持日前舉世努力追求的生活水準。

科學家的研究強調，歐美、日本等國家過去五十年的消費方式，絕對不能帶入二十一世紀，否則地球遲早會毀滅。各國家均要從世界觀點出發，珍惜資源，地球才能永續發展。人類演化溯自二百萬年前，當時它只是地球上一千萬個物種中的一員。在自然生態的演進過程，人類多數時候扮演微不足道的角色。大約一萬年前，人類在歐亞、非洲及美洲大陸各地發展出農業耕作以後，地球的人口從一萬年前的三、四百萬急遽增加，迄今已超過六十億。在龐大人口、富裕（消費）狀態及科技運用下，近五十年來，地球上大約四分之一至一半的生物生產力及超過一半以上的可再生淡水被消耗或浪費掉。

人類成為地球三十八億年生命歷史中，史無前例的生態優勢物種，並對共享這個星球資源的其他物種生存造成持續的威脅。人類肆無忌憚浪費地球資源，造成嚴重生態問題，其中最受矚目的是生物物種的滅絕。比較化石紀錄顯示的物種平均存活史與過去幾世紀以來的物種滅絕速率的實況，估計目前生物滅絕速率約為每年一千種，是自然滅絕速率的五百到一千倍。也就是說，地球每演化出一個新物種的同時，有五百到一千個物種從地球上永遠消失。

在生態破壞與經濟發展的兩難中，世界環境與發展委員會於1987年發布「我們共同的未來」報告，提出「永續發展」的概念，強調環保與經濟成長的雙重目標不僅可相互調和，而且是相互依賴的；因應環境問題需要經濟發展來提供資源，而環境的過度耗損致危及人類健康和福祉，經濟發展亦將衰退或賠上更大的成長代價。

因此，全球生產與消費需侷限在地球可承受的範圍內，且在不危及下一代需求之前提下持續開發；更重要的是，環境、經濟與社會三大議題，應追求一個動態、永續的均衡，而不偏頗任何一方。

伍、結語

「生物多樣性」，是近年來國際間生態保育運動中非常核心的一個概念。聯合國於1992年6月在巴西舉行世界環境會議，通過「生物多樣性公約」，目前已有一百八十個國家或經濟體加入，堪稱全球最大的保育公約。生物多樣性公約最主要目的，是希望推動保育生物的多樣性，永續利用生態資源，進而使世人能公平合理地分享生物多樣性遺傳資源所產生的益處。臺灣擁有全球各地少見的豐富生態資源，已是相當獨特的一種「臺灣奇蹟」。身為地球村的一份子，為了自己，也為了全人類，政府應該加速全面推動以生物多樣性為基礎的保育政策，以「永續發展」為施政的主軸精神。貫徹所謂「經濟與環保並重」，在重大開發案的環境影響評估過程中，增加對「生物多樣性」影響的評估，積極、快速、大量地增加國內生態保護區面積，加速制定相關法律；更前瞻性的政策思考和施政視野，重視並推廣生物多樣性政策，我們才有依據可以保護自己的生態資源不受到非法掠奪。並且藉以樹立永續發展的願景。

第柒篇
社會救助

1. 身心障礙的福利服務
2. 社會救助與社會安全體系的建立

第1章　身心障礙的福利服務

壹、前言

　　我國於民國69年及74年相繼公布「殘障福利法」及其施行細則，已奠定我國推展身心障礙福利服務之基礎。民國84年6月16日將慢性精神病患者納入殘障福利法適用範圍，民國86年4月23日更名爲「身心障礙者保護法」。至民國90年底止，臺閩地區身心障礙者人數計有747,973人。爲照顧身心障礙者基本生活，政府部門固然提供相關措施，唯其成效如何，身心障礙者狀況如何，先進國家的做法，及未來努力的方向……等等，是本文所要探討的主要議題。

貳、身心障礙者狀況分析

　　在邁入千禧年的民主聲浪中，弱勢族群的權益是倍受關注的，政府的社會福利支出也一直在增加之中，因「身心障礙者保護法」經過多次修正並放寬及擴大身心障礙者鑑定範圍。是以受到此法保護的身心障礙人口已從民國80年的204,000人擴增到90年底的748,000人。

　　身心障礙者於人數、類別、等級、致殘成因以及政府對身心障礙者福利支出、定額進用身心障礙者就業保障情形，說明如下：

1.至民國90年底身心障礙者總計748,052人，其中以肢體殘障者最多，爲320,632人，占43.3%；其次爲聽覺或平衡機能障礙者81,456人，占10.7%；智能障礙者78,044人，占10.5%再次之。與民國89年相比較，總計數增加77,727人，年增率爲

13.6%，其中肢體障礙者增加32,510人為最多，年增率為13.1%；癡呆症患者自上年之5,574人增為7,888人，增加率最高，達41.5%。

2.平均每百人口有3人為身心殘障者，其中以65歲以上平均每百人口有13人最多。若以年齡觀察，身心障礙人口率，有隨年齡提高而增加的現象，自0-11歲組每百人之0.7人，上升至65歲以上者之13.1人；尤以60-64歲組者占5.9%，與65歲以上者比較整整相差6個百分點，顯示因老化而致障礙者比例頗高。

3.就障礙等級觀察，以罹患中度殘障等級的人數最多，計280,052人，占37.0%；其次依序為輕度患者183,688人，占25.2%；重度患者176,872人，占24.2%；極度重患者108,285人，占13.6%。受到身心障礙福利法修訂後，因障礙類別鑑定等級的放寬與加強身心障礙者權益措施的落實，促使有意願申請身心障礙者手冊的人口快速增加，致產生障礙等級與年齡等結構性的快速改變。

4.就致障成因觀察，民國90年底臺閩地區身心障礙人口，以疾病致障者比例最高，占48.0%；其次為先天性致障者占16.2%；因為意外、交通事故所導致的身心障礙者合計也占了15.8%；因戰爭而致障者為0.6%；至於其他原因致障者占19.4%。

5.身心障礙福利是重要社會福利施政項目之一，民國88年下半年及89年度政府編列了79億1,254萬元的經費，占當年度社會福利服務支出147億3,998萬元的53.7%；較上年度增加3.7個百分點。由於身心障礙人口近兩年來增加幅度較大，相對於身心障礙福利經費的有限增幅，使得分配到每一位身心障礙者的福利經費有縮水現象。

6.公民營機構進用身心障礙人數：截至民國89年12月底止，各

機構法定應進用總人數為29,439人，實際進用人數為35,402人，總進用率為120.3%。唯以進用機構觀察，臺閩地區有義務定額進用身心障礙者之機構數為8,257個，其中未達法定進用之機構數為1,751個，占21.2%，其中有六成二屬於民營企業機構。復就身心障礙者就業基金運用觀察，截至民國89年12月底止，臺閩地區自開辦以來累計應繳納定額進用身心障礙者差額補助費基金專戶為129億225萬元，實際運用額度累積為56億248萬元，基金運用比例為43.4%。不過經孳息後之基金專戶餘額仍有107億9,641萬元之多，對於輔助身心障礙者就業方面仍有相當成長的空間。

參、身心障礙者福利服務現況

為維護身心障礙者之合法權益及生活，保障公平參與社會之機會，因應身心障礙者需求，近十年來，政府或民間團體共同推展身心障礙福利服務項目，其具體的措施為：

1.強化醫療復健，及早提供療育；例如：推動出生通報作業與先天缺陷兒通報與追蹤管理；辦理優生保健工作；新生兒接受篩檢；發現異常個案均應立即追蹤管理與治療；提供罕見疾病個案治療所需藥品及治療性奶粉之費用補助；提供民眾先天遺傳疾病及優生保健相關之醫療諮詢與服務；優生健康檢查補助。

2.發展遲緩與身心障礙兒童之照顧：訂定「發展遲緩兒童早期療育服務實施方法」；開發簡易篩檢量表；設置發展遲緩兒童聯合評估中心；辦理早期療育復健醫療人員培訓計畫。

3.健康照顧服務：參加社會保險自付保險費補助；醫療復健及生活輔助器具輔助。

4.精神醫療：推動精神疾病防治工作計畫，協助精神疾病患者獲得妥善的醫療、照顧與輔導，將慢性精神病列入重大傷病，納入全民健保給付範圍，且免除部分負擔。

5.普及特殊教育，增進生活知能：加強特殊教育學生鑑定及就學輔導；增設特殊教育學生多元安置設施；加強辦理身心障礙學生職業教育；強化特殊教育課程、教材、教法及設備；善用支援系統，提供無障礙學習環境；身心障礙學生獎助金補助；辦理大專院校特殊教育工作；公費留學考試提供身心障礙學生保障名額；辦理特殊教育師資培訓及進修。

6.推廣社區就業，鼓勵自力更生：定額僱用，進用重度身心障礙，保障就業權益；積極輔導身心障礙者就業；研發及修訂身心障礙者職業輔導評量工具，協助身心障礙者就業安置；獎勵企業進用身心障礙者；開拓職業訓練項目；落實身心障礙者就業適應服務及工作保障；辦理身心障礙人員特種考試；創業服務。

7.創新服務措施，提升服務品質：為維護身心障礙者之人格與合法權益、保障其經濟安全、充實精神生活內涵及促進參與社會，且依需求創新服務方案，強化專業知能，提升服務品質。具體措施為：經濟保障服務，提供身心障礙者生活津貼；托育養護服務；社區照顧服務；個別化專業服務；規劃財產專業信託制度；綜合所得稅特別扣除額；免繳汽車使用牌照稅；搭乘國內公民營公共交通工具優待；依法定比例設置身心障礙者專用汽車停車位；優先購買或承租國民住宅；籌設身心障礙復健研究發展中心；身心障礙醫療復健輔助器具研究發展。

8.設無障礙環境，促進全面參與：全面建立無障礙生活環境。

9.為保障合法權益，成立專責單位：為整合規劃、研究、諮詢、協調、推動、促進身心障礙者權益及福利，規劃研訂

「身心障礙者權益受損申訴及仲裁」，確保身心障礙者權益。

肆、美國殘障福利政策簡介

美國政府為身心障礙者所設立的福利政策，從1973年的復健法案到1990年的美國身心障礙者法案到1996年的電子通訊法案，均強調身心障礙者應與一般人有著相同的社會權，而輔助就業這個項目，被認為是消除社會大眾對身心殘障者的歧視，提昇身心殘障者社會地位，解決其個人、家庭及社會問題的最佳途徑。例如：在美國NII計畫即把身心障礙者的福利納入其中一個環節中，將工作權平等視為每一個公民的社會權利，強調身心障礙的福利是要考慮其社會權利和社會公平性等問題，使得身心障礙者能積極的回歸到社會主流。

顯然先進國家在重視人權理念的前提下，對於身心障礙者的照顧一直是相當重要的議題。美國在NII計畫中便訂定有負責策劃及協助有關支援身心障礙者各種立法、醫療、教育、就業、研發、服務，及其他專案性之計畫，且各個功能性任務的執行做法、機構，彼此間相互關聯相互支援。舉例而言：

1.立法：關於ADA（Americans with Disabilities）法案方面，規定州與政府必須考慮到殘障者在使用交通、電信，以及各項服務的方便性。關於TAEA（Telecommunication Accessibility Enhancement Act）法案方面規定政府部門在存取聯邦通訊系統必須考慮聽障和語障之殘障人士使用。關於AA（Access Act）法案方面規定聯邦電子資訊的電子目錄、線上存取國會紀錄及其他刊物或電子儲存設施要符合殘障者所用，以上的法案都放入NII的計畫中。

2.醫療：在醫療方面有各種之醫療網路，提供殘障者各類福利

措施的資訊。

3.教育：經由網路而獲得的教育是一種協助肢體殘障者的遠距教學方式，一個稱為「DOxIT」（Disabilities Opportunities Internet working and Technology）的計畫，協助殘障者的高中生經由Internet中擴展其科學、工程和數學的領域。

4.就業：在DATA（Disable Access and Technology Advance）計畫中，提供身心障礙者長期的電腦職能訓練，直到能就業獨立生活為止。我們從其嚴謹的選擇過程中，從職能評估開始到職業訓練，最後作就業媒合和追蹤輔導工作，這一連串的環節就可以瞭解計畫的慎重與周密。

5.研發：TRDC（Trace Research and Development Center）係以無殘障電腦、通訊和控制環境來服務重殘的復健工程中心，專責研究、發展、資訊傳播、訓練與服務提供的活動。

6.服務：COCA（Clearinghouse on Computer Accommodation）是國家安全署（National Security Agent）所屬的機構，提供輔助性科技設備的展示，以及機構內有視聽障礙及肢體不便人士的專業資源。

美國ADA（Americans with Disabilities）法案發展是有其階段性的，但均著重於每一個人具有公平性的社會權。我國的身心障礙者的職業復健，若能吸收他國的經驗，建立一個適合國內社會環境的復健制度，則身心障礙者就能有平等的工作權。

伍、結語

我國的社會福利走向，是以救濟津貼為主，以消極的金錢補助替代積極的推展方案，把身心障礙者當作「特殊的個體」，忽略了他們該享有的「一般性福利」，也就是說，沒有把社會權的觀念普及到

身心障礙者身上。身心障礙者福利政策仍停留在社會救濟的階段，把身心障礙者的工作權和一般勞工者的工作權視為兩種不同的層次。把身心障礙勞工當作工作職場上的「特殊個體」，缺乏正視身心障礙者勞工「工作平等」的社會權利。身心障礙者的工作權應該如同所有的人民的工作權一般，都是整個社會的責任，如果政府推動各政策或法案時沒有公平性社會權觀念，推展身心障礙勞工福利會落入「特殊性」的觀念中，而非「一般性」的整合於整個勞工福利。今日我國的社會福利政策走向，應朝著資訊社會福利政策的方向，落實社會權的觀念為前提，利用科技技術或資訊技術應用，使得身心障礙者在生活上或職業上有更好的生活品質和專業技術。

身心障礙福利政策之推展，亟需各級政府秉持公平、正義原則，顧及國家社會、經濟整體均衡發展，並依各類弱勢族群之真正需要，提供最適當的服務。各項政策之落實執行，尤需社會各界配合政府措施，共同提供身心障礙者有形、無形，生理、心理，硬體、軟體等兼籌並顧之無障礙生活環境，使能克竟事功。至盼我國的身心障礙福利政策，在政府及社會大眾共同努力之下，以溫和與理性的態度，透過具體的關懷行動，秉持「權利非施捨、尊重非同情、接納非憐憫」的正確觀念，共同協助社會上每一位需要我們支持、鼓勵的殘障朋友及其家屬；讓每位殘障者與一般人一樣，在真正無障礙的環境中生活，擁有生命的尊嚴，獲得適當的扶助，並充分發揮其潛力。

我國正面臨社會變遷的轉形期，政府的施政作為，應掌握社會脈動，因應民眾需求，符合世界潮流與國情。因此，身心障礙福利服務的推動，更應具前瞻性，計畫性、步驟性的規劃。建構完整的福利制度，提供完善的福利制度，讓民眾福祉獲得照顧，讓公平正義得以弘揚，以開拓二十一世紀福利服務的新紀元。

第2章　社會救助與社會安全體系的建立

壹、前言

　　九二一地震發生後造成重大傷亡，也使許多人流離失所，在重建過程中，運用社會救助以達到社會安全的目的，成為社會普遍重視的議題。社會安全一語，是來自於第一次世界大戰後各國的新憲法中，其內容為：社會保險、社會救助、福利服務等三部分；目的在保障國民由生到死的生活；其功能是使工作者在遭遇到威脅其工資收入的事故時，仍有足以維持其基本生活的費用。以往社會安全工作係由私人施捨、慈善者同情、家族照顧、雇主恩惠……等加以負擔；今日則成為政府的職責。因為政府的基本責任不僅需照顧民眾免於凍餒，同時，由於社會安全的實施，將保障勞動者的安全，消除貧困、疾病的影響，以促進生產效能，並用以維持國民消費能力，維繫經濟繁榮，達到民生均富、安和樂利的目標。

貳、社會救助現況

　　我國社會救助，秉持「主動關懷，尊重需求，協助自立」的原則，結合民間慈善公益資源，使貧病、孤苦獲得適當照顧，保障國民基本生活水準。我國現有低收入戶計有56,392戶，共129,130人（迄民國89年12月底止，其類別條件詳如下表），約占全國總人口的千分之六。社會救助在積極方面係提升低收入戶者的工作能力，促

使其自立改善生活。

項目	89年統計數	與88年比較
戶數	56,392 戶	+ 9.0%
占總戶數比率	0.87%	+0.05%
第一款	5,700 戶	-11.1%
第二款	21,053 戶	+8.7%
第三款	29,639 戶	+14.2%
人數	129,130 人	+6.5%
占總人數比率	0.59%	+0.04%
第一款	6,581 人	-14.6%
第二款	46,434 人	+3.8%
第三款	76,115 人	+10.5%
生活扶助金額	39 億元	+13.0%
每人每月最低生活標準		
台北市	11,625 元	+1.6%
高雄市	9,152 元	+3.7%
台灣省	7,598 元	+6.9%
福建省	5,900 元	+1.7%

說明：第一款　爲全户人口均無工作能力、無恆產、無收益，非靠救助
　　　　　　　無法生活者。
　　　第二款　爲全户人口中有工作能力者未超過全户總人數 1/3，而
　　　　　　　全户總收入未超過全户最低生活費用 2/3 者。
　　　第三款　爲全户人口中有工作能力者未超過全户總人數 1/3，而全户總
　　　　　　　收入未超過全户最低生活費用者。[1]

---

[1] 爲配合最新修正之社會救助法，台北市率先將低收入户之分類由生活照
顧户、生活輔導户及臨時輔導户等三類調整爲第 0 類至第 4 類等五類。第
0 類爲每人每月消費性支出在 0%，即全户均無收入之家庭：第 1 類爲消
費性支出在 0% 至 10%，即户内平均每人每月收入不超過 1,907 元者；第
2 類爲消費性支出在 10% 至 40%，即户内平均不超過 7,629 元者；第 3 類
爲消費性支出在 40% 至 55%，即户内平均每人每月不超過 10,490 元者；
第 4 類爲消費性支出在 55% 至 60%，即户内平均每人每月收入不超過
11,443 元者。台灣、金馬地區之第一、二、三款與高雄市之第一、二、

參、我國對列冊低收入戶採行之服務措施

　　為維護低收入戶家庭的基本生活，以台灣省、台北市、高雄市每年公告的當地最低生活費用為基準，對家庭每年總收入平均家庭人數每人每月之收入金額低於此基準之家庭給予生活補助費。該戶內之兒童、少年可另依其特殊狀況申請居家生活補助費，或委託政府收容照顧。另並對該等家庭提供有急難救助及年節慰問。具體的措施為：

　　1.教育及就學補助：為促使低收入家庭增加脫離貧困的機會，延長其子女接受教育之學生活補助。

地區別	教育補助費	最高額度
台灣省	全部免費	二、三款（類）低收入內就讀高中（職）以上學校之子女，每人每月4,000元。列冊低收入戶，年滿18歲就讀高中（職）以上未領生活補助費者，每人每月4,000元。
台北市	全部免費	列冊低收入戶，年滿18歲就讀高中（職）以上未領生活補助費者，每人每月4,000元。
高雄市	國小250元 國中1,200元 高中2,500元 大專7,000元	二、三款（類）低收入戶內就讀高中（職）以上學校之子女，每人每月4,000元。

三類仍維持不變，亦即依台北市之算法（類）為每人每月消費性支出在0%，即全戶均無收入之家庭；第一款（類）為消費性支出40%以下者；第三款（類）為消費性支出在40%至60%者。相較之下，台北市修訂後之標準除第0類與其他地區第一款（類）一致外，其餘則較為嚴苛，其將其他地區第二、三款（類）的標準，各再細分二類，前二類對家庭生活補助、第二類對兒童生活補助分別予以倍數的差額給與，但也使得台北市與其他地區大多數接受生活扶助的對象實質受益差異不致太大。

2.工作及創業輔導：為協助低收入者自食其力，並避免有工作
能力者過度依賴社會救助，運用以工代賑方式，提供低收入
戶內有工作能力者約六千七百個工作機會，並保障每月工作
二十五日，每日工資600元。另低收入戶內人口如具有專門技
術者尚可依台灣省、台北市、高雄市所訂標準，辦理自強貸
款開創事業，以鼓勵其創業自立，並改善生活。

地區別	自強貸款金額	貸款年限	年息
台灣省	150,000元	五年	4%
台北市	200,000~400,000元	六年	無
高雄市	150,000元	五十個月	無

3.醫療補助：對低收入者採取健康保險方式，由政府負擔全額
保險費用，使低受收入者在生育、傷害、疾病時能享有給
付；對染患重病、受傷而無力負擔醫療費用者，依台灣省、
台北市、高雄市所訂標準，補助其醫療費用的70%至100%，
最高額度90,000元至300,000萬元不等。

補助項目	地區別	補助標準	最高額度
健保中需自行負擔醫療費用	台灣省	列冊低收入戶100% 非列冊低收入戶70%	全額補助 每人每年300,000元
	台北市	列冊低收入戶參加全民健康保險自付達10,000元者，扣除不補助項目後補助80%，非列冊低收入戶參加全民健康保險自付醫療費用達20,000元以上之部分，扣除不補助項目後補助80%每人每年300,000元	每人每年300,000元
	高雄市	醫療費用之70%	每人每年300,000元
看護費用	台灣省	列冊低收入戶每人每日1,500元 非列冊低收入戶每人每日750	全額補助 每人每年90,000元
	高雄市	列冊低收入戶每人每日1,500元 非列冊低收入戶每人每戶750元	每人每年180,000萬元 每人每年90,000萬

（續上頁）

補助項目	地區別	補助標準	最高額度
住院膳食費	台灣省 台北市 高雄市	列冊低收入戶100%	全額補助

註：1.非列冊低收入戶係指家庭總收入中，每人每月平均收入在當地最
　　　低生活費用2.5倍以下之中低收入戶。
　　2.路倒病人醫療費用由政府全額負擔。

4.災害救助：對於遭受天然災害或其他嚴重災害者，避免突發
　事故影響家庭正常功能，由台灣省、台北市、高雄市依照
　「防救天然災害及善後處理辦法」之規定，給予災害救濟。

類別	台灣省、高雄市	台北市
災民死亡	每名200,000元	每名300,000元
喪葬費用	每名30,000元	每名23,000元
災民失蹤	每名200,000元	每名300,000元
災民重傷	每名100,000元	每名150,000元
房屋全毀	戶內每口20,000元	戶內每口30,000元
房屋半毀	戶內每口10,000元	戶內每口15,000元
水淹火災	戶內每口5,000元	另訂標準

5.游民收容：對於無家可歸且無處居留者，提供收容服務，現
　今設有4所遊民收容所（公立3所、私立1所），提供340床
　位，目前收容308人。另民間團體設有街頭工作站二處（台北
　市萬華區及台北縣板橋市），對無家可歸且尚未被收容者提供
　熱食、清潔等服務。

肆、社會救助與社會安全制度的體現

　　論及社會安全制度的起源，可溯及工業革命，因工業生產大量

增加產品，以致造成生產與消費失調、貧富差距等情形，工資制度形成勞資對立情勢，造成共產主義的勃興。歐美各工業國家為防止並消弭這種社會病態的產生，便由政府訂定各項社會安全制度，並以社會福利為號召。而美國以1929年遭逢空前的經濟恐慌，失業人口驟增，羅斯福以「新政」（New Deal）為號召，當選總統後；即致力於研討經濟社會根本改革方案，於1935年創立社會安全制度。不數年間，消除了經濟危機並創造社會繁榮景象。因此，第二次世界大戰後，各民主自由國家相繼建立社會安全制度。是以社會安全制度的起源與發展，可以說是來自社會改革、經濟發展及政治演變的影響。

為了回應聯合國人權宣言中列有：「各國人均為社會中之成員，有享受社會安全保障的權利。」世界各先進國家無不致力於社會安全制度的建立。然而，由於國情的差異、政經的發展程度，著重內容亦有所區別。如西歐等國偏重社會保險，北歐及澳、紐著重社會救助，英、美、加則兩者並重。總體而言，社會安全制度落實到具體的措施上則包括：社會保險、社會救助、兒童福利、衛生保健、國民就業、國民住宅、家庭津貼等項目，其所保障的程度，則以維持國民最低生活水準為原則。

我國社會安全制度的實施，係以民主主義的基本精神為張本，以「均富為目標」。所以，「社會安全制度為達到均富的途徑，民主主義則為實踐社會安全政策的指導原則。」為達到社會安全體系的建立，除了已有的社會安全政策之外，政府先後訂頒了：兒童福利法、老人福利法、身心障礙保護法、社會救助法、勞工保險條例、公務人員保險法、全民健康保險法……等，以期織構我國社會安全體系，達到民生主義揭示的理想。

社會安全體制在預防、減輕或解決社會安全問題，增進個人、家庭、團體及社會之福祉，以提昇民眾生活品質，並促進國家建設整體發展。社會救助即為體現社會安全的必要措施。社會救助亦稱

為公共救助。是政府以資金扶助老弱、孤寡、殘疾等無力自謀生活的國民，獲得最低生活並進而使其自立謀生的福利措施。該資金大多數是來自政府的預算，受領資格以生活困苦為基準，其資格的確定往往需經過專業人員為必要的調查手續。社會救助的主要內容包括：家庭救助、免費醫療、急難救助、教育輔助、收養保護、借住住宅、喪葬輔助、職業輔導、創業貸款。社會救助的目標，是希望經由濟助方式，增進個人幸福，並對社會有所貢獻。即，「化無能為有用」，達到「老而不衰，殘而不廢」的理想境界。

伍、結語

貧窮是一個複雜的社會現象，不僅存在於落後地區，也存在於經濟已開發地區。從英、美等福利先進國家的經驗，各國所採解決貧困問題之政策，多半依其貧困原因，並量度其財源而行。盱衡我國社會與環境之變遷，貧窮問題的解決除致力於貧富差距的不再擴大外，另參酌先進國家的軌跡逐步推動與改善此項福利，政府致力改善低收入戶生活扶助，俾期達成社會公義目標。

根據內政部完成的「民國83年台灣地區國民生活狀況調查提要報告」顯示，我國國民對社會安全體系的推動，有愈來愈高的期盼。而就其中服務項目的迫切性，依序為：「老人福利」、「健康保險」、「醫療保健」、「社會救助」、「殘障福利」、「社會教育」、「國民住宅」、「兒童福利」。這亦顯示一般民眾對福利服務的需求情形。

在我國社會已逐步邁向「高所得」及「高齡化」的時刻，社會安全體系的建構，必須根植於下述兩項基本精神：第一是免於匱乏的精神：社會安全起源於人類互助的概念，其出發點在尋求免於匱乏，使人人可得到生活上基本的滿足，並具備公允的社會競爭規則，以實踐自我；第二是自助助人的精神：建立社會安全體系的目

的，是經由團體的力量以協助個體，使其達到自立自強的結果。是以社會安全的運作應本諸於「取諸於社會，用諸於社會」，方能使整個體系穩健、良性地運作，如能本諸此些精神，將可促使我國漸次邁向福利國家的目標。

第捌篇
醫療社工

第1章　福利社會中護理工作的展望

壹、前言

現代國家無不積極以提高國民生活水準，促進國民生活幸福爲主要目的，一般學者將之稱爲：福利國家。並認爲透過社會福利制度的實施，不僅能解決人類所面臨的貧、愚、懶、髒、病等問題，同時也能有效達到社會安全，增進福祉的功能。因此，今天各先進國家均以福利政策爲施政重心，更在憲法中規定福利綱目，用以保障民眾的權益。而政府的角色亦由「權力國家」的觀念，轉爲「福利國家」，是以牽動社會中既有職業功能的變遷，尤以護理工作係與個人關係密切，於社會福利推動中有其不可取代的職能，本文即就此爲簡要的論述。

貳、現代社會中的福利需求

就現代社會發展的事實而言，自工業革命以後，凡屬工業化的社會，同時伴隨著都市化的產生，其結果對人民的家庭生活與職業均產生重大影響。諸如：受薪階級需依靠薪俸維生，無工作即無收入，無收入則生活即陷入困頓。是以，在工業化社會裡，所遭遇的各項問題，已不能僅憑藉舊有的社會制度與福利措施提供解決之道。爲因應此種趨勢，社會必須尋求新制度與新措施加以解決，以促使人民生活福利的增進。同時，在工業化社會裡，人民認爲政府

有推行社會福利服務的職責，人民亦有要求政府提供基本需求滿足的權力。

由社會的實際運作中知悉，疾病往往導致個人的失能、失學、失業等情形，進而造成貧窮的困境，影響所及使個人家庭衍生困蹇，也造成社會國家的沉重負擔。為此，我國於民國84年實施的「全民健康保險」即針對上述情況的解決，並期盼達到「全民均健」的社會福利目標。

「全民均健」目標的達成，實有賴健全的醫護衛生政策及素質齊備的醫護人員，以提供良好的醫療服務，這些條件的實施必須緊扣社會結構的型態與人民於健康照護的需求。隨著醫療衛生科技進步，近四十年來，除國民平均壽命的大幅提升外，十大死亡原因，也由四十年時的「急性傳染病」轉變為「惡性腫瘤、腦血管病變、糖尿病」等慢性急病。至於人口結構的改變，有快速朝向「人口高齡化」的趨勢；65歲以上的人口占全數人口的比例已由民國64年的3%，躍升到90年的8.7%，預估到公元2030年將更達16%。因此整個社會的醫療需求，將由往常以治療取向的服務，逐步邁入以照護為取向的發展方向。職是之故，未來在預防保健體系，疾病照護體系及後續照護體系等工作，將成為醫療福利的重心；而該等工作所需要的護理人員數勢將有所增加。

為應此項發展趨勢，民國80年5月公布實施的「護理人員法」，便列有「護理機構的設置及管理」專章，設立該機構的功能是在「減少醫療資源浪費，因應連續性醫療照護需求，並發揮護理人員的執業功能」。在該法施行細則第六條更進一步規範這些機構包括：

1.居家護理機構。
2.護理之家機構。
3.產後護理機構。

行政院衛生署且於民國82年8月27日公布了這些護理機構設置

標準。無疑的，這些護理機構的設置，不僅有助於提昇護理於全民均健工作上所扮演的角色。同時，也裨益護理工作的專業形象。

參、護理專業機構設置的必要性

依據行政院主計處，民國90年臺灣地區老人狀況調查報告顯示：臺灣地區65歲以上老年人計一百九十萬八千人，其中最近三個月內因病住院比例爲4.48%。其健康狀況因患病而在日常生活上無自我照顧能力者占4.63%；其中居家者占88.25%，居住於慢性病療養機構者（包含醫院慢性病床）占11.75%。而平均住院日數之估計，在臺灣勞保患者，平均住院日數爲10天，較美國平均住院日數6.4天爲高。然而病患長期住院，除了影響病床的有效利用，相對也增加病患個人及社會整體的負擔。由於住院費用爲居家護理費用的九倍。這是何以宜積極推展居家照護的原委。

同時根據臺大公衛所吳淑瓊副教授的研究亦顯示，臺灣在民國90年時，至少有一項失能而需長期照護的老年人口，有七十萬人左右，且隨著老年人口增加，人數一直持續上升，預計到民國120年，失能老人將成長5.5倍，而該研究亦指示：四分之三的老年人，罹患一種以上的慢性病。他們許多並不需要住院，但卻需要部分專業醫療護理。這些事實和未來發展，更可看出「護理機構」設置的迫切性。尤有甚者，疾病纏身的老人，常會使得小家庭經濟崩潰，子女心力交瘁，根據日本一項調查指出，因老人健康問題導致家庭經濟困難者占25%，近一半的受訪者因爲受不了長期壓力而有自殺念頭；學者認爲，台灣缺乏老人安養福利制度，老人造成小家庭危機的情況會更嚴重，日本經驗值得警惕。而該項調查資料顯示，已經邁入「超高齡社會」的日本，看護病弱的老人已成爲家庭最大負擔，有55%的家庭因而感到身心疲倦和壓力，有自殺念頭者44%，3%想一走了之，四分之一的家庭造成家庭經濟困難，12%的家庭失

和。

　　就實務經驗來看，台灣情況可能並不比日本樂觀，每個老人一個月安養費就要兩萬五千到三萬元，一個月入六萬元的小家庭，在繳房屋貸款、家用之外，要長期負擔老人安養費用，實在很艱難。事實上，有能力送到安養中心的，都還算是幸運的，有多少貧病的老人是在乏人聞問之下撒手歸西？最慘的是，孩子受不了這種長期重擔，先自殺了，造成白髮人送黑髮人的慘劇。

　　根據行政院經建會的調查，台灣在民國83年，就符合聯合國所公認的「老人國」，老年人口占總人口的7%以上，到民國89年，全國老年人口數爲一百九十萬人，每5.1名就業人口就必須照顧一名老年人，負擔相當沉重。爲謀因應，政府應有健全的老年人自顧能力，減少對家庭照顧的依賴；此外，還須推廣「老人個人福利，包括退休年金、健康保險、療養服務、休閒娛樂等，可提高住宅服務」可採免費或付費方式，協助有重大需求的老年人在家接受護理人員或社工人員等專業人員的照顧，或推廣老人安養服務，都可減少個別家庭的負擔，使老人獲得更周全的照顧。

　　爲因應高齡化社會的來臨，長期照護規劃主要可分爲兩大體系：「居家護理」與「護理之家」的照護。其中居家照護旨在提供居住於社區家庭中的個體服務，避免住入醫院造成老年人對環境適應困難及費用浪費。是以居家護理最適合病情穩定不需住院，但病情又會持續一段時間的病患。

　　綜上所述，在長期照護系統中，對於病患其活動能力仍能部分自理，且仍有家人協助者，可由居家護理接案照護，若患者已完全依賴並造成家人難以承受的極大負擔，而影響家庭正常功能時，可轉介至護理之家，給予短期性或全天二十四小時照護。

　　根據臺灣大學陳月枝教授，對「我國護理人力需求之探討」研究文獻顯示，對繼續照護體系護理人力之推估，與正從事長期照護的護理人員。顯然這兩者在供需上有極大的距離，造成護理人員在

護理專業機構供需上嚴重失調的原因究竟為何？至今尚無研究揭示。因此為本研究希冀探討，以期促發護理人員能投身及設置護理機構，並為整體護理生涯的一部分，以有利於建構完整的醫療保健系統，回應「全民均健」的社會福利目標。

至於「產後護理機構」的服務對象，是以產後需要護理之產婦及嬰幼兒為主。根據衛生署所頒的護理機構設置標準，則明確規範為：「產後未滿二個月的產婦」及「出生未滿二個月的嬰兒」。由於社會風氣的轉型，使得我國的人口成長在出生率上快速的下降；但在此同時，也愈來愈重視人口品質的提昇。加以家庭結構的轉型，傳統在家庭進行產婦「坐月子」也逐漸由機構取代。這即是「產後護理機構」因應而起的主要原因。根據人類發展的實際情形，嬰幼兒期的保健關係著其一生的健康，唯有良好的保健才能有正常的生長發育。而自婦幼衛生研究所在民國79年進行的統計顯示，我國嬰幼兒在生長發育情形未若歐美，其主要的原因係來自嬰幼兒保健上仍顯不足所致。是以舉凡對孕婦產後健康的恢復，嬰幼兒照顧方式的專業諮詢、營養提供、副食品的補充、餵食方式、預防接種、沐浴……等，皆可從在「產後護理機構」服務的護理人員身上得到協助。因此，該機構將有助於人口素質的提昇。

肆、護理機構於社會福利體系中扮演的角色

全民健保開辦後，慢性病人占住各大醫院急性病床的情形更加嚴重，許多大醫院統計增加兩倍以上。其解決之道，除了設置專業照護機構外，護理之家應納入健保給付，讓慢性病人有後送管道。根據衛生署的統計，民國84年健保開辦後，各大醫院住院卅天以上的慢性病患占全部住院病患人數比例不斷上升，像台大醫院由健保前的10%升為31.5%，長庚醫院由原本的5.3%升到15.6%。該調查也顯示，住院卅天以上的病患中，五分之四是可以出院的，其中有

近四成適合轉送慢性病床或護理之家，兩成四可由居家護理照顧。慢性病患脫離急性醫療期後，缺乏後送管道是造成急性病床「塞床」的主因，但在目前護理之家等其他長期照護管道未納入健保給付的情況下，如果住在醫院裡，不論是急性床或慢性床每月最高費用不會超過一萬八千元，但如果住外面的護理之家，至少要兩萬五千元以上；在經濟考量下，「塞床」是必然的。因此護理之家應納入給付，以提供完整的照護體系，並有助於福利社會的開創。

教學醫院長期以來，因為老年的慢性或復健病人占住成本高昂的加護病房或急性病床，使得真正病危者住不進來，醫院也深受不敷成本之苦。這些問題，在急性醫療系統以外的照護機構設置，如：老人或慢性病療養機構以提供解決之道。例如：神經系統受損後不可能再生，所以這類病人（例如車禍造成半身不遂、腦瘤開刀、動脈硬化造成的癡呆症等）在過了急性期後，所需的照顧大多只剩導尿或插鼻胃管等護理工作，事實上這些工作在醫院內也都是由護理人員做，所以最適當的方法，便是將病人轉到護理機構去療養。可是由於護理機構未能普遍設立造成醫院常為了要請病人出院，幾乎和家屬出現衝突，理由是家屬不願領回病人，或病人不願出院。而且在小家庭制度下，為了生計不可能會有多餘的人力，留在家中照顧病人，病人及家屬在面對病人出院後，要送到哪裡的難題下，只好央求讓病人留在醫院。

可是從醫院的立場來說，急性病床或加護病房的投資成本極高，而且功能是設定在救治緊急狀況的病人，如果這些該出院的病人占住病床，直接影響其他後來病人的生命安全，因為醫院可用的資源是固定的。究此，可明確看出當台灣人口正快速老化，亟需趕快建立老人及慢性病護理機構，同時，根據護理人員法規定，護理機構的服務對象，包括罹患慢性病需長期護理之病人、出院後需繼續護理之病人、產後需護理之產婦及嬰幼兒。

根據衛生署的最新統計，台灣老年人口中需要長期照護者就超

過八萬九千人，其中接受合法機構照護的人數約只有二萬四千多人，其餘尚無法接受合法安養照護，都要借助未申請立案的安、療養機構，這些機構的照顧素質參差不一，令人擔心受照護者所受到的照顧。衛生署的調查顯示，台灣目前的照護資源確實不足。

有別於許多財團近年來致力設立的千床以上大型化照護機構走向，但就學理而言，都認為社區化、小型化的方式是最適合的長期照護方式。目前最主要的工作在督促政府制定社區化長期照護公共政策，要求立法和行政機關儘速修訂並通過鼓勵社區化長期照護的法案。唯該項方案的成功，仍有賴素質良好的專業護理人員的投入與參與，方能克竟全功。

伍、結語

自有人類即有護理，例如母親細心地照顧孩子、健康者照料病患，這種照顧老幼病弱的方法即為護理工作。護理工作實際上包括：撫育、扶助、保護、照顧病人及幼小等功能。護理是一種使病人置身於最自然而良好的狀態的工作，易言之，護理乃是一種協助他人達健康的活動，是使正常者能比現有的健康狀況更加健康，不良功能進步到恢復狀態。社會福利揭示目標之一，即為克服人們於疾病上所造成的困擾，護理專業正足以發揮該功能。

護理工作是應人類的需要而產生的，因此必須與社會相結合，提供社會服務並展望未來。面對社會福利的擴展上，護理人員應把專業知識、技巧、態度和倫理價值，運用於專業領域中，不但要手腦並用，還要具有同情心，盡心盡力的服務，對於疾病的預防、治療、康復和復健有關的經濟的、社會的、情緒的、以及家庭方面的問題提供專業性服務。於社會福利服務的擴展上，護理人員亦應修正其原有角色，包括除了在於防治疾病、挽救生命、增進健康外，亦應協助病人解決其疾病及與其疾病相關的社會、經濟、家庭、職

業、心理等問題，以提高照護效果，增進人類的福利和社會福祉，使護理與社會福利相輔相成，相得益彰。

究此，社會福利中的護理工作不止是能使疾病者早日痊癒，同時還要協助其預防疾病的復發和蔓延，注意身心之健康，且擴及其情緒之平衡，注意周圍環境與病人間相互關係影響，而照顧對象則廣及病人、病人家屬及其他健康者，其最終目的在使全人類達到並維持最好健康，使其能自立更生，重新適應社會。易言之，護理工作亦應順應環境與時勢的變遷，形塑其於社會的角色，以期望「全民均健」的目標得以在健全的照護系統下獲得落實。

第2章 醫療社會工作與護理工作

壹、前言

「社會」，在這複雜的大環境，每分每秒都蘊釀出許多新的問題：人與人、人與家庭、人與環境、人與社會等；反覆地循環，這些糾葛有的能夠靠當事人的力量解決，但也有些必須仰賴外力輔助以達平衡，遵循以上的管道，這即是社會工作因應而生的鵠的了。

「醫療社會工作」是其中的一個環節，它包括社會工作者及醫療工作小組協調合作部分。當個案（患者）在醫療照護上產生了心理、家庭、經濟與社會角色適應危機時，可藉由醫療人員的轉介角色，讓個案有尋求外力協助的途徑，以達個案於生理、心理、社會三方面的健康，並發揮角色扮演的功能。是以就社會工作的角度，醫療社會工作與醫護工作有著綿密的互動關係，本文嘗試就兩者的異同稍加分析說明，以期能有助於醫療社會工作與護理工作的推動。

貳、醫療社會工作的主要內涵

英國貝特女士（H. A. Bate）對醫療社會工作它所下的定義是：「醫療社會工作是某一個人用個案工作的方法，來協助正陷於失去控制、傷殘、精神崩潰，或生理失調的另一個人。為其解決困難，調整其個人與他人間，或個人與社會間的關係，將個案工作運用在與醫藥有關的場合時，就叫做醫療社會工作。」

《美國社會工作年鑑》謂：「醫療社會工作是社會工作應用在醫

藥衛生機構內之有關公共衛生及治療事項。」

佛以克（Arthur E. Fink）的定義是：「醫療社會工作是綜合住院、病務照顧、護理、訓練學生等而生成為一種為病人的新服務。」

姚卓英女士《醫療社會工作》一書中的定義為：「醫療社會工作是社會工作的一環，其目的在協助病人解決其與疾病相關聯的社會、經濟、家庭、職業、心理等問題，以提高醫療效果，不但能使疾病早日痊癒，同時還要協助其預防疾病的蔓延和復發，使其能自力更生，重新適應於社會。」

綜合上述，吾人以為，醫療社會工作是將社會工作實施在醫療衛生保健中，將其專業知識、技巧、態度和倫理價值，應用在醫療及保健上，而且較強調社會功能與人之間的關係失調所造成的一些問題、疾病，進而針對這些問題，提供專業的服務。易言之，醫療社會工作是積極的扶助病人發展潛力，能使自力更生，而非消極的救濟。重視社會因素對個人的影響，充分運用社會資源與社會工作的所有看法，服務對象包括醫院、疾病預防（各級衛生行政部門及疾病的善後機構）、殘障復健，和各種醫療教育機構。

依據醫療衛生保健機構的特性之不同，醫療社會工作可分為：

1. 醫療社會工作（medical social work）：是指醫院的社會工作實施，有的人稱它為醫院社會服務（hospital social service）或臨床社會工作（clinical social work），社會工作者服務的主題是解決病人及其家屬有關經濟的、社會的情緒困難。

2. 公共衛生社會工作（public health social work）：溫斯洛認為其定義是：「公共衛生是一種科學和藝術，用來促使大眾預防疾病的侵害，增進生命的延長，以及身心健康的發展。經由有組織的社會大眾力量，依據正確的醫學知識，有計畫的推行措施，以達到消除防礙大眾健康的一切事物，並建立促進大眾健康的生活環境。」

3. 心理衛生工作（mental health social work）：又稱精神病理個案工作，是指精神病防治及心理衛生機構的社會工作專業服務，早期以兒童心理輔導診所和精神病醫院的個案工作實施為主。

醫療社會工作注重實施與服務，是社會工作的專業範圍。且它是扮演多重角色的。克恩（Kahn, Elsbeth）認為，醫療社會工作者扮演了多重角色，包括：

1. 社會計畫者的角色。
2. 提倡者的角色。
3. 臨床工作者的角色。
4. 社會組織者的角色。
5. 研究者的角色。

醫療的目的，在於防治疾病、挽救生命、增進健康、力謀人類的福祉；而社會工作的目的，在直接服服人群，滿足人們的需求，增進人類的福祉，兩者可謂殊途而同歸，而在醫療的領域中實施社會工作，使兩者相互整合，必定能相輔相成，相得益彰，更容易達成兩者的目的。

當今一般人對於疾病的觀念，已由狹義的生理層面，擴展到廣義的心理及社會層面，因此，醫療的疾病，不僅是醫學生物體一面，而還要包括家庭、社會環境及心理等功能的平衡。今日醫療機構主要的功能，已不止於和醫學有關的治療方式，並且還要涉及促進人體健康的整合性和綜合性的治療。因此，醫療社會工作在醫療過程中的重要性就日益增加了。

參、護理工作的主要內涵

自有人類即有護理，例如母親細心的照顧孩子，健康者照料病患，這種照顧老幼病弱的方法即為護理工作。但我國醫藥史書上，未曾有護理專業之記載，蓋因業醫者兼掌護理。近代之護理乃溯於西洋醫學。國外至十六世紀，才由修女從事類似護理之工作，南丁格爾制度之護理工作始於1883年。

護理之產生為應人類之需要而產生，因此必須與社會相結合。顧及實際環境，提供社會服務並應瞻望未來。結合、分析醫學方面、自然學科、人文科學各科不同的學術，按個人的需要作妥善之運用，使受照顧者對其自身、家庭、社會國家與人類有所貢獻，這種服務謂之「護理」。護理是一種科學和藝術，服務人類的職業。可以說護理要符合三「H」原則（Hand, Heart, Head），意即擔任護理工作者不但要手（藝術）腦（科學）並用，而且要具有同情心，盡心盡力的服務。

護理為視病人為一整體——身心情緒各方面之藝術與科學；以教導及例範來促進患者身心與精神之健康；著重於健康教育及健康的保持、疾病之照料；包括對病人、社會、心理及物質環境之處理，同時給病人的家庭和社會衛教。以「人」是完整的個體觀點來看病人問題，不但注意身心之健康，且述及情緒之平衡，也注意到了周圍環境與病人間之相互影響對預防疾病甚為重視。因此護理為助人專業之概念可以確立無礙。

1955年美國護理協會所定的護理定義：

1.觀察、照顧、扶助身體軟弱與生病或受傷的人。

2.負責維持健康或預防疾病。

3.督導及教導其他的人。

4.具有判斷及應用科學之能力。

5.依醫囑投藥及治療。（急救例外）

6.護理專業人員應與共同工作者維持合作的關係。

護理工作不僅隸屬醫護團隊中重要的環節，同時就其功能而言護理本身具有其獨立性，護士依據護理對象的健康情況給予不同的護理。護理工作包括增進健康、預防疾病、恢復健康並減輕痛苦。

1.護理對象的整體護理。

2.觀察症狀和反應。

3.準確的記錄及報告實際情況，包括病人整體護理的檢討。

4.執行護理技術。

5.給予護理對象健康教育，以獲得身體和精神的護理。

6.除醫師外，督導其他工作人員協助護理病人。

依據護理工作的分工，則該項專業的工作領域，包括：

1.臨床護理：包括各科之疾病護理、護理行政。

2.公共衛生護理：包括工業衛生、公共衛生教學與行政、家庭之訪視和生產指導等等。

3.航空護士、船護、麻醉護士等。

4.特別護士。

5.醫務室。

6.護理教育。

7.學校衛生。

8.護理之家（如老人院中之護理工作）。

就護理工作專業的特性，則可歸納為：

1.護理活動的一般特性，如協助、幫助及仲裁（intervenin）。

2.護士的人性要素（human element），此由其使用護理一字時可

清楚，或者隱隱約約的看出。

3.接受護理照顧者的人性要素，此又可由一些特殊的性質再加以界定。

4.護理結果的要素，包括護士和病人雙方的活動結果，而且這些活動亦可因其結果而賦予某些特性。

肆、兩者間的相同點

一、目的

醫療社會工作和護理都是應人類的需要而產生的，因此必須與社會相結合，提供社會服務並展望未來。我們是在實際的特殊環境下儘可能地維持最高水準，透過教育及工作來發展個人的才能，以便承擔社會所需範圍日益增大的責任，是故凡與人類有關的科學知識都應研究。把專業知識、技巧、態度和倫理價值，應用於醫療保健領域中，不但要手腦並用，還要具有同情心，盡心盡力的服務，對於疾病的預防、治療、康復和復健有關的經濟的、社會的、情緒的、以及家庭方面的問題提供專業性服務。

二、相互關係

病人經過護理人員照顧和安排後與醫工人員溝通，經由他們的幫忙，使病人在除了疾病方面的問題之外，也能獲得妥善照顧。

三、職責

協助病人解決其疾病及與其疾病相關的社會、經濟、家庭、職業、心理等問題，以提高醫療效果，不但能使疾病早日痊癒，同時還要協助其預防疾病的復發和蔓延，注意身心之健康，且述及情緒之平衡，注意周圍環境與病人間相互關係影響，而照顧則廣及病

人、病人家屬及其他健康者，其最終目的在使全人類達到並維持最好健康，使其能自立更生，重新適應社會。

四、角色

角色乃個人在一個團體中之功能被期望的行為，是故角色有特定的行為模式，有共同人格屬性或行為特質，有某種社會地位和身分。必須去觀察並探究病人、個人或家庭引起疾病的潛在因素，並致力去改變這種不利的情況，而使其恢復健康。如果把醫院比方成舞台，病人是主角，醫生、護士、營養師都只是配角，站在同一立場為病人服務，而院長是導演、社會大眾是觀眾、醫療社會工作者在幕後居中協調。

五、工作範圍

醫院中的各種社會角色、包括身為病人及職責在直、接間接處理疾病有關的工作人員，如醫師、護士、醫工人員……等。如今範圍已擴大，不只限於病人，而且包括健康的人從成胎到老死為止的一切增進健康、預防疾病、恢復健康、減輕痛苦及協助適應的活動。

六、功能

具有獨立性，依個案的不同而給予不同的照護。應用各種知識，給予病人完整的計畫和照護，並觀察病人身體、心理、社會三方面情況的需要，因此強調：

1. 建立良好關係：在病人與醫師、醫院方面作最有效的溝通。
2. 達成高水準醫療作用：醫護人員提供最好的治療與預防，醫工人員則給予除疾病以外的資訊協助解決問題。
3. 緩和病人焦慮。

4.促使病人與院方合作。

5.協助安撫病人及家屬心理。

6.協助病人復健、再教育、重入社會。

7.給予病人身體及心理上的支持。

8.協助完成治療。

9.提高治療效果。

10.宣導衛教。

11.培養互助合作精神。

七、重要性

　　重要性在於防治疾病，挽救生命，增進健康，力謀人類的福利，直接服務人群，滿足人們需要，增進福祉，護理與社會醫療相輔相成，相得益彰。因為不止和醫療的治療方式有關，還要涉及促進人體健康的整合性，故重要性日益增加。科技日新月異，工商業發展亦突飛猛進，人類生活邁向現代化，但意外傷害和慢性病卻反而增加，雖有很好的醫術、醫療設備，如果不同時考慮生理、心理和社會三方面，便無法做更精確的診療服務。

八、工作展望

　　即今後的努力方向，護理和醫療的發展方向皆朝下列幾點：

1.建立專業制度：所有工作人員必須經過專業訓練，經過考試及格，領得證照，才可任職。

2.加強專業教育：對於在職人員施行在職訓練，參加各種研究會。

3.組織健全化：必須有合理的編制，根據醫院規模大小、醫療工作範圍，及病人性質來訂定。

4.精神社會工作的強調。

5.推展公共衛生社會工作及預防性工作。

醫療社會工作及護理工作這兩者間最大的相同之處，便是皆由案主向有關單位投訴並提出問題癥結所在後，經由各專業的技術人員從各種角度方向去分析這個個案，而後再擬定出一套適合案主針對此事所適用的計畫流程來，而後各基層的專業技術員再從旁輔導協助個案去執行此項計畫，從而謀求問題的解決。

醫療社會工作即是案主在敘述其案由之後，由各專業人員建立起一個專門的醫療團隊工作小組，隨後開始著手進行診斷以及治療服務的計畫。而這個制訂出來的計畫表也必須能和護理計畫兩者之間相互配合，舉一個例子來說，例如一個中風的病患在其治療後沒多久，便決定出院不再接受治療的工作，此時醫療社會工作小組的成員便要先去瞭解影響病人不接受治療的原因為何？其及癥結所在，並且和病人之間要先建立一個專業的關係，而後從中去瞭解病人自身對於接受治療之意願是如何，其家屬又抱持著一怎麼樣的態度，最後也可尋求外界團體的協助、支援，進而調節解決病人的問題。而護理工作亦是如此，只不過是各自展現專業特性；其首要的工作仍是要以案主的生理、身體上所表現出的反應當做第一優先處理工作。在案主提出無法接受醫護治療後，第一個反應便是要先瞭解，如病人無法接受醫療照護，其生理上會有何種反應或任何異常不良後遺症的產生，把其間的利害關係加以分析、研討後將之評估給案主和重要關係人明瞭，並要隨時隨地的注意病人的反應，病情的發展情況，因此護理工作的維持、持續，與醫療社會工作是需要相互配合才能達到最佳效應。

總而言之，護理工作主要是針對案主的生理層面及身體所遭受的病痛，和病人有切身密切關係所產生出的問題加以去討論，研求改善，滿足案主的基本生理需要，而醫療社會工作則是解決案主周遭或自身一些外在環境所給予的問題，包括家庭、社會各層面的問

題，並謀求問題的解決。兩者如彼此之間相互配合時，便可使整個醫療護理照護的過程更爲完善，使得整個工作達到生理、心理、社會三方面的協調，面面俱到以期能達到盡善盡美的境界。

伍、兩者間的相異點

醫療的目的，在醫治疾病，挽救生命，增進健康，力謀人類的福祉。而社會工作的目的，在直接服務人群，解決社會問題，滿足吾人的需求，增進全民的福利，所以，醫療與社會工作是一體兩面的。而護理和社會工作二者之間的差別可依下列六項來分別加以說明：(1)服務對象；(2)角色不同；(3)工作範圍；(4)功能之差別；(5)專業職責；(6)工作情境等。

一、服務對象

護理與社會工作服務的對象列表比較如下：

護理工作服務的對象	社會工作服務的對象
護理工作的對象是人，並且維持病人的身心健康之恢復，提供護理的專業知識，協助病人生理之狀況良好的發展。評估病患的情況，以決定其需要何種護理或治療照顧，執行必須的護理照顧，並指導病患及家屬執行健康照顧。	幫助個案（人）心理、社會、人際關係、家屬及情緒等問題之解決，或提供適當的服務，是應用個案工作的方法來協助正在陷於失去控制、傷殘、精神崩潰或生理失調的人，協助其解決困難，調整其個人與他人間，或個人與社會環境間的關係。

二、角色不同

護理工作角色

現代護理要求護士承當多種角色與其他專業人員建立多種同僚關係。角色可分為：

1.為專業技能人員：

①學識與領悟能力方面。
②技術方面：

a.工作時需保護病人安全。
b.工作時需注意病人之舒適與其個別需要。
c.隨機應變。
d.有觀察力、判斷力與記憶力。

2.為行為藝術家：

①態度與思想。
②個人修養方面。

3.運用科學：士因此可能為律師、顧問、知己、照顧者、決定者及同僚者……等。

社會工作角色

社會工作人員的職責，是去觀察並去探究個人或家庭、社會關係中引起不幸的潛在因素，並致力於去改變這種不利的情況，在衛生機構中的社會工作者所扮演的角色，有以下各項：

1.提供社會工作諮詢服務。
2.參與計畫、執行以及決策。

3.提供對個人與家庭的個案工作服務。

4.提供團體工作的服務。

5.從事衛生保健有關的社會工作之服務。

6.從事與衛生保健有關社會調查與研究。

7.參與衛生人力的教育訓練工作。

　　而且還包括：(1)社會計畫角色；(2)提倡者的角色；(3)臨床工作者的角色；(4)社區組織者的角色；(5)研究者的角色等，也就是工作對病人及病人家屬、醫療機構中各有關醫療人員社區，所扮演的角色是：治療者、經紀人、支持者和教育者、提倡者。

三、工作範圍

1.護理工作範圍：

　①臨床護理：包括各種各科之疾病護理及護理行政。

　②公共衛生護理：包括工業衛生、公共衛生教學與行政家庭之訪視和生育指導等。

　③航空護士、船護、麻醉護士等。

　④特別護士。

　⑤醫務室。

　⑥護理教育。

　⑦學校衛生。

　⑧護理之家。

2.社會工作範圍：

　①人們對疾病的態度。

　②人類疾病分布的情形。

　③人類疾病與社會組織的關係。

　④醫院組織結構的情形。

⑤醫療費用與社會計畫的關係。

⑥醫院中的各種社會角色，包括身爲病人及職在直接間接處
　理疾病有關的工作人員，如醫師、護士等角色。

四、功能之差別

醫療社會工作的功能

　　論及醫療社會工作的功能，茲就對醫院、對病人、對社會國
家，分述如下：

　1.對醫院：

　　　①對醫院的貢獻。

　　　②爲醫院開闢財源。

　　　③疏通病人與醫護人員的隔閡，減少醫療糾紛。

　　　④提供病人家庭、經濟、社會、心理資料給醫師，有助診斷
　　　　及治療計畫。

　　　⑤對教學研究的貢獻。

　2.對病人：

　　　①協助病人完成治療。

　　　②提高醫療效果。

　　　③得到金錢物質方面的救助。

　　　④病人出院或轉院的輔導。

　　　⑤提供更好的服務。

　　　⑥宣導衛生教育。

　3.對社會國家：

　　　①領導善良社會風氣。

②促進公共衛生及社會福利。

③提高病患一般生活水準。

④培養人類互助合作的精神。

⑤便利社會工作教育及社會問題研究。

⑥安定社會、消弭亂源。

護理工作的功能

　　護理是護士對社會所作的健康服務，護理工作包括增進健康、預防疾病、恢復健康並減輕痛苦。今日護理功能可分爲獨立性與非獨立性兩種：

　　1.獨立性功能：

①護理對象的整體護理。

②觀察症狀和反應。

③準確的記錄及報告實際情況，包括病人整體護理的檢討。

④執行護理技術。

⑤給予護理對健康教育，以獲得身體和精神的護理，支持病人面對現實，忍受痛苦戰勝病魔。

⑥除醫師外，督導其他工作人員協助護理病人。

　　2.非獨立性功能：執行不但需有足夠之醫學、自然生物科學爲基礎，也需人文科學之協助，加上熟練，正確技術方可達成。

五、專業職責

　　1.社會工作員職責：

①有關各種疾病與心理及社會研究。

②負責各科所轉來的個案，迅速予以口頭或書面答覆。

③主動觀察、發現病人問題。

④參加回診：醫生在回診時，社會工作員提供病人的家庭背景資料，向醫生報告處理的情形。

⑤與各科人員協調、聯繫。

⑥出席相關的會議。

⑦閱讀病歷，瞭解醫師、護士在治療過程中所可能產生的問題。

⑧提供醫生醫學研究的資料。

2.護理人員的職責：

①觀察、照顧、扶助身體軟弱與生病或受傷的人。

②負責維持健康或預防疾病。

③督導及教導其他的人。

④具有判斷及應用科學之能力。

⑤依醫囑投藥及治療。

⑥護理專業人員應與共同工作者維持合作的關係。

六、工作情境

醫療社會工作

1.在病房內的社會工作：

①在醫藥治療開始前，至各病房，先做實際的瞭解與觀察，協助病人所面臨的經濟和情緒心理方面的問題。

②視病人的需要，與各科醫療人員協調、聯繫。

③若遇複雜的個案，應單獨或和家屬會談。

④閱讀病例。

⑤依病患的年齡與心態做彈性服務。

⑥增進病人信心、疏解緊張。

2.在門診部的社會工作：

①為特別門診安排時間或寄發通知。
②按實際需要，對病人解說有關事項以消除緊張。
③促進醫院與各社會福利機構及家屬間的聯繫。
④隨時與病屬及行政部門保持聯繫合作。
⑤負責隨時宣導醫院的功能。

3.醫院行政方面的社會工作：

①對人事上管理、協助招募新進人員訓練。
②協助醫院達到管理的目標及出席相關的會議。

4.家庭醫療社會工作：

①協助長期慢性病人、老年人讓出床位給急診病人，以減輕
經濟及國家的負擔，從事追蹤治療。
②與社區健康部或公共衛生部合作。
③視需要在政府的社會福利單位，尋求社會資源。
④促進家屬對出院病人的接納，避免擾亂家屬生活及精神上
的秩序及長期壓力。

護理工作情境

1.護理活動的一般特性：例如協助、幫助及仲裁。
2.護士的人性要素，由其使用護理一字時即可清楚。
3.接受護理照顧者的人性要素，特殊性質界定。
4.護理結果的要素，包括護士與病人雙方的活動。

陸、結語

　　醫療社會工作是將社會工作實施在醫療保健機構中，將社會工作的專業知識技巧、態度和倫理價值，應用在醫療保健的領域中，而特別強調社會與環境壓力所造成的社會功能與人際關係失調，是導致疾病的原因或疾病之密切關係且是醫學與社會工作科技整合的產物，對疾病的預防治療和復健有關的經濟、社會、情緒以及家庭方面的問題提供專業性的服務，特別著重於提供心理恢復方面的解決、處理以及考察社會文化因素對疾病與健康的關係，包括流行疾、疾病產生的文化因素和社會關係以及醫療組織和治療的原理。當案主向有關單位投訴並提出問題，專業的社工人員就會經由專業的各種角度方向去分析這個個案，而擬定出一套適合案主且針對此事所適用的計畫流程來，最後執行此計畫，進而謀求問題的解決。這整個流程可從以下來看：

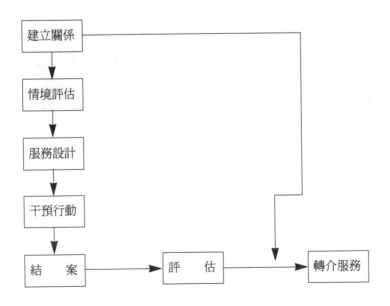

護理則含有撫育、扶助、保護、照顧病人及幼小等意，護理是一種使病人置身於最自然而良好的狀態的工作，易言之，護理乃是一種協助他人達到健康的活動，所需要努力的就是使正常者能比現有的健康狀況更加健康，不良功能進步到健康。

　　「護理倫理守則」明定護士的基本原則爲促進健康、預防疾病、恢復健康並減輕痛苦。另外，護士的職能則包括有：

　　1.病人整體的護理。

　　2.觀察症狀和反應。

　　3.準確的記錄和報告實際情況。

　　4.執行護理技術。

　　5.給予健康教育。

　　6.除醫師外，督導其他工作人員協助護理病人。

　　護理工作和醫療社會工作的關係是很密切的，護理人員具有絕對的專業性，無人能替代且扮演著：(1)協調者；(2)專業技師；(3)行爲藝術者；(4)合作者的角色。主要是針對病人的生理層面及身體所遭受的病痛，加以改善，滿足案主的基本生理需要，而社會醫療工作則是解決病人生理以外的，也就是社會、環境對病人所造成的壓力，著重在心理恢復的方面，兩者如能相互配合，便可使整個醫療護理的過程更爲完善，達到生理、心理、社會三方面的協調，所以說是相輔相成，缺一不可。如果我們能把這兩者連結在一起做好各項職能，那麼就可說是面面俱到，盡善盡美了。

第3章 受虐兒童的醫療社會工作

壹、前言

「關懷兒童，照顧兒童」不僅是因為這些未來的主人翁將是整個社會希望之所冀，也是一個尊重人性、講求人權社會的體現。因此，在強調對兒童福利的宣言裡就有如下的文字：「我們應確保使兒童獲得親愛、關懷和瞭解」（The Right to Affection, Love and Understanding）。儘管早在民國62年我國便訂定有「兒童福利法」，以規範對兒童的保護作為。然而，媒體對受虐兒童的報導卻始終未曾間斷過，這些虐待不僅造成兒童生理上的傷痛。同時，更在其心靈上烙下永不磨滅的陰影，終其一生帶著不安全感、焦燥、自卑、恐懼、報復……等不健康心理。本文企圖扼要說明受虐兒童的情形、成因、影響等，以期在關懷與瞭解中，經過醫療社會工作者的努力，讓我們的社會能漸次消弭「受虐兒童」的發生。

貳、兒童受虐的情形

根據兒童福利基金會統計，民國88年總共發生了4,944件兒童虐待的求助電話，針對這些受虐兒童的情形分析，可以得知：

身體虐待	35.29%
嚴重疏忽	28.23%
精神虐待	15.65%
性虐待	10.05%
其他	10.78%

值得注意的是，性虐待的比例正快速增加，同時，兒童遭受近親虐待的傷害程度和發生率有趨於嚴重的情形。到底社會中有多少個家庭不能發揮正常的養育功能？有多少父母在有意無意地傷害兒童？有多少兒童自願或被迫受到傷害都不得而知！但由於媒體的一再披露，再加上兒科醫師學會的報導，國內日漸重視的雛妓、失蹤兒童和街頭稚齡小販等，使我們深刻體會到不幸受害兒童的無辜和無助，以及建立保護兒童服務體系，推廣親職教育的殷切需要。

參、受虐兒童的定義及分類

廣義的「兒童虐待」，不僅包括虐待兒童行為，也包括對兒童照護上的疏忽行為。其意義是指：「父母或任何有照顧責任的人，重複、持續地對未滿18歲的兒童（含青少年，施予身體、精神、性方面的虐待，或疏忽、遺棄，而造成生理或心理上的傷害）」。

若就上述定義，加以仔細區分則兒童虐待包括：

1. 身體上的。持續性造成孩子身上的毆傷、燙傷、燒傷、骨折等。
2. 性方面的。近親相姦、強暴、愛撫或以外物插入兒童的性器官、利用兒童從事色情行業，以及其他性方面的傷害。
3. 精神上的。常對孩子吼叫、怒罵、輕視、嘲笑等。

兒童疏忽包括：

1. 該做而沒做的。沒有提供足夠的食物、衣物、住所、醫療照護、義務教育及社交機會等。
2. 不該做卻做了的。利用兒童行乞、犯罪、參與妨害兒童健康的活動、供應兒童有礙身心之影片、出版物、帶兒童出入不當場所、縱容其養成抽煙、喝酒、藥癮等不良習性等。

虐待兒童包括各式各樣不同身分的人，但其中以父母占大多數，近親、老師、褓姆及父母的朋友們及家中的兄弟姊妹等占少數。

　　若根據兒童福利法第十八條的規定，當對於兒童有下列行為時，皆已涉及對兒童的虐待和疏忽：

　　1.虐待兒童、摧殘其身心。

　　2.利用兒童從事妨害健康的危險性特技表演。

　　3.利用畸型兒童供人參觀。

　　4.利用兒童行乞。

　　5.供應兒童閱讀有礙身心之電影、照片、出版物。

　　6.剝奪兒童接受國民教育之機會。

　　7.強迫兒童婚嫁。

　　8.拐騙、買賣兒童，或以兒童為擔保之行為。

　　9.利用兒童犯罪或為不正當之行為。

肆、造成兒童受虐的原因

　　在兒童虐待的個案分析中，孩子本身的人格特質有時也扮演著一個相當重要的角色。茲就身體虐待的個案而言，易遭受虐待的兒童，其人格特質可歸納下列幾種：

　　1.喜歡唱反調。判逆性強。

　　2.脾氣不好。動輒吼叫。

　　3.動不動就大哭大叫。

　　4.經常冒犯別人。

　　5.經常出現惹怒別人的事。如：大便在褲子裡。

　　至於在性虐待的個案中，孩子的個性常有下列取向：

1.十分服從權威。

2.個性溫和。

3.極需大人關懷。

4.比較早熟。

雖說受虐兒童的肇因有可能來自於兒童本身的人格特質，然而施虐者可能才是真正的肇端。易言之，受虐兒童的人格特質並非是造成兒童虐待事件的必然因素。根據分析，受虐兒童的肇事者只有少數是心智不健全或具犯罪傾向者，多數是因為這些肇事者本身碰到不能解決的問題時，會把無法消除的壓力轉向兒童發洩。

這些問題包括：

1.父母本身不成熟：太年輕，沒有安全感的父母常常無法瞭解兒童的行為和需求。

2.缺乏教養兒童的知識：不瞭解兒童的發展過程、不懂如何教養兒童、沒有教養成功的家庭可供學習。

3.對孩子有不切實際的期望：未顧慮到兒童的年齡，期待孩子表現得像大人。

4.與社會隔離：沒有朋友、家人可分擔教養孩子的重擔。

5.不良的兒童成長經驗：很多虐待兒童的父母，小時候自己也是被虐待者。

6.連續的家庭危機：病痛、經濟上、工作上的困難、父母感情失和。

7.父母心智不健全。

8.施虐者本身也是受害者。

除上述分析之外，貝爾斯基（Balsky）以及芬可好（Finkelhor）曾提出：(1)「社會生態說」（Ecological Model, 1980），見**表一**；(2)「前置因素說」（Precondition of Sexual Abuse of Children），見**表二**。

表一　貝爾斯基的社會生態說

理論	社會生態說	
提出者	貝爾斯基	
主要內容	層級	說明
	施虐者本體之發展層級	過去發展經驗。 發展成熟度。 對兒童（孩子）的情緒感受。 對兒童發展的瞭解程度。 精神健康狀態。 濫用藥物或酒精之狀況。 對孩子之管教與期待之信念。 同理他人的能力等。
	兒童生活的小環境系統	居家環境。 兒童的健康狀態。 兒童的氣質。 家庭成員數。 父母的婚姻狀態。 生活壓力事件。
	兒童生活的外圍系統 兒童生活的大環境系統	親友支持系統。 社區。 社會經濟結構。
		社會對使用暴力的一般態度。 該社區或該國的暴力事件存在的程度。 社會中對家庭及學校管教方式之期待。
結論	兒童受虐是以上四層級交互作用之結果。	

表二　芬可好的前置因素說

理論	前置因素說	
提出者	芬可好	
主要內容	因素	說明
	施虐者之動機	情緒需求。 性慾需求被激發。 較適切性需求滿意之管道被阻斷等。
	施虐者的內在遏阻力被超越	酒精之作用。 社會之容受程度。

續表二　芬可好的前置因素說

理論	前置因素說	
提出者	芬可好	
主要內容	因素	說明
	施虐者之動機	對加害者過輕的懲罰。 父親在家族系統中之特權等。
	施虐者的外在遏阻力被超越	兒童之母親不在家。 生病。 與該子女關係不良。 不能保護子女。 孤立之家庭。 居家睡房之安排。 女權平等之障礙。 社會網絡的缺損。 家庭至上理念之消散等。
	兒童阻抗力	兒童情緒上之不安全感或被剝奪情緒之基本需求。 兒童對性侵犯（虐待）之知識及自衛技能不足。 加害者與受害者有不尋常的信任關係。 加害者強暴的強制力量等。
結論	任何兒童受性虐事件皆存在上述四個前置因素下發生	

伍、虐待兒童行為對孩童的影響

對兒童的虐待行為對孩童的影響是深遠的，甚至是與孩童一起成長，這些包括：「人際關係發展的遲滯」、「偏差行為的增加」、「對情緒反應及自我概念發展的不良影響」、「性方面的困擾及障礙」、「社會適應功能的困難」……等。具體的分析可能包括如下：

1. 身體上的障礙。兒童所受的障礙，可能造成永久的殘廢、肢體變形、發育不良等情況。

2.情緒上的障礙。被虐待的兒童通常自我形象差，不易相信別人，不易和他人建立良好的、親密的關係。其顯示的典型行為是，無望無助的哭泣，或當身體不適時也只是小聲哭泣，不指望從父母處得到安慰、撫觸，且當有人接觸其身體時會顯得侷促不安。孤獨且以不信賴的方式面對周遭社會。

3.脫軌的行為。受虐兒童長大後較易有偏差、犯罪、暴力及社會的行為傾向。

4.死亡。經常性受虐的兒童嚴重時會導致死亡。

由上述的分析，足見受虐兒童之影響性和嚴重的後果。

陸、受虐兒童的輔導與協助

由於往昔較注重一般經濟生活遭受困境的兒童之服務項目，而對被虐待或遭受忽視的兒童服務措施則仍缺乏。目前各社政單位乃著手於各項兒童保護工作：

1.設置兒童保護專線，提供兒童保護諮詢服務。民國79年各縣市政府及各公私立兒童福利機構，全面設置「兒童保護專線」。每一專線均有專人負責提供服務，以期遏止兒童受虐案件之發生，並對受虐兒童個案提供必要之協助。另外，各專線也提供兒童保護服務有關諮詢資料，舉辦兒童保護有關活動如親職活動、講習會、研討會等，以喚起社會大眾對兒童保護有更大的關注與重視，適時解救部分身心飽受苦痛的受虐兒童，使其獲得妥切教養與收容。

2.推展兒童家庭寄養，提供受虐兒童安善之教養服務，為使家庭發生變故而無法生活，或使因父母管教不當，身心發展受到影響之兒童，仍可獲得正常生活照顧，並於適當時機重返親生家庭。台灣省於民國71年度起即委託民間兒童福利機構

試辦兒童寄養服務，並自民國73年度起正式推展。

3.成立「受虐兒童緊急庇護所」，提供受虐兒童緊急安置處所桃園、台中及高雄等三所省立育幼院自民國79年9月1日起成立「受虐兒童緊急庇護所」，作爲受虐兒童緊急收容或安置之處所。並於庇護期間提供兒童適切的心理治療，協助其身心重建，另外也進行家庭訪視與輔導，期使兒童在短期安置後得以返回其親生家庭。

除此之外，由於兒童虐待一旦舉發，傷害多半已經形成。因此，醫療社會工作者的協助措施的重點，乃在於如何改善施虐者的親子互動，以避免虐待情形的再發生。這其中包括：

1.協助施虐者認清且改變對這小孩的不喜愛，並且可提供有效的方法來對待子女。
2.協助施虐者分析對虐待的眞正想法。
3.強化施虐者控制其本身衝動的能力。
4.與施虐者共同尋找可替代直接攻擊兒童的發洩方法，以達到解放其壓抑情緒的其他方式。

自從1961年坎培（Kempe）在美國小兒科年會提出「受虐兒童症候群」（Battered-Child Syndrome）報告，並正式籲請醫護界及社會大眾重視此一問題的嚴重性。兒童虐待問題逐漸受到重視，人們也逐次意識到虐待兒童的防治是社會大眾的責任。

柒、結語

虐待子女的父母，往往其本身也曾是受虐者，由於其身處於長期的壓力、困擾之下，而產生情緒的移置，使孩子在應得到的飲食照顧、衣物供應、眞誠關懷、行爲監護等方面受到剝奪。造成孩童

的發育遲緩、性格冷漠，個性孤僻、性情多疑、充滿敵意……等情形。為改善此現象不僅受虐兒童本身宜給予必要之協助，以恢復其正常的功能外，同時對受虐者的家長也應予以正視並提供輔導。另外社會應提供必須的保護措施，包括：「家庭維護」、「家庭重整」、「兒童安置」、「親職教育」等也顯得迫切。因為「兒童有權獲得在和平及友愛的領域中長大」並不是口號，而是值得我們深切體現的目標。

第4章　自殺病患的醫療社會工作

壹、前言

尊重生命不僅是各宗教所遵奉的宗旨，也是人類共同的使命。此種觀點是主張：當一個個體被賦予了生命，就應該讓他順著自然的哲理活下去。自殺是人類表現出來的特異行為，也是一種自我毀滅的行為。

各國每年的平均自殺死亡率約為每十萬人中有十人，也就是說每年每一萬人中即有一人因自殺而死亡。臨床上的自殺個案中以罹患憂鬱症者為最多，其次為患有精神分裂症者。

自殺由於其原因的複雜，至今尚無法以任何一種理論來完全解釋其變化多端的現象。自殺者內心有無法忍受的苦悶情緒，其在意識上和潛在意識裡充滿著仇恨、敵意、依賴、期望……等混合的心理。在其社會或文化結構裡，充滿各種不同的阻礙存在，因而常會激發自殺行為的發生。

它是一種人類特有的自我毀滅行為。在遠古時代，如古希臘、羅馬時代自殺被視為一種犯行，要遭天譴，死後永不超生的大罪，甚至連自殺身亡的遺體都要置於十字路口焚燬，使其後代子孩永遠無抬頭的機會。此種觀點直到法國涂爾幹於1897年發表著稱的《自殺論》（*Le Suicide*）一書，才有了鉅大的轉變。大家對「自殺行為」問題的焦點，才逐漸轉移到引起個人自殺的「社會環境」上加以探討。並且認為，自殺行為是和個體的精神狀態——焦慮、憂鬱、精神失常等情緒失調現象，以及與其所處社會文化的環境有關。

貳、定義

「自殺」因見解上的差異，因此其定義也有所差別，較為著稱的有：

1. 法國社會學家涂爾幹（Durkhein）認為，自殺是「一個人意圖採取行動，結束自己的生命。」
2. 史坦格（Stengel, 1963）認為，自殺是「任何自戕行為，且均帶有自我毀滅的意圖。」
3. 史耐德門（Shneidman, 1984）認為，自殺是「人類自我處罰、自我結束的行為。」

1970年鳳凰城召開的七〇年代的自殺預防（Suicide Prevention in the Seventies）會議上列出了「自殺行為分類」方案，將自殺分為：⑴「自殺意念」（suicide ideas）；⑵「自殺企圖」（Suicide attempts）；和⑶「完成的自殺」（completed suicides）三種，茲分述如下：

1. 「自殺意念」係指一個人內心有自殺的想法或計畫，但尚未付諸實行，它對個人的生命仍存有潛在的致命性威脅。
2. 「自殺企圖」係指一個人已做了「確實會」或「似乎會」對其生命有威脅的行為，同時會有對生命表達厭倦的意念，但此行為並未產生死亡結果。
3. 「完成的自殺」係指所有出自於自願及自為的傷害生命行為，而終導致死亡結果的傷害事件。

參、自殺者的社會背景

根據涂爾幹的說法，自殺行為具有濃厚的社會環境因素。易言之，自殺具有諸多社會背景的原因，據此來自學者的研究發現：

1. 年齡及性別與自殺的行為有關：年輕女性及中年男性自殺原因多為愛情、婚姻、家庭及法律等原因。
2. 自殺方法中，以服用藥品者較多。
3. 激烈的自殺行為以男性較多，女性則是以投水方式較多。
4. 除年齡的不同外，性別與角色對自殺行為之社會心理也有影響：女性自殺個案以15至24歲最多；男性方面，自殺比率則隨年齡略增。30至34歲為最高峰。
5. 婚姻、愛情、家庭三項問題是引起女性自殺的主因；社會、學校適應障礙次之。
6. 男性自殺的主要原因可歸納為社會、學校適應障礙及法律問題等兩類。

顯然男女間因不同的生活角色，在實際環境之遭遇所引起的心理上之困難程度也各有所差別，因此所表現出的自殺行為也有所區別。根據學者的長期研究，大致上可將自殺的重要變項歸結如**表三、表四**：

表三　自殺企圖和成功的自殺重要變項比較（Boekelheide PD., 1978）

變項項目	自殺企圖的高危險群	完成自殺的高危險群
1.性別	女性	男性
2.種族	非白人	白人
3.年齡	年輕	老年
4.婚姻狀態	單身：離婚、分居或鰥寡者	獨居

續表三　自殺企圖和成功的自殺重要變項比較（Boekelheide PD.,

變項項目	自殺企圖的高危險群	完成自殺的高危險群
5.社會經濟地位	貧窮	
6.健康狀態	通常良好，偶爾是：慢性疾病、憂鬱狀態、藥物成癮者	有強烈自殺意念，通常為：憂鬱、慢性疾病、慢性酗酒症者
7.生活事件	最近有壓力事件再現：早期時的失落、注意的需求、衝動的行為	在六個月內曾有精神科住院記錄，或曾接觸過自殺事件，例如，家屬成員自殺或接收自新聞媒體報導的訊息
8.從前的企圖自殺	有	有

資料來源：《臨床醫學》，第十三卷四期，民國74年4月。

表四　自殺企圖與自殺姿態鑑別要點（McAnarney ER.,1975）

病史要點	自殺企圖	自殺姿態
1.性別	男＞女	女＞男
2.既往自殺病史	曾有自殺企圖、姿態和威脅	通常沒有
3.自殺方法	槍械或是吞服物品（E950.E955）	吞服物品（E950）
4.自殺遺書	通常沒有	有
5.與別人溝通	常為個人人際關係疏遠者	與有親近關係的人
6.心理狀態	可能有中度到重度憂鬱，有時候有精神病	可能祇是輕度或中度憂鬱
7.自殺計畫	有很詳盡的如何、何處和何種致死性的方法選用	通常沒有
8.自殺意圖	殺死自己	吸引別人注意、操縱環境
9.環境	沒有給予反應	常有反應
10.假如有再自殺的機會時	會發生	通常不會發生

資料來源：《臨床醫學》，第十三卷四期，民國74年4月。

肆、自殺行為的理論性研究

一、墨所利的研究

墨所利在研究中發現很多神秘動機連自殺當事者都不知情，因為他們都是無意識的表現出來。在經過研究的統計資料後，認為自殺是受自然界、人種因素、生物因素、個人的社會條件及個人的心理因素影響。

二、涂爾幹的研究

涂爾幹將自殺歸納成以下四種基本類型：

1.利己自殺型。
2.利他自殺。
3.迷亂自殺型。
4.宿命自殺型。

利己自殺型是占自殺個案中最多數的一種類型，也就是為了逃避某些事情而做出的自殺事件。而利他自殺型就是一種願意為主義而自殺奉獻自我。迷亂自殺型則可能是由於自殺者於事業、健康或者其它方面有了重大的改變而發生的。宿命自殺型則多半是犯人、奴隸，或其它由於過於嚴格管制發生之案例。

三、阿德勒的理論

阿德勒認為自殺者是由於當事人蒙受高度自卑感，處於自我設定目標和潛伏攻擊的壓力影響下造成的。

四、佛洛依德的理論

佛洛依德認為,自殺純粹是來自個人因素的影響而造成。也就是說,由於受到了挫折造成個人的攻擊力向內心發展,而謀殺的對象就是他愛、恨交接的形象。

五、梅寧哲的理論

梅寧哲的主張分為殺人的意願、被殺的意願、死亡的意願三種。又將自殺分為下列三大範疇:

1.慢性的自殺。
2.器官自殺。
3.焦點自殺。

六、荷妮的理論

荷妮認為,自殺是父母對孩子的管教錯誤而引發神經過敏所造成的。

七、罪犯性格理論

該理論是由山姆、尤吉生和史坦頓兩人建立的,其理論主要是指,一個罪犯的思想模式是建立在無能與全能的矛盾情緒上,發現在每個罪犯的生命過程中,時常會有自殺的念頭產生。

伍、預防與處遇

一、長短程目標的設立

醫療社會工作人員在輔導有自殺傾向的病人時,應先設立短程

及長程協助目標：

　1.短程目標：

　　①在數小時內使病人沒有自我毀滅的行為。
　　②24小時內使病人減少自殺之聲明。

　2.長程目標：

　　①病人無自殺意念：思想及感覺；並以一種新的方法來處理
　　　其自殺之情況。
　　②病人逐漸復元，並能得到一種專業性、持續性之協助。

二、具體做法

至於在具體的做法上，**醫療社會工作人員**則宜：

1.早期發現自殺前兆做自殺評估。
2.觀察與保護病人：

　①提供一個安全的治療性環境，除去單位內所有的危險物
　　品，並定期檢查室內有無潛在性危險情況。
　②儘可能安排病人住在靠近護理站之多人病房。
　③視病人的情形，多加探視病人，如每15分鐘或每30分鐘做
　　一次探訪。
　④安排有經驗的工作人員負責照顧病人，必須採一對一方
　　式，並可請家屬陪伴病人。
　⑤提高警覺注意病房死角與空隙。有自殺傾向的病人常利用
　　醫護人員忙碌或交班的時刻，進行自戕行為。
　⑥對恢復期之憂鬱症病人，尤應密切觀察注意其言行是否變
　　化的情形。

⑦密切觀察病人行蹤、言行與情緒的變化，並爲必要的記錄，以作爲治療之參考及法律之依據。

3.建立醫療社會工作者與病人之間的信任關係：

①用溫暖的、接納的、尊重的及坦誠的態度面對病人。

②運用溝通技巧：如同感心、傾聽、反映、探索……等技巧以有助於與病人的溝通。

③直接地與病人討論有關自殺之想法與感覺，尤其是罪惡感、羞恥感、憤怒、孤獨、無助等心理狀態。

④分析病人行爲，並避免被病人的敵意或憤怒所影響。

⑤醫療社會工作者應瞭解自己的焦慮情緒化，避免被自己的道德觀所束縛。

4.與病人訂立不自殺之契約：其主要內容包括：「不管發生什麼事件，我將不會在任何時間有意外或有目的地自殺。」

5.灌輸希望：

①尊重病人，確認其價值。

②利用其矛盾感覺，鼓勵求生慾望。

③引導病人注意其擁有之財產。

④對憂鬱病人解釋：他的沮喪、無望的感覺是暫時的，一定會逐漸改善。

⑤當病人恐懼會失去控制時，堅定告訴病人，醫療社會工作人員會盡力保護他。

⑥尋找病人生命中重要人物，引導他們獲得必要的支持。

⑦協助病患認識其自身的長處，提供其本身正向經驗。

6.協助病人探求處理危機之方法：

①擴展病人的知覺及感覺認知。

②提醒病人實際生活中並非事事皆順心，並非自己所期待的
目標皆可獲得實現。

③與病人討論最近發生的危機與困難。

④指導病人有效應付壓力的方法。

7.發展支持系統，提供社會資源以協助病患：

①家人、親友、社區團體、宗教組織，皆可加以妥善用以協
助病患。

②生命線——以做為緊急處置時的支持系統。

③心理諮詢機構、如張老師、家庭協談中心等輔導機構。

④社區心理衛生中心。

⑤各醫院之精神科門診。

8.緊急情況之處理如當病人手握利器，或爬上高樓並脅要自殺
時，工作人員應：

①保持冷靜。

②使用溫和、簡短、堅定、清晰之言語與病人談話。

③引導病人移去自殺工具或離開危險現場。

④拖延時間，尋求人力支援。

9.自殺行為發生時：

①以冷靜、理智的態度，通知醫師給予適當的急救與處理。

②瞭解病人自殺方式，注意其他病人之疏散。

③通知家屬並由醫師負責解說。

陸、結語

當醫療社會工作者面臨了當事人的自殺威脅時，要採取哪些步

騾，才能增加自己行爲的合理性與合法性？首先，必須決定這個威脅的重要性；其次，如果醫療社會工作者認爲：認定存在著可預見的危險，就「必須」立即採取行動；他們必須採用合於專業工作標準的方式直接處理。當事人生命有危險時，他們所擁有的保密權利也就居於次要了。

Wubbolding（1988）提共了自殺者在決定自殺時可能的徵兆：

1.丟棄引以爲傲的事物。
2.計畫並討論自殺計畫、包括自殺方法。
3.過去曾表示或嘗試著自殺。
4.表現無望、無助，以及對自己、對世界的憤怒。
5.表示家人和朋友將不會懷念他們。
6.經常性的失落。

Schut（1982）提出處理自殺個案的可能方法：

1.如有可能、要求當事人同意在危急之時，及時告知醫療社會工作人員或地區緊急服務處。
2.如果當事人擁有武器，需確信有第三者能掌握主要情況。
3.考慮增加諮商的次數。
4.安排在兩個諮商階段期間，當事人可打電話給社工員，使得社工員能充分掌控當事人的情緒狀況。
5.如果社工員認爲已超出個人之能力所及，則需與督導或同事會商，或者帶入另一個工作人員，並且在必要時安排轉介。
6.對當事人的態度要明確且穩定、不要讓自己受到威脅與操縱。
7.工作者在面對輔導時，不要使自己成爲當事人抉擇和行動的唯一負責者。

任何一位當事人需要對他自己的最終行爲負責。工作者宜在當

事人的瞭解及同意下，引介當事人的「重要他人」來支持當事人。

　　Fujimura則主張社工員必須將當事人「求助的呼喊」看得很嚴肅；當他們判斷當事人有自殺傾向時，也要有必備的知識技巧來處理。他同時強調：當事人的問題超過協助者的能力範圍時，社工員要知道何時、何處、如何進行適當轉介。

　　最後，本文願意引用Sgasg（1986）的觀點，當有自殺傾向的當事人要求幫助時，治療者的確在專業理論上及法律上有義務提供幫助。對於那些不想要別人幫助，或主動拒絕者，專業人員的責任在於勸告他們接受幫助，因為畢竟生命的價值是無可取代的。

第5章　殘障病患的醫療社會工作

壹、前言

　　自民國62年政府頒布殘障福利法以來，引發了社會各界對殘障福利的廣泛關切與討論，而討論的焦點已不僅在於如何救濟，收容殘障者；更在於如何建立一個「無殘障環境」，使殘障者無論在學習、工作、社區生活與交通方面，均擁有不受歧視的權利，享受與常人般的便利，以充分發揮其潛能，成為社會上有用的公民。就殘障者而言，這乃是幫助處於劣勢的人們，脫離「物競天擇、適者生存」的自然競爭法則，運用人類社會的「互助」精神，以「人道主義」的胸懷，為殘障者設定一個立足平等的環境，肯定並促進殘障者的個人尊嚴與權益。就社會而言，則是「化消費力為生產力」，亦即社會福利不僅為消耗性支出，且能有所回收，不但減少政府的負擔，並防止了各種社會問題的產生或擴大，使社會公義得以實現，人類生活更和諧幸福。

貳、殘障的定義

　　所謂殘障（handicap）是指人體某一部分殘缺或功能障礙而影響日常生活與心理及社會的適應。根據「殘障福利法」所修正的身心障礙保護法中所界定，所謂殘障者，包括：

　　1.視覺障礙者。
　　2.聽覺或平衡機能障礙者。
　　3.聲音機能或語言機能障礙者。

4.肢體障礙者。

5.智能障礙者。

6.多重障礙者。

7.重要器官失去功能者。

8.顏面傷殘者。

9.植物人、老人癡呆症患者。

10.自閉症患者。

11.其他經中央主管機關認定之殘障者。

各國對殘障的定義各不相同，有些國家設立專門機構負責鑑定，例如：芬蘭設立「職業健康檢定所」（Institute of Ocaupation Health）；波蘭有全國各區的「殘障醫務就業醫務委員會」（Medical Commissions on Disability and Employ）；瑞典在各省設有職業門診（Vocational Clinic）；加拿大各省的傷殘復健主管，是傷殘復健連絡官，包括醫務、社會和就業輔導人員。

殘障的成因，有先天性和後天性兩種。工廠的安全設施不夠完備、交通事故頻繁、藥物問題及公害問題等，都有可能導致殘障的發生，致使殘障同胞日增，形成嚴重的社會問題。據統計，現領有殘障手冊者，共計六十四萬八千餘人，此等殘障同胞亟需加以照顧。因此，殘障福利成為社會工作極重要的一環。

參、殘障者的困境

殘障者在心理和社會的適應上，經常發生下列困擾問題：

1.自我形象問題。自認身體形象有缺陷、不完美，產生自卑感。

2.自我瞭解問題。某些殘障者因受到家庭過分保護，無法獲得應有的生活經驗，於是凡事產生逃避的心理，或者有投射作

用，把一切的不幸與罪過規於他人。

3. 個人隱私問題。多數殘障者，尤其是嚴重的身體殘障者，在如廁或沐浴時，需要別人的幫助，個人的隱私受到考驗。

4. 人際關係問題。一些殘障者無法用語言或非語言的方式和別人溝通，無法和別人建立人際關係，因而沮喪孤僻。

肆、殘障者的輔導

殘障復健包括醫學、精神、職能和社會生活復建等，必須四項復健計畫綜合及一貫地實施，才能達成目標。所以殘障復健醫療與社會工作關係十分密切，據派森（1960）指出：

1. 社會工作者的專業知識體系，對復健工作能提供計畫、決策、行政、督導與諮詢等方面的貢獻。

2. 社會工作者能協助復健有關的專業人員認清殘障者的心理及社會動力因素，並瞭解其行為的意義。

3. 社會工作者能協助殘障者增進社會生活適應能力，並促進與殘障者密切關係者改善相處時的人際關係。

4. 社會工作者能協助殘障者尋覓社會福利措施及社會資源，以增進其社會適應之良好環境條件。

5. 社會工作者能協助殘障者透過團體或個別的方式，尋覓處理困難和解決問題的有效途徑，並支持和增強其活動。

6. 社會工作者能協助殘障者預防問題和發揮自我能力。

另外，依據廖榮利教授的研究，社會個案工作的專業服務或治療，對殘障者有下列復健功能：

1. 協助殘障者及其家庭家屬瞭解殘障對其社會生活功能的影響，並促使其有面對困難的能力。

2.啓發殘障者的動機和潛能，使其善用醫療衛生服務，並振作精神和自我努力。

3.啓發與鼓勵殘障者在其能力範圍內，儘量自食其力，以發揮其社會生活功能。

4.評估殘障者的主要心理及社會壓力因素，以提供復健工作人員參考。

5.啓發與運用社會資源，以利其職業及社會復健需求。

6.提供延續服務，以助其解決情緒適應、家庭生活以及工作場所等方面所遭遇的難題。

伍、社會福利與殘障復健

本文僅以英、美及我國之殘障福利的情形，略加介紹。

一、英國的社會福利與殘障復健

1994年3月英國首相邱吉爾，為提倡公醫制度在國會中表示，「我們的政策是要建立一個公醫制度，以便對這個國家的每一位國民，無分貧富、老幼、男女或職業，都能享受現代化各種醫療服務的機會。」從此這舉世聞名的英國公醫制度，便積極籌備並於1948年付諸實施。其中的醫療服務，主要是要強化政府的責任，來增加人民的福利，其所採取的步驟，有短程和長程兩部分：

1.醫療方面採取計畫經濟原則；這是短程措施，也就是以快速的步伐，把自1601年英女王伊莉莎白頒布的濟貧法（Poor Law）實施以來，政府對人民所採取的各種救助辦法，以新的個案工作方法，按個人的特殊需要，利用國家現有的醫藥衛生資源，對全民提供有計畫、有步驟、有組織的免費醫療服務，且配合職業復健，訓練適合其潛能及殘障情形的技能，

再由勞工部分派就業。

2.建立公醫法以規範福利服務的範圍：這是醫療福利服務的長
　程計畫，在公醫法之下，政府的衛生官員擁有打擊和消滅疾
　病的權力和責任，這說明了政府對人民健康所負的責任重
　大。同樣的也規定了對生理、心理傷殘乃至智能不足的兒童
　及青少年，給予特殊教育的機會，這是公醫法的特色，也是
　保障人民健康和消滅依賴人口的長期計畫。

二、美國的社會福利與殘障復健

　　美國職業復健委員會委員長瑪麗斯威滋爾女士（Miss Mary E.
Switzer, Commissioner of the Vocational Rehabititation Commission）
認為，「無論從經濟或人道的立場來說，職業復健是人類福利的投
資，這是絕對正確的，因為職業復健不僅是實施助人自助的有效政
策，同時也給人們一個公平而且一致的機會，以達到經濟的獨立和
安全。」

　　美國是個健康保險實行很普遍的國家，因此其社會福利政策也
就特別重視職業復健和因殘障而引起的失業及失依等問題。

　　綜觀美國的勞工保險福利對傷殘復健，有下列幾種影響：

1.提供殘障勞工的福祉。能使勞工獲得住院及各種需要的醫療
　服務，使傷殘勞工能重新工作，對傷殘勞工確實是一大福
　祉。
2.刺激各工會直接舉辦醫療復健服務。
3.提高對重工業傷殘勞工復健的注意。
4.促進政府與私人團體共為傷殘病患努力。
5.政府有關健康福利法的成立。

三、我國的社會福利與殘障復健

　　我國目前傷殘者的正確數字，尚無法正確統計出來。若以英美各國公認的傷殘人口占全人口的10％來推算，則我國目前至少有一百多萬的傷殘者，其數字實在驚人！可是目前國內所設的醫學及職業復健機構，尚寥寥無幾，其主要的原因，是傷殘復健的重要性尚未為國人所普遍認知，所以雖有少數專業人員之提倡呼籲，但成效難臻理想。

　　目前我國傷殘復健的工作，才剛剛起步。職業復健的工作，也正在萌芽。

　　傷殘者生理復健服務，無論達到如何完美的境界，若沒有職業復健的配合，仍是無法使傷殘者恢復自尊、自信，過正常的生活。我們若不設法為傷殘者特別開闢工作的機會，而要他們在一般勞力市場公開競爭，則傷殘者遭受摒棄，是必然的結果。唯一補救的方法，就是為傷殘者設立「友好工業設」或「庇護工廠」等。民國56年，在有心人士的鼓吹下，少數熱心人士共同籌設「友好工業設」，並接受捐助，於台大醫院物理治療部職能室，開始殘障服務工作，以應各方前來要求入訓之傷殘同胞。

陸、結語

　　醫學復健是傷殘復健上的第三步驟：前二個步驟分別是預防醫學和治療醫學。在醫療復健的過程中，需由醫療團隊密切配合，才能奏效。如：醫師、護士、物理治療師、職能治療師、社會工作人員和其他受過專業訓練的人員等共同分工合作，以協助病人達到生理、心理、智能及情感、社交各方面的滿足。

　　並且訓練殘障者使其能運用其他正常的官能，發揮最高的職業潛能，俾能在工作和生活上有最高的能力展現。是以對殘障病患的

醫療社會工作，包括心理及社會的復健，以免殘障者從正常生活中退縮，而導致身體機能日益退化。如果我們將協助殘障當成一種福利工作來推動，則不僅要達到個人的復健，而是還要包括所有與傷殘復健有關的各種專業教育，和足以提高人類價值的各種服務，如教育社會大眾，給予殘障者工作機會，尊重他們的人格及人權，使他們享受人生的幸福與快樂，其中的範圍非常廣闊，甚且連傷殘立法也包括在內。

　　總而言之，對傷殘者醫療社會工作的目的，是使一個因殘障而失去生理或心智功能的人，恢復正常的生活，並使生活得有意義、有價值，並對社會國家有相當的貢獻。

第6章 臨終病患的醫療社會工作

壹、前言

　　儘管生態系統理論（Eco-System Theory）的觀點認為，「死亡」是一件可預期的生命事件。然而不可否認的，當人們在面對「生、老、病、死」的過程時，「死亡」是最令人感到害怕、惶恐、無助與焦躁的。

　　醫療社會工作對於臨終病患的協助，便是藉由增強適應能力與認同，來調和個人與外界環境，體認死亡為自然且不可避免的事件，使臨終病人接受此事實，並且面對它。

貳、美國臨終關懷服務工作

　　臨終關懷運動始於英國的聖克里斯多福醫院，由桑得絲女士創立，到本世紀七〇年代後期，臨終關懷傳入美國，就形成多種形式；第一種形式為「家庭臨終關懷」，是臨終護理人員盡一切可能到病患家中提供最大的幫助，以使病人留在自己的家中。第二種形式，是獨立的臨終關懷單位。第三種形式是在醫院附設臨終關懷病房，特別對臨終階段的病人提供護理。

　　在獨立臨終關懷單位，設有足夠大的空間，提供病人家屬居住，並有廚房用具和其他措施，以造成一種更有家庭氣氛的環境，而不像是在醫院那樣，使人感到拘束和壓抑。此外，尚提供社會工作、牧師和心理諮詢等服務。

　　1982年，美國國會通過一項法律，允許已達標準的臨終關懷醫

院從醫療保險中獲得資金，以充實其對臨終病患的服務。

對臨終病患的協助包括下列目標：

1. 對臨終階段病人疼痛的控制。這是臨終護理的基本目標。
2. 幫助病患維繫自己生命。幫助病人面對所發生的一切，尊重其及家屬的選擇。縱然在其瀰留之際仍應保持其必要的尊嚴。鼓勵病人儘可能的保持自我，坦承地與病人推心置腹的交談，討論所有的選擇與變化，而最後的決定權留給病人及其家人。
3. 在居喪過程中幫助病人的家屬和親人，以減除喪親之痛：幫助家屬以積極的方式面對現實，使其接受事實並調整自己。如此可以避免所產生的後悔情緒，另外亦可提供家庭成員死後的憂傷輔導。

美國的臨終關懷機構中雇用了專職護士，負責病人所有的醫療照顧。同時有專職家庭保健助理，他們在病人家中長時期地陪伴病人，提供餵食、洗澡、注射、換藥等工作。尚有專職社會工作者、到病人家中提供輔導、協助，與病人一起擬訂計畫。制訂開支計畫、喪禮安排及幫助病人和家人接受即將來到的死亡事實。

參、臨終病患的心理

一般而言，臨終病患的心理容易出現「否認」、「生氣」、「磋商」、「沮喪」及「接受」等情緒反應：（Kubler, 1985, p.86）

1. 否認。常見的特徵，即「不，不是我！」，否認是最初的應對機轉，通常會短暫的存在。多數人在進入疾病末期的第一階段會明顯地表現出否認，而後可能改為間歇地使用及逐漸地放棄。

2.生氣。患者極易譴責、抱怨和挑錯。對家人和照顧者很難去控制病人的情緒。

3.磋商。和上帝討價還價已發生的情況，試圖延長生命，磋商反應會明顯或間歇地使用。

4.沮喪。有兩種型態：

①對失落的哀傷反應或沮喪，如身體部位、身體功能、或自尊的代表性喪失等。

②預期失去生命的準備性哀傷或沮喪反應，且沮喪反應會持續一段長時間。

5.接受：進入接受階段，病人會一起和別人關心未完成的工作，瞭解生命的工作已完成，準備面對接受死亡。

肆、醫療社會工作者對臨終病患及其親屬的協助

一、醫療社會工作者對臨終病人的輔導

醫療社會工作者在輔導臨終病人，首先事先瞭解臨終病人生理、心理反應，提供適切的服務。臨終病人需要支持、情感、愛、分享、尊重與鼓勵來陪伴其走完最後一程。另外，對於臨終病人的處遇，應儘量達到「個別化」的原則，並先評估臨終病人的社會心理背景以為輔導的依據。

醫療社會工作者在輔導臨終病人時最重要的是使其在當下的生命活得有意義，活得有尊嚴。其包括了心理、生理、社會、心靈、宗教等方面使其「安心的死亡」，其重點包括：（李廷鈞，1989，頁39）

1.相對性的免除疼痛，妥善的照顧，多給予心理支持。

2.儘可能有效的控制其無能感，與現實社會生活保持連續性，並能瞭解病情發展，且參與各種重要決定：但最終的目標在協助其能脫離現實角色，爲離開做準備。

3.認知並解決殘餘的衝突，能接受事實且處之泰然，並容許其保持某一程度的意識或潛意識。

4.滿足與自我理想一致的願望、無牽掛，已安心等待死亡。

5.協助他們願意接受他們信任的人之控制，並能說出內心的感受，且應置身於其所愛的環境中。

6.病人希望的話，應該提供適當的宗教儀式。

7.臨終病人應向眞實的事物及特定的某些人道別。

8.和他們分享自己對死亡的個人看法和責任，減少他們的焦慮。

9.提出「人生的回顧」，以協助臨終病人對自己的一生做一回顧，使其能「安心」的死亡。

總括而言，對臨終病人的服務，應以「接納死亡的事實」、「尊重生命的尊嚴」、「尊重臨終病人的權利」、「重視生命品質」（吳庶深，1988，頁74-77）四項原則爲標準來進行協助。

二、醫療社會工作者對臨終病人親屬的輔導

Hampe（1975, pp.113-119）認爲，家屬參與病人的照顧可以減輕家屬自己的罪惡感，藉由罪惡感的減輕，可使焦慮減少：

1.保持與病人有相關之關係。神學家Ramsey, P.所言：「死亡的痛苦在於孤寂，遺棄要比死亡更窒悶和恐懼。」所以醫療社會工作者應更鼓勵家屬多與病人接觸。

2.保持與病人間的分離。除保持相關之關係外，還要使家屬與病人保持距離，以避免在病人死亡後，家屬產生「病態悲傷」（Abnormal Grief）。Lindermann歸納出悲傷者若顯示身體不適

症狀：「明顯的罪惡感」、「憤怒敵視的心態」、「日常生活受到嚴重的影響」、「思念全被死者占據」等五種反應即達到「病態悲傷」。面對此種情形，醫療社工員可運用「請聽」、「分散責任」、「分隔死者與悲傷人物的關係」、「瞻望未來計畫」……等方式，加以協助。

3. 適當地調適角色。協助整個家庭在責任重新分配，並引導家庭成員參與將有之角色的變動，且彼此幫忙適應。

4. 承擔痛苦的感情。醫療社會工作者可協助將家屬成員過去的生活經驗與現實目前生活相互連接，使其能夠承擔痛苦。

5. 面對現實。即協助家屬去面對病人將死去的事實，而不是逃避或有退化行為出現，因為這樣子對死者與家屬都不是有益的，甚至家屬在後來會出現身心症。

6. 最後告別。醫療社會工作者的目標是協助家屬意識到結局已經臨近，鼓勵道別，讓彼此內心不要有遺憾存在。

總括而言，醫療社會工作者對臨終病患家庭的照顧可分成下列數項：（張玉仕，1987，頁7）

1. 情緒處理。「悲傷」、「自責」、「焦慮」、「埋怨」。
2. 經濟處理。「醫療補助」、「基金籌募」、「激發工作潛能」。
3. 生活處理。「家事代勞」、「雜務分擔」、「老幼安置」。
4. 家庭關係處理。「關係協調」、「坦承死亡」。
5. 身後事處理。「安託、子女、財產」、「葬儀方式」。
6. 追蹤輔導。「悲傷輔導」。

伍、結語

由上述可知，臨終病人最需要的是支持。家屬、醫護人員及社工人員的關懷、瞭解、耐性、傾聽、愛心是不可忽視的力量。由於

病人將瀕死前的心理變化，往往出現下列階段：震驚、否認、憤怒、磋商、沮喪、接受。儘管已進入「接受」階段，若有病情上的變化，或其他壓力發生，病人仍難免會退縮至其他階段，重複產生情緒上恐慌及掙扎，故對病人的心理支持是絕對必要的。因此在協助的過程中宜注意：

1. 醫護人員的專業信心與能力是病人安全感來源、因此在專業能力應力求精進與表現合宜。
2. 誠摯的關懷，可使病人減除孤獨、被遺棄恐慌。
3. 幫助病人減輕身上的疼痛與不適，以求舒服。
4. 適度的溝通與瞭解，可提升病人信心。
5. 若有子女者，可鼓勵子女的探訪，帶來安慰與輕鬆。
6. 病人與家屬相互支持，可減除互相罪惡感。
7. 持續不段的關懷與忍耐，可減輕病人害怕。

人生中最痛苦的事不外乎是殘、老、病、死，不論任何人都曾走過，只是時間長短之差而已。所以，以正確的態度去協助臨終病患接受挑戰，努力幫助其渡過最後的人生歷程，是醫療社會工作與醫護人員共同努力的目標。

第玖篇
老人福利

第1章 老人安養政策之檢討

壹、前言

　　就現代社會發展的事實而言，自工業革命以後，凡屬工業化的社會，同時伴隨著都市化的產生，其結果對人民的家庭生活與職業均產生重大影響。諸如：受薪階級需依靠薪俸維生，無工作即無收入，無收入則生活即陷入困頓。是以，在工業化社會裡，所遭遇的各項問題，已不能僅憑藉舊有的社會制度與福利措施提供解決之道。為因應此種趨勢，社會必須尋求新制度與新措施加以解決，以促使人民生活福利的增進。同時，在工業化社會裡，人民認為政府有推行社會福利服務的職責，人民亦有要求政府提供基本需求滿足的權力。

　　聯合國認為60歲以上老人超過總人口10%；或65歲人口超過7%都屬於高齡社會。就台灣地區的人口結構而言，從民國64至89年間，0至14歲的幼年人口，由35.8%降到24.4%；老年人口則由2.4%升至7.37%，據估計公元2030年時將達到16%（經建會，民89年）。同時，根據行政院經建會的調查：台灣在民國83年，就符合聯合國所公認的「老人國」。台灣的高齡人口迅速增加，這不單影響到「老人數量」的問題，還牽涉到「安養品質」的問題，其過程所伴隨而來的老人居住與生活照顧問題，對家庭已經造成極大的衝擊，政府必須有因應的策略和措施來調節。

　　社會大眾對於「老人」的看法，已從傳統「長壽」、「有福」及「仁者、智者風範」的象徵意義，轉化為「依賴人口群」、「社會的負擔」和「福利的無底洞」（胡幼慧，民84年，頁18）。當老年人口

成爲依賴人口群時，其生活、安養、醫療、照護、育樂等的需求，自然成爲社會的重大議題。

　　針對老年人的安養與照護，由於我國社會傳統以來係強調以家庭肩負該責任。是以，面對人口高齡化的趨勢，政府政策也鼓勵老人與其成年已婚子女一起居住，由子女就近照顧。但老年人的安養問題在三代同堂的家庭裡是否就能獲得解決？及因應人口高齡化後，老人照護問題宜如何解決？是本文希望探討的部分。

貳、家庭安養

一、三代同堂體現傳統孝道精神

　　就我國傳統社會而言，在所有制約個人行爲和調適的制度中，以家庭最爲重要，而家庭對於老年人尤其重要，因爲老年人在桑榆之年，對其它團體的參與日趨減少。在社會與經濟資源稀少或缺乏的情況下，若再加上退休和喪偶所造成的「無角色的角色」（role-lessness）時，必須依靠子女以獲得經濟支持或情感慰藉。在中國人的觀念中，孝順和奉養父母是傳統的家庭倫理，父母從小撫育我們，當他們年邁時就需照顧他們，這是爲人子女的義務與責任，與父母或公婆同住是天經地義的事。讓父母在家中能與子女、孫子女相聚，共享天倫之樂，一直被視爲是家庭生活的最佳模式；故這種孝行家庭一直爲政府所倡導。當前政府對於「孝行」的提倡，和對於「家」的社會責任承擔的強調，是有歷史淵源的。賴澤涵和陳寬政教授在〈我國家庭形式的歷史與人口探討〉一文中，便指出「以孝治天下」是我國傳統的政治哲學。這種政治哲學不但在古籍中一再被申述，如：《大學》「欲治其國者先齊其家」；《孟子離婁》「天下之本在國，國之本在家」等，而且中國歷代的統治者，均一再引用「齊家、治國、平天下」的論調，並以各種社會獎勵及法規來

大力提倡。

根據李美珍在民國79年進行的「成人子女對與父母同住關係之研究」，及黃時遵在民國83年進行的「老人安養的人口基礎——代間共居可能性的模擬分析」，以探討成人子女對於「與父母同住」的看法，並且探討成人子女的年齡、教育因素對「與父母同住」和「對子女的影響上」的關聯性。其結果均顯示，絕大多數的父母認為三代或多代同住是理想的家庭型態。因為：

1. 未成年子女有祖父母照顧。
2. 成年子女與父母或公婆同住可以彼此照應，如身體健康的照養、危難時相扶助，或由父母代勞家事等。
3. 子女與祖父母可以互為玩伴，祖父母可以享受含飴弄孫之樂。
4. 子女可以學習到尊敬與服從長輩。
5. 子女有祖父母提供人生經驗或敘述家庭歷史。
6. 成年子女能盡孝道，孝順與奉養父母，並增進親情。
7. 家裡較熱鬧。
8. 增進父母或公婆的健康長壽。

此項研究結果，強調家庭於老人安養上擔負的功能與重要性，相對照於目前整個西方社會中老人福利的發展，也是以回歸家庭功能為主軸，則可證諸：親情是無法取代的。所以，老有所安、老有所終就是希望有「家」的溫暖，若不得已需要有其他機構的照顧，也需要有家的感覺與照顧的溫暖。然而值得注意的是，於黃時遵的研究論文中特別指出，因應台灣人口老化所帶來的老人安養問題，應著眼於老人的經濟力以及其親屬共居扶養的可能性；換言之，其認為在討論父母與子女共居意願之前，應先考慮有無子女可以共居的可能性。即需先確認老人安養背後的人口基礎。否則老人光有共居的意願，而無子女與之同處的可能，則多代同居的情形仍無可

能。

　　儘管，絕大多數的父母認為三代或多代同堂是理想的家庭型態，三代同堂也一直被視為是老有所安、老有所終的好福氣。但就實際現況，台灣地區老人與子女同住的比率愈來愈低，老人「獨居」和「配偶同住」的比率則愈來愈高（胡幼慧，民84年，頁25）老人「理想中」的居住型態與「實際上」的居住型態是不同的。在「理想中」認為與子女同住較好，其理由包括可以含飴弄孫、有人照應等；而「實際上」老人的居住方式卻以「獨居」及「夫婦同住」有愈來愈多的趨勢，其原因為飲食習慣不同、對孫子的管教方式與年輕人不同、自己住較為輕鬆等。所以老人的居住方式在理想與實際上的落差，也導致三代同堂的問題轉變為「三代同鄰」，即所謂「新三代同堂」的觀念。如何建構「健康的距離」，維持遠距離的親密，將是新三代同堂努力的目標，如此也較能符合現實環境的需要，而且彼此也將有多的自由，若有病痛也較方便照應。

二、老人於家庭安養之省思

　　由前文的討論中了解到家庭是老年人最可依靠的安養場所。但是有四個問題值得注意與省思：

1. 老人問題不單只是家庭問題，它還是社會問題、是公共問題。高齡人口的社會結構所代表的未來趨勢是老人問題是社會的共同責任，並且是由政府主導、規劃福利制度。

2. 三代同堂的家庭，很多是由於成年子女購屋困難，所以才與父母或公婆住在一起。但對缺乏資源的老年人而言，在家中的地位大受影響，孝道的道德觀成為唯一的社會資源，是維護「三代同堂」這基礎的唯一防線，在「不安全感」下，他們期望倡導三代同堂的政策來保障自己不受遺棄。有鑑於此，政府在倡導孝道觀念的同時，也應該致力於維護三代同

堂的相關措施的擬定，例如提高所得稅中父母扶養寬減額的優惠、提供折衷家庭新購房屋或翻修的貸款補助以適應老年人的需要等。

3. 在家庭關係中不論是育兒或是奉養的責任，被要求的往往是婦女，照顧的天職往往與婦女畫上等號。「女性的天職是照顧者」這是性別社會化的過程中所塑造出的概念。在多元文化價值觀的影響下，社會規範對於男女性別角色與家庭責任應有更彈性的調整。如果不能調整對女性角色的定位，如果仍是將女性的天職鎖定在家庭中的照顧者，那麼所有的福利政策對女性而言只是一種制約；反之若能以真正開放、尊重的態度重新肯定女性多元的角色功能，這才是一個正確的起點。

4. 台灣目前女性的平均壽命比男性高出 5.43 歲，再加上男女在婚齡上的差異為 3.5 歲，就此現況而言，老年女性守寡的平均年數高達九年。另外，據統計，女性到了 75 歲以後，七成以上是寡婦。目前未喪偶的夫妻仍以「妻侍夫」這種老伴照顧的型態為主。老年婦女在「父系家庭」、「喪偶居多」、及「缺乏長期照護體系」的狀況下，造成「代間依賴性高」，而且媳婦往往承擔最重的負荷，三代同堂阻礙了兩性的不平等，也使家中兩代女性——婆婆和媳婦的困境都隱形化了（白乃文，民 84 年，頁 50）。由此可見國家對於老年人安養醫療及婦女福利的照顧是刻不容緩的。

參、老年失偶問題

在許多以開發的國家的人口統計資料中都顯示，女性的平均壽命較男性長五到七年，再加上女性通常與年紀較長的男性結婚，使得老年人口中女性成為失偶的機率遠大於男性。以英美為例，1996

年的資料顯示，65歲以上的失偶女性占女性老人的比例在兩國均為49%，而失偶男性占男性老人的比例卻分別只占17%和14%；若以其人數計算，失偶女性和失偶男性比值幾達五比一。

　　而台灣地區的人口組成也於1994年邁進高齡化的社會，雖然灣老年人口比例不像歐美那麼高，但失偶者的比例卻和英美兩國類似，根據行政院主計處的最新資料顯示，女性老年人口中失偶者占53%，男性老年人口中的失偶者則僅占17%；人數的比例接近三比一。由此可見，無論是台灣或是歐美老年失偶的問題其實主要在於老年婦女的問題。

　　對於任何一個人而言，配偶的死亡是生活中產生壓力最大的事件。就女性而言，平日生活多以男性為主，一旦配偶死亡，不僅帶來極大的悲傷，也同時面臨著所得、社會生活和健康等方面的重大變化。這時，來自子女、其他親屬和朋友的各種社會支持對於悲傷情緒的平撫扮演重要的角色。雖然每一位失偶婦女的哀悼時期長短不一，但通常在一年半之後，悲傷哀悼的情緒會漸漸撫平，開始展開她的新生活。由於老年失偶婦女的子女大多已經成年，子女奉養情形不是問題，而她們再婚的機率遠比同樣情況的男性低，因此在往後的生活中，所得的保障、健康的維持，以及子女親友的支持便成為影響失偶婦女生活的關鍵因素。

　　所得的保障及健康的維持是每一位老年人是否安享晚年的兩大關切的議題。由於台灣地區除了少數老年享有所得保障外，大多數的老年主要是依靠子女供幾生活開銷之所需。由於這些婦女曾經進入勞動市場的比例很低，是否有子女供養就成為晚年所得保障的主要決定因素。

　　在健康方面，無庸置疑地，影響老年生活品質最關鍵的因素是健康，健康狀況不良不僅會耗盡所有的積蓄，使生活陷入困境，而且需要他人照顧的生活容易使老人失去自尊心、心生不滿和充滿絕望。健康狀況是影響老人是否需要家人照顧的一個重要因素。由於

婦女一生中常扮演照顧別人的角色，若非健康因素，通常不會輕易接受別人的照顧，所以對一個老人而言，健康代表獨立，亦即生活可以自理，而生活可自理就意味著自我尊嚴。

　　支持網路或社會支持意指的是能提供友誼、生活協助、建議或個人照顧的人，通常不外乎是一個人的父母、子女、配偶、好友、鄰居和其他親屬等。對老人失偶婦女而言，則其子女、好友、鄰居和其他親屬是支持網路的重要組成。至於支持的類型可分為經濟的（如金錢）、日常事物性的（如交通、打掃、洗衣和病痛照顧等）、社會的或精神上的支持（如閒聊慰藉）、這些支持網路對一個老人的心理健康與生活滿意度有正向的影響。其情形如表一：

表一　六十五歲以上失偶婦女支持網路情形

支持項目	主要支持來源					
	自己	兒子	媳婦	女兒	親屬	朋友
金錢支持	28	150	4	9	11	2
短暫病痛	67	69	36	16	16	3
提供交通	42	102	3	9	38	6
住家打掃	75	10	89	12	15	0
衣物換洗	97	2	81	9	13	0
閒聊慰藉	13	42	19	8	39	59

資料來源：林松齡「老人社會支持來源與老人社會需求」，頁122。

　　根據林松齡進行的「老人社會支持來源與老人社會需求」、陳燕禎「老人養護問題之實證研究」、徐麗君「海峽兩岸老人福利初探」等人的分析中，於老人失偶問題上可獲得下列幾項結論：

1.台灣地區的老年人口中，失偶者仍以女性居多。與國外的情形一致，失偶婦女人數為男性的2.3倍，顯示老年失偶婦女的確是值得注意的。

2.台灣地區的失偶老年婦女普遍有年齡稍高、教育程度偏低且

多與子女或子孫同住的現像。她們的教育程度多集中於不識字上，這與她們生長的環境有關；由於失偶的女性老人需依賴子女提供生活保障，導致居住在三代同堂家庭的比例最高。

3. 在經濟保障與健康方面，老年失偶婦女的每個月所得金額不高，但大多足以自給自足，影響開銷度不足的原因與健康有關。大多數的失偶婦女自覺健康狀況良好，生活大多可以自理，但患有一種慢性病以上的比例高達79%。資料顯示傳統的婚姻角色對婦女身體健康有負面的影響，對男性則提供了正面的保護作用。

4. 在支持網路方面，多數的老年失偶婦女依賴兒子提供金錢上的支持，生活事物的協助除了自己之外，主要是靠兒子、媳婦；精神上的支持則子女、孫輩與鄰居朋友同樣具有重要的位子。

由以上的分析中可以看出，失偶婦女無論在生活、健康、支持網路方面，都遭遇相當大的問題，主要的原因在於環境的影響，目前台灣失偶婦女的生活多依賴其子的支援，再加上早年失學以及生活環境多局限於家中，健康問題亦隨年紀而惡化，失偶婦女各方面都引起注意。所幸政府積極推動成人基本教育，提供不識字的民眾學習識字並獲得生活基本知能，使這一些早年失學的婦女得以於此展開新的生活；又加上政府現已推動全民健保，對於一些家境清寒的老年人的確是一大福音。

肆、老人照護問題

依據內政部社會司所進行的民國89年臺灣地區老人狀況調查報告顯示，臺灣地區於老人照護上呈現下列問題：(1)老人照護體系嚴

重不足；(2)家庭照護的隱憂；(3)機構照護的需求。

一、老人照護體系嚴重不足

在全國 190 萬位老人中，23.7% 感到生活很快樂，認為普通者有 62.5%，覺得不快樂者有 13.5%。這 25 萬名不快樂的老人，其主要的煩惱源當中，身體病痛便占了一半。另外，根據台北市府衛生醫療改革小組的調查推估，台北市目前需要長期照護的老人口約 33,000 人，但正式立案與未立案的安養中心僅能提供 5,000 人的照護，由此可見國內正式的長期照護系統嚴重不足。

為因應高齡化社會的來臨，長期照護規劃主要可分為兩大體系：(1)「居家護理」；與(2)「護理之家」的照護。其中，居家照護旨在提供居住於社區家庭中的個體服務，避免住入醫院造成老年人對環境適應之困難及費用之浪費。是以，居家護理最適合病情穩定不需住院，但病情又會持續一段時間的病患。在長期照護系統中，對於病患之活動能力仍能部分自理，且仍有家人協助者，可由居家護理接案照護。若患者已完全依賴並造成家人難以承受的極大負擔，而影響家庭正常功能時，可轉介至護理之家，給予短期性或全天候二十四小時照護。但是，根據臺灣大學陳月枝教授對「我國護理人力需求之探討」之研究顯示，照護體系護理人力在供需上有極大的距離，護理人員在護理專業機構供需上嚴重失調，亦將造成疾病老人於尋求機構照護安養時的困擾。

二、家庭照護的隱憂

目前國內失能老人有八成以上都是依賴家人及親友的照顧；家庭照護則以老人的配偶、媳婦與兒女為主。雖然在家庭照護可提供老人傳統與親情的照護，但因家庭照護者長期獨撐照護責任，承受了相當大的壓力。因而在醫療方面，沒有專業人員指導照護知識技巧、缺乏諮詢管道、缺乏醫護人員駐診巡視；在金錢方面，則可能

因為需要照護病人而停止工作，還增加了醫藥等費用。另外，家庭照護者也可能因此而必須減少自己的社交活動及休閒；而在家庭結構變遷、婦女就業及價值觀改變的潮流下，家庭照護的功能可能會日趨式微。但是依據衛生署的最新統計，台灣老年人口中需要長期照護者多無法接受合法安養照護，使得目前的照護資源明顯顯得不足。

三、機構照護的需求

全民健保開辦後，慢性病人占住各大醫院急性病床的情形是益加嚴重了，光許多大醫院的統計數據便增加兩倍以上。其解決之道，除了設置專業照護機構外，護理之家更應納入健保給付，讓慢性病人有後送管道。根據衛生署的統計，全民健保開辦後，各大醫院住院三十天以上的慢性病患占全部住院病患人數比例不斷上升，造成對疾症和重症病患的排擠效應。因此，提供完整的照護體系，將有助於福利社會的開創。當人口正快速老化時，亟需趕快建立老人及慢性病護理機構。

伍、結語

在政治變革的聲浪中，老人福利向來都是最熱門的話題，這不僅是因為老年人口數的增加所造成的人口結構轉變。因此，人們預期將引發一連串的社會連鎖效應；另一理由則是老年人的投票權利，使得每逢選舉時老人的議題便倍受重視。綜觀老人的福利議題，如敬老津貼、中低收入戶生活津貼、老農津貼和老人年金等，顯然大部分老人福利過分著重於救助或是補助，而模糊了老人福利服務的本質。

老人真正需要的是各式各樣的服務設施，而目前政府或民間機構所能提供的服務相當不足。例如，實際提供食衣住行服務和老人

問題諮詢的機構就相當地缺乏。此外，政府也應鼓勵民間以企業化的經營方式提供各式各樣的服務，供老人購買，使服務的類型更趨多元化。目前的老人福利法中並未特別制定法規明定老人處於不當生活環境的任何保護措施，對於那些行動不便或精神狀況衰退的老人，我們似乎不能只仰賴傳統的孝道來保護那些受虐或是被忽視的老人。因此，老年福利法中宜加入老人保護一章，以加強老人保護的合法性。

在工商社會裡，夫妻多為雙薪家庭，因此老人日間乏人照顧的問題日益凸顯。台灣省政府社會處便於民國82年間選定若干公私立仁愛之家辦理日間托老業務，為日間乏人照料的老人提供社會性、康樂性及部分護理的服務。然而，老人日托是老人福利的一環，而非僅有的一環，它必須與其他福利措施相結合，才能發揮福利的功能。換句話說，一個老人從「完全健康、獨立」到「完全依賴他人照顧」，必須有一個完整的、連續性照顧的概念，使服務完整化而非零碎化、切割化，這個「連續性照顧體系」可分為四大類：

1. 居家服務。
2. 協助生活服務。
3. 社區服務。
4. 機構服務。

老人福利工作並非只靠政府部門就可以做好。例如，健康照護問題需要衛生醫療單位的配合；日間托老的服務接送需要交通單位的支援；老人的保護工作需要司法單位介入；居住安全則需住宅建築的調整……等等。唯有各部門之間相互協調整合，才能發揮整體性的最大效果。老人的安養並不限於身體的照護，老人心理的發展與尊嚴的維護更不容忽視，因此老年人力的運用也有助於老人對自我價值的肯定。

隨著醫藥科技的進步，人類的壽命大大提高了，老人自65歲到

他的人生盡頭，往往還有長達二十至三十年的光景，若不將他的能力做有效的運用，對整個國家社會而言是莫大的損失。長壽是為了更幸福，如果「活著只能等死」，人們活得愈長心理上卻愈痛苦，這豈不是一大諷刺？

有些人視退休後的老人為「撤退人口」（disengagement population），並認為他們的工作是多餘的。但是專家評估表示，老年人仍然需要工作，主要理由包括：經濟需求、自我實現、寂寞排遣、人際接觸、心理補償、老化延緩、自尊維護、精神寄託等。所以社會應把老人也當作一份社會的資源，不要因其漸老，就將之放棄或摒棄，而應積極地將老人組織起來，使此一資源得以投向生產。例如，有文教專長的老人可輔導其進入民間機構從事社會工作或文宣策劃；住在社區中的老人可向工廠包攬工作；另外，也可以為老人舉辦職業訓練或成立老人人才中心，讓老人能尋求機會以充份發展潛能，過著具有生命尊嚴及彩霞滿天的晚年生活。

就現代社會發展的事實而言，自工業革命以後，凡屬工業化的社會，同時伴隨著都市化的產生，其結果對人民的家庭生活與職業均產生重大影響。諸如：受薪階級須依靠薪俸維生，無工作即無收入，無收入則生活即陷入困頓。是以，在工業化社會裡，所遭遇的各項問題，已不能僅憑藉舊有的社會制度與福利措施提供解決之道。為因應此種趨勢，社會必須尋求新制度與新措施加以解決，以促使人民生活福利的增進。同時，在工業化社會裡，人民認為政府有推行社會福利服務的職責，人民亦有要求政府提供基本需求滿足的權力。

與父母同住，不但便於奉養，而且能使父母享受含飴弄孫的天倫之樂，因此政府於1990年代初期致力於倡行三代同堂老人安養政策，讓老人安養問題能回歸定庭照護系統。然而隨著家庭結構的變遷、價值觀的轉變等因素的影響，使得父母與子女共居的比例逐漸下降。值得注意的是，由於未婚懷孕及少生育者人數的持續增加，

再加上家庭子女數的減少，因此以目前的人口趨勢看來相當不利於代間共居的可能性。也就是說，當老人有相當的意願和子女共居時，老人所面臨的問題卻是無子女可以共居。所以發展社區化的照顧系統將成為更普遍的趨勢。家庭是老人終其一生最佳的生活場所，即使三代同堂日趨式微，社區式或機構式的收容養護也必須與各方相互配合以製造「家的溫暖氣氛」，如此養護老人才有真正的意義與價值。

從家庭的照護體系中發現，照顧者以女性為主，婆婆與媳婦往往成為犧牲者，此一現象反應出政府應儘速立法制定老年人的安養照護體系的福利政策，並且提供更多的福利資源以減輕家庭在照養功能上的負擔；另一方面，也唯有重視婦女福利才能真正落實兩性平權。

現代國家無不積極以提高國民生活水準，促進國民生活幸福為主要目的，一般學者將之稱為：福利國家。並認為透過社會福利制度的實施，不僅能解決人類所面臨的貧、愚、懶、髒、病等問題，同時也能有效達到社會安全，增進福祉的功能。因此，今天各先進國家均以福利政策為施政重心，更在憲法中規定福利綱目，用以保障民眾的權益。而政府的角色亦由「權力國家」的觀念，轉為「福利國家」。老人的生活應不是意謂著孤單、失落、悲傷或被忽略、被遺棄，即使是完全癱瘓、無意識的老人，都應享有「被愛」與「被尊重」的生活。當我們社會中的老人安養與照護問題日益受到重視之際，健全的老人政策亦將是推動社會福利工作的具體體現；就此，政府不僅應保障老人經濟安全、醫療保健、住所、就業、社會參與、持續性照顧等權益，更重要的是，所有的服務要能維持個人的自立、增進社會參與、促進自我實現、獲得公平對待和維護尊嚴，以達社會福利的目標。

第2章　重視老人福利迎接高齡化社會

壹、前言

　　以往的農業社會平均壽命不高，人們常未達老年階段即已死亡，故而無所謂老人問題的產生。而今日的工業社會中，由於經濟的發展，導致生產規模、生活方式、家庭組織、生存機會的改變，尤其在醫藥衛生與保健方面的進步與發展，不但使死亡率降低，也使平均壽命提高，而且由於出生率的降低，使兒童等低年齡層的人口，占全人口的比率逐漸下降，使老人在全人口的比例中相對提高，造成人口結構急速老化的現象。

　　臺灣社會邁入「高齡化」的現象，專家學者的研究成果早已提出警示。回顧民國50年時，全國65歲以上的老人，僅占總人口的2.49%。至82年底，65歲以上的老人便突破總人口的7%，遽增至將近150萬人，使我國進入聯合國所定義的「老人國」行列。而且，這種趨勢還在逐年上升。預計二十年之後，我國的老年人口將超過總人口的15%，三十年後更將到達20%。也就是，屆時臺灣每十個人當中，就有兩個是老人。

　　由此可見，包括改善老人安養機構在內的老人福利制度，有必要及早建立，以免未來「人口老化」現象衍生成為社會問題。先進國家如法國的老年人口由7%增至14%，歷時一百一十五年之久，美國則經歷了六十三年。反觀臺灣，極有可能只需二十五年就會完成相同的過程。人口快速老化，自然應將現有的體制與政策進一步

充實，否則不但未來老人安養會出問題，青壯人口的負擔也會更加沉重。民國75年，臺灣平均每十二名青壯人口供養一位老人，但十年之後就變成每九名青壯人口供養一位老人。依照目前的人口老化速度，預計三十五年後，會形成每三名青壯人口供養一名老人的局面。長期來看，如何妥善照顧老人，確實是一個應當未雨綢繆的課題。

貳、我國老年人口的基本需求

我國自民國82底年邁入高齡化社會，至民國89年底老人占總人口數的比例更高達 8.6%（參見表二）。隨著這種增加趨勢，推估至民國100年時，老人占總人口比例將達9.96%以上。

表二　臺閩地區六十五歲以上人口占總人口數比例

年度別	總人口數	六十五歲以上人口數	老人人口比例(%)
50	11,149,139	277,993	2.49
60	14,994,823	453,863	3.03
70	18,135,508	798,961	4.41
80	20,605,831	1,345,429	6.53
81	20,802,622	1,416,133	6.81
82	20,995,416	1,490,801	7.10
83	21,177,874	1,562,356	7.38
84	21,357,431	1,631,054	7.64
85	21,525,433	1,691,608	7.86
86	21,742,815	1,752,056	8.06
87	21,928,591	1,810,231	8.26

資料來源：內政部編印「中華民國台閩地區人口統計」，民國88年6月。

面對人口結構日趨老化的現象，妥慎規劃老人福利措施，滿足

老人各項福利需求及因應伴隨高齡化社會所衍生之老人問題，實爲社會政策的重要目標。根據內政部民國88年所進行的「臺閩地區老人福利機構需求概況調查」，發現目前臺灣地區老人在生活上亟待協助的有：（內政部，民88年，頁3~5）

1. 從事老人家庭個案工作：以個案工作協助老人身心的健康。
2. 重整孝道，重視家庭倫理：利用學校、社會教育或透過大眾傳播媒體發揚孝道，以及運用社會控制力量約束個人及糾正偏差行爲，確立小家庭的孝道觀念，使老人獲得精神生活的滿足，減少老人心因性疾病之發生。
3. 以民法規定扶養義務或扶養義務次序，使老人獲得物質生活保障，減少老人生理性疾病之發生。
4. 提供病弱或殘障臥病老人生活必須工具，如輪椅等，並派遣老人家庭服務員或醫護人員定期造訪老人。
5. 訪問獨居生活老人，協助其解決生活上的困難或代尋老人寄養家庭。
6. 訂定低收入老人認定標準，以確實照顧低收入老人的生活：可依地區、性別、職業、健康狀況訂定計算標準，或依其實際需要發放所需生活補助金。
7. 辦理低收入老人創業貸款，促使其自力更生：貸款可維持受助者之自尊，更可促使受助者自力更生。
8. 結合民間力量，加強照顧老人生活：鼓勵民間興辦老人福利事業，亦可由政府出錢、百姓出力，發揮政府與人民的合作力量，解決老人社會問題的功能。

參、老人安養

台灣的家庭結構「瓦解」程度不如美國等西方國家，但因家庭

結構變化影響，近七年之間，台灣地區多出四分之一的孤單老人，目前至少有 35 萬名老人獨居、或僅只老夫老妻相依為命，且在快速增加中。家庭人口空洞化的現象，使台灣社會勢必面臨嚴重的老人照顧問題。

根據統計目前臺灣地區老人安養狀況為：（內政部，民國 88 年，頁 24~36）

1. 民國 88 年老人與子女同住的比例占 73.16%，較 85 年之 64.30%，增加 8.9 個百分點；但同時認為與子女同住為理想居住方式者，卻由 72.53% 降為 69.20%，減少 3.3 個百分點。

2. 民國 88 年 2 月臺閩地區老人獨居者占 5.86%，較 85 年減少 6.4 個百分點。

3. 住老人福利機構者占 5.17%，較 85 年上升 4.3 個百分點；而同時認為住老人福利機構較為理想者，亦由 4.30% 增為 7.47%，顯示有越來越多的老人認同老人福利機構的生活方式。

4. 如果有適合的老人福利機構，約有六成民眾願意去居住，只有二成左右不願意，也就是若政府能提供合適的老人福利機構，還是有很高的比例的人會去居住。

5. 老年時的理想養老方式仍以與子女同住為主，但有逐年下降的趨勢。

6. 在長期照護的選擇方式中，選擇家庭式照顧者約占五成，機構式及社區式各約占二成。

7. 老人對各項老人福利機構的服務認為很需要或需要者依序為：老人安養機構（86.72%）、老人文康機構（84.73%）、老人長期照護機構（84.14%）、老人養護機構（81.01%）、老人服務機構（80.77%）。這些比例均在八成以上，可見多數老人對上述各項福利機構之需求殷切。

8. 老人自認為健康硬朗者，占 39.48%；認為健康不太好，但可

自行料理生活者，占58.28%；其中，健康尚可、行動尚無大礙者占45.83%；有病且行動不太方便者占12.45%；無自理能力臥病在床者占2.20%。可見要提升老人健康的品質，仍有待各項老人福利的推動。

截至民國87年底止，臺閩地區非榮家老人安養、養護機構共有83所，其中公立安養機構16所、養護機構1所；私立安養機構34所、養護機構32所（未含社區安養堂及老人公寓），總計可供收容人數為13,603人。現有公私立老人安養、養護機構實際收容9,709人，使用率為71%；其中使用率較高的為公立養護機構占83.03%。

就老人安養機構問題而言，民間團體「老人基金會」曾經按照法定設置標準計算安養成本，結果發現平均每位老人每月所需費用即達4萬餘元，超出現在一般老人安養機構收費2至3萬元的行情甚多。另一方面，一般民眾平均每月可支配的所得，也不過3萬餘元。顯而易見，低價位、不合格的老人安養機構能夠擁有廣大的市場，最主要的因素是家屬無法負擔較高的照護費用。至於國家財政的介入支持，在人口急速老化的情況下，恐怕也是杯水車薪。

展望未來，妥為規劃建構完整的社會保險制度，集眾人之力，以補個人和政府部門之不足，已成必然的趨勢。包括英國、德國、荷蘭和日本等國家，都已陸續完成年金、保險、醫療等制度結合的配套措施，妥為因應老人福利問題。在未來我國正式開辦「國民年金」制度之後，65歲以上的老人，將可按期受領老人年金，必能進一步保障安養照護的基本需求。

肆、老人的經濟狀況

老人安養與老人經濟狀況息息相關，然而根據內政部於民國88年「臺閩地區老人福利機構需求概況調查」資料顯示，其間並未予

人有樂觀的期待，因為：

1. 65歲以上老人賦閒在家者占83.11%、從事全職性工作者占5.61%、從事兼職性工作者占5.32%、從事幫忙性工作者占4.69%、從事志願性服務工作者占0.78%。從以上資料顯示，大量老人退出經濟生產，造成許多寶貴之老年人力及腦力資源的閒置甚為可惜，值得政府及民間團體善加規劃利用。

2. 老人主要經濟來源，以依賴子女奉養占52.32%最高；其次為本人或配偶之工作收入、退休金及儲蓄利息、租金、投資收入等，合占36.45%；仰賴社會或親友救助者10.68%，這些資料顯示，大多數的老人缺乏自主性的經濟收入。

3. 就老人目前經濟狀況觀察，認為有足夠支應儲蓄者占26.35%、認為收支平衡者占52.76%、認為不夠用者占20.89%，亦即平均每五位老人就有一位感覺入不敷出。顯示大多數老人因為提早由勞動市場退出，致經濟收入偏低。另外，民國88年度社會福利經費為84億4,827萬元，其分配在老人福利服務的經費為17億3,359萬元。

4. 民國88年1至6月政府所核發的中低收入老人生活津貼受益人數有20萬人；核發金額50億9,000萬元。

伍、結語

人口高齡化是近代社會的一種產物，也是先進國家所面臨的人口問題。據悉截至1980年為止，全世界共有二十七個國家步入高齡化社會。我國憲法第一五五條規定：「人民之老弱殘廢、無力生活及受非常災害者，國家應予以適當的扶助與救濟。」目前，老年人口比率最高的是瑞典（16%）；其次為德國（15%）；丹麥、英國、法國均為14%，依照人口學家的統計，臺灣在二十年後可望步入日本

後塵，使老年人口達到12.5%的水準。

在政府積極建構老人福利制度的基礎上，加強社區自身照護體系，使老人獲得親屬、鄰居與朋友的守望相助而在家安養，是有必要的非正式體系。經驗顯示，老少同堂可以形成隱含性的社會福利資產，藉由家庭結構和社區互助的功能，解決許多老人安養問題。究此，政府宜透過各種獎助及委託辦法，開辦老人社區照顧、營養午餐、老人住宅及保護網絡等服務，發揮社區照護功能，使老人能在家庭、社區當中頤養天年，實屬必要的做法。

隨著社會文明的進步，如何追求有尊嚴的老年生涯，以及展現老人的存在價值，已是社會大眾的共同認知。老人安養機構的改善、立案，攸關老人福利至鉅，我們希望政府有關部門在三到六個月的緩衝時間，全力輔導老人安養機構從事改進工作，將來並貫徹公權力，持續加強管理老人安養機構，提升老人的生活品質。另一方面，我們更期待政府完備規劃「國民年金」和健全社區照護功能，以圓滿因應即將到來的高齡社會。

第3章 規劃國民年金方案以建構完整社會福利機制

壹、前言

　　政府目前正就「國民年金」方案積極研議中，並可望成為繼「全民健康保險」之後，另一項重要的社會福利措施。根據經建會規劃的內涵，該制度除提供每位國民老人年金外，也將及於遺屬與身心障礙等多項基礎年金。本方案實施後，屆時尚未納入公、勞、農保等保障的民眾都將強制納入國民年金保險。這將是政府自民國84年開辦全民健康保險以來，影響層面最為廣泛的社會保險制度，也是我們國家邁向「福利國家」的一大步。

貳、國民年金方案規劃之緣起

　　我國於民國36年憲法公布實施後，將社會安全列為基本國策之一，其中又以社會保險為社會安全的主要基礎，憲法第一百五十五條即明文規定：「國家為謀社會福利，應實施社會保險制度」。民國38年政府遷台後，隨即於民國39年首先開辦勞工保險，為第一個強制性社會保險；之後，更陸續實施十多項社會保險，直到民國84年實施全民健康保險之前，參加各類社會保險之被保險人數約占全國總人數59%左右。

　　在各種社會保險中，最主要的為公教人員保險、勞工保險及農民健康保險三種，茲就這三項保險作一說明。

一、公教人員保險

民國88年5月29日由總統公布將「公務人員保險法」與「私立學校教職員保險條例」合併爲「公教人員保險法」，並於同年5月31日起實施。

公教人員被保險人計62萬人次，主要項目爲殘廢、養老、死亡與眷屬喪葬等現金給付。公務人員保險法於民國47年1月29日通過，同年9月1日先由中央機關實施，同年11月1日再擴大實施，但僅限於現金給付部分。醫療給付部分於民國48年7月1日實施，之後經過修正並配合全民健康保險的開辦作適度調整。公教人員保險之主管機關爲銓敘部，承保機關爲中央信託局公務人員保險處，其保險對象，依公教人員保險法規定屬強制性保險，凡法定機關編制內有給職之公務人員及公職人員一律均應參加公務人員保險。

二、勞工保險

勞工保險主要目的在保障勞工生活，促進社會安全，並分爲普通事故保險與職業災害保險。勞工保險被保險人數約760萬人，保險給付分爲普通事故保險與職業災害保險，財務狀況較公務人員保險與農民保險爲佳。勞工保險是政府遷台後所辦理的第一個社會保險，被保險人數最多的一年爲民國83年，之後受全民健保開辦的影響，有部分勞工退出勞保，使得人數下降。職業災害保險的保險費完全由雇主負擔，以保障勞工工作安全，保險給付分爲傷病、醫療、殘廢及死亡四種。普通事故保險依勞工保險條例中規定的給付項目分爲：生育、傷病、醫療、殘廢、失業、老年及死亡七種，但全民健康保險開辦後醫療給付已由勞工保險移除，並納入全民健保。另外失業保險也於民國88年1月1日起自勞工保險移出單獨實施。勞工保險不同於其他保險，其保費分擔比例因有無一定雇主而有差異，漁會會員又與前兩者不同。有一定雇主之勞工其保費分擔

比例爲：勞工20%、雇主70%、政府10%；無一定雇主之勞工則自己負擔60%、政府負擔40%；而漁會會員自己負擔20%，其餘80%完全由政府負擔。除民國87年外，勞工保險則保持每年有盈餘的財務狀況。

三、農民健康保險

農民健康保險係臺灣省政府於民國74年至76年分二期試辦，嗣爲維護農民健康、增進農民福利、促進農村安定，並制訂農民健康保險條例，於民國78年6月23日經總統公布，同年7月1日全面實施。農民健康保險被保險人約有181萬人次，主要保險給付爲生育、殘廢、喪葬等現金給付，財務狀況於全民健保實施後雖有改善，但近三年虧損狀況有逐年擴增之趨勢。農民健康保險之主管機關爲內政部，執行機關爲勞工保險局。農民健康保險條例中所規定的保險費率爲被保險人月投保薪資之6~8%，不過在全民健康保險開辦之後則調爲2.55%，因此收入也從民國84年的116億元驟降到民國85年的56億元。不過因爲農保被保險人多爲老年農民，其年齡層較高，支出以醫療爲主，在全民健保開辦之後，醫療部分移出納入全民健保，因而農民健康保險的支出也從民國84年的263億元降到85年的57億元。

政府之所以高度重視國民年金制度的建立，主要著眼於以下列考量：第一，我國隨著經濟成長、生活條件改善，高齡人口比例快速成長，預計三十年後65歲以上人口比例，將由現在的8.3%提高爲20%。政府必須爲老年經濟保障預作綢繆。其次，由於社會變遷快速，家庭成員互相扶持功能日趨薄弱，依賴個人自有收入作爲經濟來源比例日增，政府有必要建立一套制度確保全民維持生計；另外，現行社會保障體系尚未完備，也不盡公平，包括部分國民迄今尚未享有老年保障，軍、公、勞保老年一次給付因運用不當產生經濟不安問題，以及社會津貼資格寬鬆，既增加政府負擔，未享有者

也紛紛要求比照，凡此都是當前已經呈現而亟待解決的課題。

　　事實上，從國際發展趨勢來看，當整個世界逐漸形成一個「地球村」，一方面經濟競爭日益激烈，強勢者可以脫穎而出，並享有富裕的生活水準，此時政府規劃一套社會福利政策，照顧弱勢者的生存權利，以平衡內部利益的衝突，防止不同階層尖銳的對立，維繫社會的穩定發展，確屬必要。另一方面，由於資訊傳播無遠弗屆，任何政府必定面臨人民在相互比較下不斷增加的福利需求，唯有致力實現公平正義理想，充分滿足民眾的需要，才能受到廣泛的支持。從這個角度來看，國民年金制度既可免除國民經濟不安全的恐懼，奠定國民多層次經濟保障的基礎，實踐「老有所終、鰥寡孤獨廢疾者皆有所養」的目標，但政府即使面臨再大的困難，都應設法克服，全力推動實現。

參、推動國民年金制度的思考

　　「國民年金」這一個看似立意良好的制度，為了使其未來在推動上能獲得穩健的發展，我們可以預設必要的思考。

一、年金有所得移轉功、保險、同舟共濟與重分配的功能

　　所謂「所得移轉功能」，係指透過年金制度，使受雇人將工作期間的所得移轉分配於退休後的期間，使個人在整個生命周期中，皆享有平穩的消費功能。

　　另一個令人關注的議題是「重分配」。年金制度若依薪資所得計算保費，發放固定水準的給付，會在高所得與低所得者進行重分配；提供定期給付的年金制度，將在長壽的人和短命的人間進行重分配；不同的年金法令規定將產生複雜的重分配效果。就世界銀行的報告而言，民間部門較政府部門有能力確保所得移轉的功能，但

政府部門在實現所得重分配的功能上較有效率，因此公部門和私部門各自照各自的比較效率來執行強調不同功能的年金制度。

　　但目前政府的規劃是全部公營強制參加，大小通吃，可能造成減少就業、降低儲蓄率、公營承辦機構效率不彰、行政成本偏高、政府財政負擔大、國民規避繳納保費、無法永續經營必須仰賴政府不斷挹注經費的弊端。更且，確定給付制隨收隨付的財務處理方式容易受到不當政治力的干預，任意提高給付標準，卻反對保費隨給付提高而提高。因此，強調所得重分配、消除貧窮的基礎年金如國民年金等由政府管理，但強制儲蓄或自願儲蓄的職業年金計畫，應由私人公司提供給受雇者或由民眾在年輕時自行處理為是，畢竟每個人的消費偏好不同，政府怎好每種事都管呢？

二、實施所得重分配政策仍以「租稅」為佳

　　國家實施所得重分配政策的最佳手段仍以「租稅」為佳，特別是所得累進稅率制度。但是，經建會以「保險費」的方式做為國民年金的主要財源，與原先國民年金設計要重分配社會資源配置的想法正好大相逕庭，不分貧富均一的固定費率保險費，非但不能達到所得重分配的效果，反而加重了窮人的負擔形成劫貧濟富的現象；另外，倘若上述政府失靈的情況出現，未有一穩定財源的國民年金拖垮政府財政是遲早的事，因此，政府應即早改變國民年金的財務處理方式，採用租稅融通才是。

三、應全面審視政府之國民年金制度

　　台灣的國民年金才剛要起步，雖晚了他國好幾步，但若能學習前車之鑑，倒不無益處，唯台灣的政治環境複雜，非但不能吸取他國改革年金制度的經驗，反而自創出一些「台灣第一」的怪制，這樣的國民年金在面臨國內經濟結構體日漸國際化、自由化、全球化的情況，非但不能永續經營，對全民有益，反而造成人民之負擔。

什麼才是個永續的年金制度，值得大家一起來思考，而政府的宣傳只重表面，民眾不了解年金複雜的細則，很容易被動地就接受了政策，但這些政府規劃出的制度是否合宜，尚需由全面角度加以仔細的審視。

目前社會各界對於國民年金制度所以尚存懷疑，主要是顧慮財務負擔增加，特別是工商界擔心如採加徵營業稅附加捐的方式籌措財源，將增加企業經營成本、降低競爭能力，從而影響經濟成長。但實際上，依照經建會所作評估，即使營業稅率提高一個百分點，對物價波動、國民儲蓄率都不致造成顯著衝擊，反而因為這項制度實施累積的基金，可以支應國家建設所需財源，同時大多數企業雇主的保險費負擔可較現制減少，因此總體經濟所受影響程度輕微。何況鑒於金融風暴餘威猶存，短期內以加稅方式籌措財源確有困難，經建會因此主張先以發行公益彩券所獲盈餘統籌用作國民年金等社會福利支出。

任何一種制度的施行，都會涉及國家資源的重分配，難免因為部分群體顧及利益受損而持不同意見。但政府從總體層面綜合考量，如果創造的利益明顯大於可能付出的代價，即應堅持貫徹到底，最終必然受到全民高度正面的肯定，過去政府推動全民健保政策，在阻力重重下付諸實行，如今廣受民眾肯定，就是明顯例證。國民年金制度既是我國跨世紀社會福利政策，亦為建立公平正義新社會的具體實踐，政府在規劃時強化與社會各界的溝通，化解反對者的疑慮，爭取廣泛的支持，讓這項立意良善的政策在周密的規劃下順利實現，以達社會的公義。

肆、國民年金制度宜審慎周延規劃

國民年金制度是一種定期持續且長期支付金額的給付方式，以保障被保險人及其家屬生活安全的一種社會保險制度。依據現已實

施該制度的英國、德國、美國、日本等國家的經驗，其成功之道必須構築在：「良好的規劃」、「健全的立法」、「穩健的財政」、「負責的機關」等基礎上。面對我國將於公元2000年後推行此制度，及有鑑於全民健康保險實施初期的混亂情形，我們藉此呼籲政府注意下列幾點：

1. 不能因政策的「便宜行事」而疏漏了嚴謹完整的規劃，尤以本制度涉及範圍廣及於全體民眾，在現已執行的公、勞、軍、農保等多項保險制度，各有其不同的給付標準，如何達到必要的統合，及是否參採如英國的「雙元式選擇方案」，適當導入民間業者的參與，以便民眾有更充分的選擇，規劃時皆應縝密考量。

2. 就一個法治國家而言，任何政策的推動均有賴周延的法規以為規範，尤以事關人民權利義務的作為更屬當然。而目前因已有各相關社會保險法規，面對新的體制，在新舊制度間如何修訂、研議完整的法規，是不宜有所疏漏的。

3. 國民年金制度所需經費相當龐大，在現有財政情形下，規劃單位建議不排除以加稅方式加以因應，其影響層面甚鉅，因此在財政上要有妥慎的因應。1962年聯合國對各國社會福利經費的規劃便主張，「社會福利服務機構，必須有可預知數額的可靠財源，以便有計畫的推動各項服務措施。」

4. 目前我國推行各項社會保險皆分列不同的機構辦理，由於政出多門，各自為政，造成人力過度擴充，行政效能不彰，甚至是保險年資無法相互銜接等情形。為能有效統整，應可考量機構的統整，以合乎經濟、效率、事權統一的原則。

除此之外，我們同樣也要籲請民眾，社會福利制度的實施是回應民眾基本需慾，以達到生活安全保障的功能，除了政府的妥慎規劃外，民眾應持守正確的福利觀念——取其所需，盡其所能。因為

天下沒有白吃的午餐，社會福利的任何一份經費皆來自民眾的給付，大家應珍惜福利資源，如此方能使福利制度永續經營，為民謀福。

伍、結語

1941年英國大主教威廉‧鄧普率先提出「福利國家」的主張，並以此概念取代先前的「權力國家」的政府型態；易言之，其強調今日政府角色將著重於「為民服務的行政團隊」。第二次世界大戰期間，美國總統羅斯福提倡：人人應享有「言論自由」、「信仰自由」、「免於恐懼的自由」、「不虞匱乏的自由」等主張；其中人們應有免於匱乏的觀點，成為政府實施福利制度的重要依據，並用以謀求全民互賴共享於社會福利體制，政府有責任為民眾消弭貧窮、愚昧、懶惰、骯髒、疾病等五害，建構一個符合人道、講求公允的社會。這些主張使英、美成為福利的先進國家，並為許多國家追求的目標。

福利思想的建構在希臘時代的幸福論、羅馬時代的責任觀及我國的禮記禮運大同篇……均有所論述，皆認為：「個人應依其基本需慾獲取社會提供的資源，個人亦應竭盡所能貢獻一己的能力造福他人」，互賴互助不僅是一種美德，也是一種社會責任。當社會互動愈為頻繁，互賴關係愈為綿密時，基於「危險共擔」、「福利互助」所主張的生活安全保障，將裨益於社會的永續發展，此種保障是每個國民的基本權利而不是慈悲的施捨。特別是在工業化的國家，受到社會意識的變遷、人口快速的流動、醫療科技的進步，使得「小家庭」及「高齡化」成為社會的主要特徵，原本依賴大家庭所提供的保護網絡，勢必需仰賴政府的福利機制加以協助。因此，新近的福利思潮強調：經由政府的安慎規劃，以滿足民眾如健康、教育、醫療、住宅、營養等基本需求，並藉以達成和諧社會的目標。

第拾篇
社區發展

1. 社區意識與社區發展
2. 運用社區總體營造建構美好生活環境
3. 強化社區發展工作以落實心靈改革目標

第1章　社區意識與社區發展

壹、社區意識

一、社區意識的意義

社區一詞，通常包含三項意涵：

1.指居於某一特定地區的一群人，或這些人生活所在的區域。
2.指一群具有共同經濟利益或共同文化傳統的人群。
3.指共有並共享相同意念與情境。

此意涵中，顯現出「地理區域」、「社會互動」、「共同朋友」等要素。由於這種共同的利益，共同的問題，共同的需要，遂產生一種共同的社會意識，促進社區居民的組織與整合，彼此相互合作，以集體行動共謀社區之發展。

社區一詞，係由心理學家所建構，其意義是指「人類所特有以反應現實的最高形式。是人類對現實的一種有意義、有組織的反應。」意指使人類的心理區別於動物的心理，使行動成為具有思考與組織的作為。由於人類的意識能清楚地察覺到所反應的對象，並能調節和控制自己的行動，因此人類的行動具有自覺性和目的性，能在意識的支配與指引下，回應環境，產生作為。因為人類意識的表現，往往在與社會互動的過程中形成，因此具有明顯的社會性為其特質。

「社區意識」是指，居住於某一地區的人對於這個社區有一種心理上的結合，亦即所謂的「同屬感」、「歸屬感」。認為該社區係屬

於他的，其本身也屬於該社區，正如同一個人對於自己的家庭、故鄉、國家所具有的特別情感一般。這種「我群」的意念，進而促使該社區成員對該社區的活動，賦予相當的關注。此種心理的反應，便是導致參與社區活動的動力來源。因此，在社區發展工作上，往往強調社區意識的凝聚、發揮的重要性，其原意即在此。

由於工業化與都市化的影響，加上理性主義、科層制度、傳播媒體的相互衝擊，使社區的規模愈形擴增，由此導致傳統上所採用的居住長短來說明社區關係，運用鄰里進行社區發展的觀點，早已受到挑戰。隨著都市社區逐漸替代鄉村社區，遂使過去以家庭與居住環境為核心，逐次的移轉為以社團及職業的關係為重心，此舉使社區關係呈現著利益性與複雜性。為此。更有必要經由社區意識的重建與發揚，重新組織社區，使社區發展的成就，能造福更多的人群。

二、社區意識對社區發展的重要意義

社區發展是一種組織民眾與教育民眾的工作。其目的在鼓勵社區居民參與社區發展工作，運用社區的資源，採取社區自助的行動，以引導社區邁向健全的發展，進而提高居民的生活素質。而這些組織、教育、參與、協調、自助等策略的有效運作，有賴於社區意識的凝集。因此亟求社區發展工作能夠有效的落實，首先須著眼於社區意識的凝聚。

德國社會學者杜尼斯，便用意識的概念，將社會建構了「社區」與「社會」兩種基本類型。此觀念很適合於社區變遷的剖析。傳統的農村社區，居民主要居於自然意願而形成的結合，經由同理心的發展、習慣的接近、共同的宗教信仰、怠情的結合，存在的本身就是一種目的，因此形成自然的生活團體。相對的，現代都市社區，居民大多理性，並以追求本身的利益為主要目標，為達成特定的目標結成契約關係。傳統農村社區較重視社區共同利益與社區價值的

維繫，現代都市社區則個人利益重於一切。在意識可左右個人行為的情況下，很明顯的社區意識可左右社區的發展，因此為謀求社區的發展有賴於社區意識的提升。

以我國社會形態而論，傳統社會非常強調人際關係，因而有五倫的觀念，以作為人際互動的準繩。然而對於個人與群體間的「群己關係」則少有適當的規範，是以一般民眾較重族群而輕社群、重私德而輕公德。此種忽略個人與社會社區的群己關係，易使社區不易統合，社區發展不易達致成效。

就我國社區發展而言，共有三大建設目標，分別為：

1.基礎工程建設，其目的在於消除髒亂，改善環境衛生。
2.生產福利建設，其目的在於消滅貧窮，提高生活水準。
3.精神倫理建設，其目的是端正風氣，重整道德規範。

由於前兩者大多為有形的建設，容易受到重視，第三項的倫理建設，屬於無形建設，同時其成果又不是立即可以顯現，因此容易受到忽視。但事實上這些建設目標的完成，均需要藉由社區意識的強化，使社區民眾滋生對所屬社區的認同感，才能提高民眾的參與意識，達到社區發展的目標。

三、增進社區民眾凝集社區意識之方法

社區要有良好的發展，應考慮到社區居民的「自我歸屬感」，以及強化統屬凝聚力的重要性。社區居民一旦具有我群的意識，則會滋生造福鄉梓、參與建設、關懷地方的意願且不致表現出漠不關心的態度。社區歸屬感是社區賦予其居民，引以為榮的自重與安全的意識，有了這種意識，則易產生休戚與共、榮辱共存的心理。因此不僅個人參與社區受益，進而將可帶動整個社會與國家趨向於良好的發展。而吾人要使社區居民，能凝集社區意識，可採用以下方法：(1)掌握居民需求；(2)鼓勵熱心人士；(3)增強互動機會；(4)善用

社區特徵。

掌握居民需求

現代社會典型的都市社區，居民的日常往來，已脫離以往以宗親、私人的感情關係，而是隨著教育水準的提高，人口流動性的增加，彼此講求功利性與理性。因此，要使一個社區能趨向於團結合作、結合共識，已非單純的運用文化的統合力所能竟其功，尚必須了解居民的共同需要、共同利益及共同的發展目標，方足以促使社區居民，放棄爲個人一己之私的念頭，而投入有利於社區之公益行爲。

鼓勵熱心人士

社區建設與社區發展，雖有政府的行政力量介入參與其事，但如經由地方人士參與地方的事，由地方人士與之配合，實則方能形成持續、整合的力量。而喚取社區居民參與的最佳方式，即由地方的意見領袖的領導，配合具有專業知識之社會工作人員，鼓勵居民的投入與參與。此意見領袖需要能在該社區居住較久、眞正了解社區居民的需求、能經常和社區居民有接觸的機會、具有民主素養與領導能力、能擺脫地方派系的糾葛、同時具有溝通協調能力者，則可出現良好的領導成效。

增強互動機會

在典型的現代都市社區，由於社會流動的頻繁，社區居民的異質性提高，加上彼此溝通機會的減少，往往出現相互隔離的現象。因此爲謀求新、舊居民的認識與瞭解，則增進社區居民彼上互動的機會有其必要。而融合的方式，首先以舉辦社區活動利用既有的團體，例如學校、教堂、寺廟等公共資源，促使各團體的人士參與，以增進社區居民彼此溝通，增加相互瞭解及互助合作的機會。另

外，發展社區成員的共同價值、信仰、習慣，使新居住者融入舊有的居住人群也不失爲一良好方法。簡言之，運用互動的關係，可增進社區居民的瞭解與合作，進而促進彼此的融合。

善用社區的特徵

每一個社區往往有其獨特的人文景觀、生產品、獨特的建築、具歷史意義的紀念物等等，透過這些活動的儀式，可促進社區情感，提升民眾對社區居民的歸屬感，此舉就算是業已離開的居民，亦可成爲居民懷念的地方。

以往社區存在的本身就是目的，居民居於感情的結合，社區意識容易培養，現代社會的社區，居民居於功利、理性的考慮，人情日趨淡薄，因此，社區意識的凝集可謂後工業化社會的重大課題。

貳、社區發展

社區發展乃是第二次世界大戰以後由聯合國所倡導的一項世界運動，其目的係希望成爲一種簡易而有效地解決社會問題的方法，並用以改善居民的生活方式，運用政府與民間力量的統合，提升生活素質。根據聯合國於 1955 年有關社區發展緣由的報告指出：「今天，世界上大約有五百萬鄉村社區，這些地域性結合具有共通的心理意識和制度結構，有遊牧性部落，也有農業村莊。隨著經濟、社會與技術變遷的進步結果，並未能爲農村社區帶來更多的利益，反而打破了傳統農村自給自足的生活形態，且破壞了社會文化的整合力量。鄉村社區正遭逢極大的分裂性壓力，和來自都市文化的各種誘因。隨著人口大量移往都市找尋工作以獲取報酬，這些急遽的改變，使家庭和社區傳統和諧的關係瓦解。未開發國家的農村人民失去原有的純樸勤奮的性格，變成冷漠平淡，新事務引進受到阻力，對社會經濟的變遷茫然而不知所措。」社區發展即是在此情形下展

開，企圖能改善社區生活條件的根本解決方法。然而該工作的推動並不能僅憑藉資本的大量投入，或是生產技術方法的改進，而必須配合當地人文風土的特性，發展出有效的社會制度結構，以使社區居民自發性改善自身條件，提供接納未來進步的基礎，才能有所成就。

一、社區發展的意義

介紹社區發展之前，需先對「社區」加以界定。所謂社區：「自社會學的觀點，是指一個社會的單位，而非法定的行政單位。社區存在於所有人類社會，與家庭一樣，是真正普遍的單位。其佔有一定區域的一群人，因職業、社會文化的差別，而形成各種不同的自然團結、自然地域，在該地域中生活的契合，使彼此間存有相互依賴的關係。」就此定義，則社區實具有下列三種特質：第一，它是有一定境界的人口集團；第二，生活於該社群的居民具有地緣的感受，及從屬的集團意識和行為，彼此間互為隸屬、相互依賴並以集體行動實踐共同的目標；第三，具有一個或多個共同活動或服務的中心。

至於社區發展的定義，根據聯合國的文獻指稱，「社區發展，係指人民自己與政府機關協同改善社區經濟、社會及文化情況，把這些社區與整個國家的生活合為一體，使它們能夠對國家的進步有充分貢獻的一種程序。此一程序包括兩項基本要素：第一是，居民秉諸自動自發精神以改善自己生活水準；第二是，運用自助互助的精神以發揮效力的方式，提供技術和服務。」亦即，社區發展是經由激發社區民眾的需求性，引導其參與各項工作與計畫，並以自助的原則，達到社區建設的目標。

由於社區發展對於引導社會變遷的過程上是有價值及建設的成果，因此被譽為「民主的社會工程學」。

二、社區發展的功能

聯合國推行社區發展是以解決社會問題、改善人民生活、增進社會福利為目標。我國在推動該工作時，則認為其目標是完成基礎工程，實施生產福利，推行倫理建設，並自精神到物質建設以締造均富、安和、樂利的社會。這一集體措施，發揮下述的功能：

1. 社區發展蘊含成長與變遷。改造社區的區位環境、生產結構及精神倫理規範，使其符合現代生活的需求，並使社區居民彼此團結合作。
2. 社區發展能改造社區的領導結構，促使其產生自發性的領導人才，以組織、協調居民的力量，並運用民眾的智能、財力、勞力，共同建設社區。
3. 社區發展能依據專門的學識及服務技能為指針，處理社區事物，建構社區發展的目標。以群策群力的方式，謀求社區的進步與繁榮。
4. 發揮主動積極的精神：社區發展可培育居民的自信心、責任感及社區的認同，袪除對政府的過度依賴，有助於心理、精神層次的建設。同時透過社區發展鼓勵居民普遍及積極參與社區事務。其成效包括：促使居民自願提供人力、時間、經費以配合社區建設。

就社區發展的功能而言，其可以全面提高生活水準，並達到：「人際關係融洽化」、「土地利用經濟化」、「群己界限明確化」、「意見溝通民主化」、「社區活動整體化」等實質效益。

三、社區發展的原則

社區發展的原則，是根據基本性質而引申的工作方向。聯合國於1955年便提出十項要素以做為社區工作的指導方針：

1.社區各種活動須符合社區的基本需要,並根據居民的願望,以訂定各項工作方案。

2.須有計畫、齊頭並進:社區局部的改進,固然可從各方面著手,而全面的社區發展,則必須建立多目標的計畫與各方面聯合性的行動。同時在推展社區發展的初期,改變居民的態度與物質建設同等重要。

3.社區發展的目的在促進人們熱心參與社區工作,從而改進地方行政的功能。

4.精英領袖與多數參與:選拔、鼓勵與訓練地方領導人才,均為各項社區發展計畫的主要工作。但社區發展工作則須特別重視婦女與青年的參與,以擴大參與基礎而求取社區的長期發展。

5.建立全國性的社區發展計畫,須有完整的政策,舉凡行政機構的建立、工作人員的選拔與訓練、地方與國家的資源運用與研究、實驗與考核機構的設立,均應著手進行。並且社區自助計畫的有效發展,有賴政府積極而廣泛的協助。

6.地方與全國性共謀並籌:地方的、全國的與國際的民間組織資源,在社區發展計畫中應充分運用。另一方面地方性的社會經濟進步,也需與全國性的發展計畫互相結合,齊頭並進。綜合上述,社區發展的原則需把握:「計畫的總體性」、「實施的可行性」、「內容的明確性」、「環境的適應性」、「目標的一貫性」等原則,才能達到社區發展的揭示目的。

四、我國社區發展的成效與課題

自聯合國致力於社區發展以來,各國所呈現的現況與問題並不相同,然而不論是已開發或開發中國家,一個成功的社區發展必須根植於:充分的財政經費支持,足夠的行政管理及保障居民權益的

技能與認識，人口成長維持合理的水準，人民對國家改善人民生活的努力和團結意願有充分的信心。

　　我國推行社區發展工作已將近三十年，其間由於政府重視及執行之有司的不斷改進，該工作確有若干成效，使社區居民受惠良多，如將社區發展工作視爲一項社會福利，應足爲社會所認同。唯嚴格地檢討其成效較爲顯著與獲全面肯定的，大致上仍集中於居民生活環境的改善，此並未能全然符合社區發展的原旨及期盼的目標。若依據執行單位及學者專家的見解，則其成效可列舉說明如下。

具體成效

1. 脫離貧窮、落實基層：使貧困落後地區因社區發展而被重視，居民生活環境獲得有效改善，貧困狀況得以解決。並促使政府公共救助工作與教育工作能順利進入基層社區，充實並能改善低收入的生活條件，繼而有效移轉居民髒亂、懶惰的惡習。

2. 獲得人性尊嚴：使社區居民的角色地位與權力，普遍受到重視與尊重，減少社會性、經濟性價值的差異，使貧窮文化因之轉變，民主意識隨之提高。

3. 熱愛鄉土意識：促進社區居民建立起社區意識，增進居民群策群力愛護鄉土的觀念，達到彼此照顧與守望相助的作爲。

今後課題

1. 法制有待整備：儘管社區發展工作受到肯定，唯其所憑藉的國家法令，僅爲行政院將執政黨制訂的政綱轉換爲「社區發展工作綱要」，交由各級政府執行，相關法規的基礎甚爲薄弱。

2.缺乏積極主動精神、理念不明：因社區居民缺乏自動自發的
　意念，致推動工作的成效易流於形式，只按政府指定的項目
　應付了事，未盡符合社區居民的需要，故其成就不易維持。
　且大多數社區居民仍不瞭解社區發展的意義及任務，故不熱
　心參與工作，僅是被動性、消極性等待政府的施惠。

3.重有形建設、輕無形精神倫理：未能妥善發掘並利用社區資
　源，僅靠政府補助，重視基礎工程建設，酌辦生產福利建
　設，而疏於精神倫理建設。規劃及設計工作較為呆板，未能
　掌握社區特質，只按硬性規定作為，無法有效因應社區民眾
　的需要，阻礙社區居民的參與熱枕。

　　我國自民國45年起正式推行社區發展的政策，已有若干具體的
成果，其若干缺失的改進，將是今後重要的課題。

第2章　運用社區總體營造建構美好生活環境

壹、前言

　　根據西方工業國家發展的經驗而言，在經濟發展的過程中，因為都市裏有比較多的就業機會和比較高的經濟報酬，吸引農村人口大量往都市集中，一方面造成農村價值的瓦解，很多人覺得待在鄉下沒前途，因此鄉村留不住年輕人，使得傳統地方產業逐漸沒落，地方的文化特質和歷史遺產不斷消失；另外，移居都會地區的外來人口，大家心理上都存著暫時來都市討生活的過客心態，因此缺乏對社區的認同，只重私利、不顧公義，造成人際關係和對公共事務的冷漠。有鑑於此，政府及有志之士提出「社區總體營造」計畫，目的就是要激發社區自主性及自發性，重建溫馨有情的居住環境。實施的方法是由居民透過共同參與的民主方式，凝聚利害與共的社區意識、關心社區生活環境、營造社區文化特色，進而重新建立人與人、人與環境的關係。

貳、社區總體營造的意涵

　　社區就是人們公共生活的領域，從我們走出家門開始算起，樓梯間、道路、市場、學校、公園及運動場等，凡與我們生活、休閒、娛樂和工作息息相關的地方，都是我們的社區。在社區中，我們和其他人交往，滿足食、衣、住、行、育、樂等各式各樣的生活

需求。所以，社區的範圍，可以小到一座公寓、街區、村落鄰里；也可以是一個鄉鎮、縣市，甚至是整個社會、國家和全世界。「營造」含有經營、創造的涵義，社區工作應發揮創意，建立自己的社區生活特色。「總體」則是整體、全方位的意思，也就是要能滿足社區生活各方面的基本需求。「社區總體營造」結合了「社區、總體、營造」三個要素，明白表示社區生活是整體不可分割的。居民是社區的主體，社區的問題，就是居民共同的問題。社區問題的解決，需要全體居民共同參與和討論，才能找出最合乎居民需求的解決方案。因此，社區總體營造，就是社區居民自動自發的參與，發揮創意，進行全方位的經營和管理，建立屬於自己社區的文化風貌。

有鑑於此，在倡導「社區總體營造」時，並不侷限於傳統的村、里形式上的行政組織，而著重於「社區」居民共同意識與價值觀念的營造。今天所謂「社區」，已不再是過去的村、里、鄰形式上的行政組織，而是在於這群居民的共同意識和價值觀念。在日常生活可以用來凝聚居民共同意識和價值觀的事項很多，如地方民俗活動的開發、古蹟和建築特色的建立、街道景觀的整理、地方產業的再發展、特有演藝活動的提倡、居住空間和景觀的美化等。各地社區可以分別依據自己的特色項目來推動，然後再逐漸擴大到其他相關項目，這就是所謂的「總體營造」。各社區都可以考量本身的資源及條件，經由民眾共同努力的過程，建立自己社區的特色。

參、社區總體營造的運作策略

社區是多元的，每一個社區都有其各自的發展課題，社區總體營造的推動，除了把握社區自主、居民參與及資源共享三大原則外，在實際推動時，更應因地、因時制宜，配合社區發展階段，採取最適切的方式介入，才能收事半功倍的效果。社區總體營造的行

動進程，可以分爲三階段，各階段工作重點略述如後：

1. 第一階段：認識社區，建立社區意識。此一階段的工作重點，包括社區資源調查、社區議題或危機意識的引發、動員居民、尋找理念相同的人、尋求政府部門及專業者（或專業團體）之協助及出版社區刊物等，目的是要讓社區居民認識社區、共同關心社區，並提供居民共同討論社區公共事務的機會，進而激發居民對社區的歸屬感和榮譽感，建立社區共同體意識。

2. 第二階段：凝聚社區共識，架構動員和參與基礎，規劃發展藍圖。本階段除繼續推動第一階段工作外，更強調在民眾已建立社區意識的基礎上，加強社區工作經驗交流、擬定系列發展主題、居民參與規劃、整合社區需求、制訂社區共同願景，形成整體規劃發展藍圖，並尋求政府及民間資源的支持，再結合社區本身的資源，建立社區動員和參與的機制。

3. 第三階段：全面主動參與社區公共事務，促成社區總體營造的永續經營社區總體營造的根本精神在於永續經營。本階段並非社區總體營造工作的完成，而是在前二階段的基礎上，持續發展其他議題，使居民參與成爲一種習慣，並將其轉化爲民主決定的實質過程，使社區的共同願景，成爲推動社區公共事務的指導力量。

肆、以社區總體營造落實社區發展目標

社區發展乃是第二次世界大戰以後由聯合國所倡導的一項世界運動，其目的係希望成爲一種簡易而有效地解決社會問題的方法，並用以改善居民的生活方式，運用政府與民間力量的統合，提升生活素質。根據聯合國於1955年有關社區發展緣由的報告指出：「今

天，世界上大約有五百萬鄉村社區，這些地域性結合具有共通的心理意識和制度結構，有遊牧性部落，也有農業村莊。隨著經濟、社會與技術變遷的進步結果，並未能為農村社區帶來更多的利益，反而打破了傳統農村自給自足的生活形態，且破壞了社會文化的整合力量。鄉村社區正遭逢巨大的分裂性壓力，和來自都市文化的各種誘因。隨著人口大量移往都市找尋工作以獲取報酬，這些急遽的改變，使家庭和社區傳統和諧的關係瓦解。未開發國家的農村人民失去原有的純樸勤奮，變成冷漠平淡，新事務引進受到阻力，對社會經濟的變遷茫然不知所措。」（葉至誠，民國86年，頁524）社區發展即是在此情形下展開，企圖能改善社區生活條件的根本解決方法。然而該工作的推動並不能僅憑藉資本的大量投入，或是生產技術方法的改進，而必須配合當地人文風土的特性，發展出有效的社會制度結構，以使社區居民自發性改善自身條件，提供接納未來進步的基礎，才能有所成就。

　　就聯合國推行社區發展是以解決社會問題、改善人民生活、增進社會福利為目標。我國在推動該工作時，則認為其目標是完成基礎工程，實施生產福利，推行倫理建設，並自精神到物質建設以締造均富、安和、樂利的社會。這便是社區總體營造工程企圖建立的功能：

1. 社區總體營造蘊涵成長與變遷，改造社區的區位環境、生產結構及精神倫理規範，使其符合現代生活的需求，並使社區居民彼此團結合作。

2. 社區總體營造能改造社區的領導結構，促使其產生自發性的領導人才，以組織、協調居民的力量，並運用民眾的智能、財力、勞力，共同建設社區。

3. 社區總體營造能依據專門的學識及服務技能為指針，處理社區事物，建構社區發展的目標，以群策群力的方式謀求社區

的進步與繁榮。

4.社區總體營造可培育居民的自信心、責任感及社區的認同，袪除對政府的過度依賴，有助於心理、精神層次的建設。同時透過社區鼓勵居民普遍及積極參與社區事務，其成效包括：促使居民自願提供人力、時間、經費以配合社區建設。

就社區總體營造的功能而言，其可以全面提高生活水準，並達到：「人際關係融洽化」、「土地利用經濟化」、「群己界限明確化」、「意見溝通民主化」、「社區活動整體化」等實質效益。

一個成功的社區總體營造必須根植於：充分的財政經費支持，足夠的行政管理及保障居民權益的技能與認識，人口成長維持合理的水準，人民對社區改善人民生活的努力和團結意願有充分的信心。社區總體營造要有良好的發展，應考慮到社區居民的「自我歸屬感」以及強化統屬凝聚力的重要性，社區居民一旦具有我群的意識，則會滋生造福鄉梓、參與建設、關懷地方的意願，不致表現出漠不關心的態度。社區歸屬感是社區賦予其居民，引以為榮的自重與安全的意識，有了這種意識，則易產生休戚與共、榮辱共存的心理，由此不僅個人參與社區受益，進而將帶動整個社會與國家趨向於良好的發展。而為能促使社區居民，能共為社區發展而奉獻心力，就社區總體營造宜採用以下方法。

一、掌握居民需求

現代社會典型的都市社區，居民的日常往來，已脫離以往以宗親、私人的感情關係，而是隨著教育水準的提高，人口流動性的增加，彼此講求功利性與理性。因此，要使一個社區能趨向於團結合作、結合共識，已非單純的運用文化的統合力所能竟其功，尚必須了解居民的共同需要、共同利益及共同的發展目標，方足以促使社區居民，放棄為個人一己之私的念頭，而投入有利於社區之公益行

爲。

二、鼓勵熱心人士

社區建設與社區發展，雖有政府的行政力量介入參與其事，但如經由地方人士參與地方的事，由地方人士與之配合，實則方能形成持續、整合的力量。而喚取社區居民參與的最佳方式，即由地方的意見領袖的領導，配合具有專業知識之社會工作人員，鼓勵居民的投入與參與。此意見領袖需要能在該社區居住較久、真正了解社區居民的需求、能經常和社區居民有接觸的機會、具有民主素養與領導能力、能擺脫地方派系的糾葛、同時具有溝通協調能力者，則可出現良好的領導成效。

三、增強互動機會

在典型的現代都市社區，由於社會流動的頻繁，社區居民的異質性提高，加上彼此溝通機會的減少，往往出現相互隔離的現象。因此爲謀求新、舊居民的認識與瞭解，則增進社區居民彼上互動的機會有其必要。而融合的方式，首先以舉辦社區活動利用既有的團體，例如學校、教堂、寺廟等公共資源，促使各團體的人士參與，以增進社區居民彼此溝通，增加相互瞭解及互助合作的機會。另外，發展社區成員的共同價值、信仰、習慣，使新居住者融入舊有的居住人群也不失爲一良好方法。簡言之，運用互動的關係，可增進社區居民的瞭解與合作，進而促進彼此的融合。

四、善用社區特徵

每一個社區往往有其獨特的人文景觀、生產品、獨特的建築、具歷史意義的紀念物等等，透過這些活動的儀式，可促進社區情感，提升民眾對社區居民的歸屬感，此舉就算是業已離開的居民，亦可成爲居民懷念的地方。

以往社區存在的本身就是目的，居民居於感情的結合，社區意識容易培養，現代社會的社區，居民居於功利、理性的考慮，人情日趨淡薄，因此，社區意識的凝集可謂後工業化社會的重大課題。

伍、以社區總體營造濟家庭之不足

大家庭向核心家庭轉移，無疑是臺灣近五十年來社會變遷上最明顯的特徵之一。多數人從宗族、故里中游離出來，進入都會區工作、居住，使得原有的倫理關係迅速趨於崩解，而新形成的「社區」始終未能重建有效的人際網絡。於是我們看到，現在的臺灣社會，特別是在都會地區，人被徹底地分子化、孤立化，遇有急務，除了核心血親，幾難得到其它依恃。

這種變化，對於處於弱勢，或那些需要照料的老人、小孩，其衝擊尤其嚴重。根據統計，臺灣目前65歲以上老人，已占總人口的8.3%，正式邁入高齡化社會；再加上其中有許多是早期隻身來臺的老榮民，更使「獨居老人」屢成社會事件的主角。至於幼兒養育，也因雙薪父母激增、托育費用偏高，而讓人力不足的核心家庭苦惱不已。許多婦女只好以「少生」、「不生」來因應，這樣又可能為三十年後的人口結構，造成新的變化。

然而，除了由政府投入經費興辦社福措施之外，社會的覺醒動員、整體參與才是根本解決之道。過去的三、四十年間，曾有不少預算被用於公共硬體設施，包括各社區活動中心，以及社區公園等等。但普遍的經驗是：在社區居民「欠缺空間擁有感」等因素之下，這些設施往往在一段時間之後，即遭破壞或失修。可見單要依賴政府財力，是不可能照顧到每個社區內部、每項事務的。所以，在社會需求日新月異的情況之下，政府施政作為勢無可能涵蓋所有的議題，因此必須調整政府的角色，集中精力於與「公權力」有關者，如經費資源的調撥、社會立法的加速、社工人員的證照考核，

以及社區支持系統的強化等等。政府應該做的，是尋求一個「規劃」、「整合」的合理定位，而將「活動設計」與「執行」交給社區，這樣才不會事倍功半，成效有限。尤其重要的是，為了喚醒社區成員共同參與，政府應該透過「社區生命共同體」的概念，結合民間力量推動社福措施。

由此可見，社區總體營造工程的發揮，將更顯重要。所謂「社區照顧」，是希望動員並結合各項社區資源，去協助有需要照顧的人，讓他們能夠和平常人一般，生活在自己的住家、社區當中，同時又能得到妥善的照顧。所以針對老人，社區應該可以結合同質團體，組織志願人員，深入社區了解服務對象的需要，提供必要的協助。總之，「社區照顧」的目標，就是希望將有特殊需要的人，留在社區之內，以期重建信心及重入社交圈中。而這勢需喚起整個社區來共同努力，才能有成。我們誠摯盼望，《禮記・禮運篇》裡頭，「老有所終，壯有所用，幼有所長」的社會，能在總體營造下的社區得到實現。

陸、結語

台灣的工業化，使其生活型態從農業漸漸轉化成現代化的社會。無疑的，這種轉變使一般人民的物質生活更加富足，國民所得攀升至已開發國家的行列。但也因為轉化的腳步過於倉促，以及各種文化體系的條件無法在短時間迅速融合，而造成之間的斷層，甚至產生脫序現象。這個現象表現在對名利的追求，對物質資源的無限浪費，而且日趨嚴重，面對這個失序的社會，我們應該要重建社會價值的標準。然而「徒善不足以為法，徒法不足以自行」，良好的道德規範仍賴人人的踐行與落實，這項心靈重建的工作，尤須運用社區總體營造加以開展；因為個人是組成社區的基本單元，沒有個人則社區就無由存在，同樣的個人也依存於社區以滿足人類的各種

需慾；是以個人與社區是相互依賴和影響的。

　　顯而易見的，傳統社區由於居民「生於斯、長於斯、歿於斯。」自然容易產生認同的意念與歸屬感，而有利於社區意識的傳承與運作。然而，今日社會中的社區由於都市化、工業化的影響，加以交通發達、居民職業結構的多樣性，以致社區人口流動加速，社區組織結構改變，居民的居住地區與工作地區分離甚遠，民眾對職業關係的利益遠超過其對社區關係的利益。因此社區居民所呈現的社區意識，有逐漸疏離和冷漠的趨勢。是以經由社區意識的強化，把握社區總體營造的原則，用以增進現代社區居民對「群己關係」的認同，加以原有規範人倫互動的五倫，予以現代化、生活化及大眾化，建立能配合現代社群發展的合宜意識，進而裨益社區總體營造的目標——「生活共同體建設」的實踐。

第3章 強化社區發展工作以落實心靈改革目標

壹、前言

　　臺灣地區近年來隨著工商業迅速發展，國民生產毛額急遽上升，經濟成長以及民主化的趨勢，導致社會以及個人行為思想的改變，已是不爭的事實。人們的生活型態與價值意識也和以往大不相同，從報章雜誌中幾乎不曾間斷的經濟犯罪與金錢引發的暴力事件可看出端倪，以往農業時代辛勤安分的精神已不復見，改由盲目逐利的金錢遊戲所取代。這種現象對我們所處的生活環境已經造成極大的危機，值得身為社會一分子的我們加以重視、檢討。台灣物質社會不斷成長，原有的社會、經濟與精神結構卻未能因應環境的改變而隨之調整擴張，以致舊有體制無法容納眾多成長的事物，使得社會規範失去對社會成員的約束。在這樣的一個背景之下，不但個人的價值觀有著極大的變化，甚至整個社會價值體系也受到嚴重的挑戰。有識者正努力設法加以匡正，藉助於適當的理念與措施，以重新建構一個健全的社會。

　　在面臨著經濟高度發展後社會脫序現象頻仍的今日，政府曾積極推動「心靈改革運動」，期能針對時弊提出有效的興革改善之道，期望社會發展在邁向一個嶄新的階段時，能夠以新的思維、價值、規範、作為，激濁揚清，展開跨世紀的建設，厚植國家發展的根基。

　　社區是現代社會的基本單元，與個人生活關係密切，在社會既

有道德規範受到頻仍的衝擊，自利、自我的價值意念環伺下，如何以社區建設工作落實心靈改革目標？是本文期望探求的。

貳、社會價值的快速變遷

所謂的社會價值是指：「社會大眾在經驗世界中，經由長期互動所達成或體現的共識性價值。」其中的共識性，是指多數人經由自由意志的互動結果，而獲得的共同認知。至於價值則是具有多樣和複雜的特性，彼此構成相關的互賴關係。任何社會價值的建立，都是社會大眾在經驗世界中，經過長期互動所造成而非一朝一夕所形成。

由社會化的過程，使社會大眾的個人價值觀在差異中維持統一與雷同，進而影響或支配日常生活中的互動，藉以體現社會的和諧與整合。相反的如果沒有社會價值體系的存在，個人所承受的價值社會化將會凌亂不堪，根本沒有社會互動的共同基礎，那麼，社會秩序一定會混亂。因此，社會價值與道德是維持社會秩序的兩大支柱。

在社會學的領域裡，對於人類行為中的道德規範，做過廣泛與深入研究的首推法國社會學家涂爾幹（E. Durkheim）。他認為，道德事實也跟其他社會事實一樣，得以被觀察、被描述、被分類以及被尋找出它的解釋法則。所謂道德事實，包括了某些明顯特性的行動規範。在他所著的《社會學方法論》裏，涂爾幹直截了當地認為：「道德事實就是社會事實。」我們每一個人，都靠著法律與道德而緊緊地跟社會整合在一起。所以他主張，所有足以形成社會連帶淵源的東西都是道德的來源。道德乃是個人對於社會的義務；這些社會義務代表著不允許個人冒犯的集體意志。譬如在今天的社會裏，在各種神聖意識之中，有一股尊重人類尊嚴的強烈感性，靠著它，不但可以指導我們個人自己的行為，而且，它也在支配著我們

跟別人間的互動關係。

　　易言之，涂爾幹認為，所有道德都會以一種「行為規範的體系」形式出現在社會裡。這種行為規範為何對社群生活產生如此大的影響力？這就如同康德所說：「道德的優越性，在於能使每一個人都能夠發生一種責任感與義務感。」這種責任感與義務感緊密地與社會權威、社會期待相連接，並經內化過程。社會化的效果造成社會所共有的規範，對個人發生約束力。這種約束力有效地控制著人們的作為，恰如涂爾幹在「社會分工論」上所論及：

> 「只有在面對著人類自己所尊敬的道德力量之前，人們的激情才能有所控制。如果這類道德力量失去了它的社會權威，那必然是一種強權就是公理的混亂狀態……。在古代社會裏，經濟只扮演著一種次要的社會功能，如今它卻已成天之驕子。面對著它，軍事、行政與宗教等等功能，已逐漸趨向衰退。唯有科學功能似乎還能夠跟它一較高低。然而，科學也僅止於有實用價值可言的情況下始能運作。換言之，當科學有利於經濟活動時，才會受世人所重視。在我們的社會趨向工業化的過程中，整個社會生活層面形成一種脫序現象，而這就是普遍性道德腐化的淵源，此一現象實誠有賴我們大家加以正視並解決。」

　　涂爾幹所屬的時代正值西方社會的轉型時期，此時傳統社會的道德體系已經瓦解，而新的工業社會道德體系卻尚未定型。正如同我們社會今日所處的現象，因此在其對社會建構的思想體系，對道德規範、集體意識在社會變遷中的特性，有相當獨特而精湛的見解。而其對社會變遷的見解，適足以用來觀察我們整體社會的客觀事實，並用以期待一個有序、嶄新社會的來臨。

參、社區發展的意義與重要性

社區工作乃一源於第二次世界大戰結束以後，由聯合國提倡的一項全球性運動。其主要的目的是希望能成為一種簡易而有效的解決社會問題的方法，用以改善居民的生活方式，運用政府與民間力量的統合，提昇生活素質。根據聯合國有關社區發展的報告指出，「今日，世界上大約有五百萬個鄉村社區，這些地域性結合具有共通的心理意識和制度結構，有遊牧性部落，也有農業村莊。隨著經濟、社會和技術變遷的進步結果，並未能為農村社區帶來更多的利益，反而打破了傳統農村自給自足的生活型態，且破壞了社會文化的整合力量。鄉村社區正遭逢極大的分裂性壓力，和來自都市文化的各種誘因。隨著人口大量移往都市找尋工作以獲取報酬，這些急驟的改變，使家庭和社區傳統和諧的關係瓦解。未開發國家的農村人民失去原有的純樸勤奮，變成冷漠平淡，新事務引進受到阻礙，對社會經濟的變遷茫然不知所措。」社區工作就是在此種情境下展開，以期有效地改善社區生活，並提出根本的解決方法。然而，該工作的推動並不能僅憑藉資本的大量投入，或是生產技術方法的改進，而必須配合當地人文風土的特性，發展出有效的社會制度結構，以促使社區居民能自發性地改善自身條件，提供接納未來進步的基礎，才能有所成就。

所謂的社區：「自社會學的觀點，是指一個社會的單位，而非法定的行政單位。社區存在於所有的人類社會，與家庭一樣是真正普遍的單位。其佔有一定區域的一群人，因職業、社會文化的差別，而形成各種不同的自然團結、自然地域，在該地域中生活的契合，使彼此間存有相互依賴的關係。」就此定義，則社區特別強調：生活於該社群的居民具有地緣的感受，及從屬的集體意識和行為，彼此相互隸屬、相互依賴，並以集體行動實踐共同的目標。社

區工作的主要目的，即是為進行社區發展。社區發展是指，「人民自己與政府機關協同改善社區經濟、社會及文化情況，把這些社區與整個國家的生活結合為一體，使它們能夠對國家的進步有充分貢獻的一種程序。」此一程序包括兩項基本要素：第一、居民本諸自動自發精神以改善自己的生活水準；第二、運用自助互助的精神以發揮效力的方式，提供技術和服務。亦即，社區發展工作是經由激發社區民眾的需求性，引導其參與各項計畫與工作，並以自助的原則，達到社區建設的目標。社區發展工作對引導社會變遷的過程是有價值與建設的成果，因此其被稱作「民主的社會工程學」。由於國情的差別，聯合國推行社區發展時係強調以解決社會問題、改善人民生活、增進社會福利為目標。我國在推展該工作時，則著重於完成基礎工程，實施生產福利，推行倫理建設；也就是期望自精神到物質建設，以締造均富、安和、樂利的社會為主要目標。

　　一般而言，社會各部門的存在，往往是彼此相互關聯；因此當組成社會的某部分因素發生變化，也多半會直接、間接地影響其他部門的改變。如果此因素的變化速度太快，致使各結構因素之間形成不良的整合，則會帶給社會上多數成員無法適應的後果。當我們面對今日社會的紛紛擾擾，許多人將之歸結於社會快速的變遷，其原因即在此。由於社會變遷的影響，自然也牽動著對社區的衝擊，是以社區工作的推展，必須是衡諸整體社會的變異，方不致產生偏頗。就此，我們應先了解今日社會變遷的主要原由，才能在社區發展上建立有效的原則。造成今日社會變遷的因素有許多，包括：科技發展、人口變化、環境改變、信仰價值、傳播擴展等。這些因素也直接、間接地造成社區的變化，在推展社區工作時應予以正視，才能促發社區的有效發展。

肆、以社區建設工作落實心靈改革目標

自聯合國推展社區工作以來，各國所呈現的現況和問題並不相同，然而不論是已開發或開發中國家，一個成功的社區發展必須植基於：充裕的財政經費支持、足夠的行政管理及保障居民權益的法令規章，以促使民眾願意且樂於投身社區建設與社區發展的行列。易言之，如何透過政府政策的執行規劃，法令規章的明訂確保，使社區民眾對改善社區生活的努力有充分的信心和參與，是影響社區工作的重要因素，並藉此促進社區居民的團結意識，發揮共存共勞、守望相助的目標。尤以當前社會刻正面臨價值混沌、規範不明之頃，更宜落實社區精神建設工作以達成心靈改革的目標；為此，宜朝向下列方向努力：(1)建立「社區意識」型塑「生活共同體」；(2)運用實證方法以了解社區居民的共同需要；(3)鼓勵熱心人士的參與和服務；(4)增進社區居民彼此互動的機會；(5)運用社區所認同的標識和儀式，促進社區情感；(6)營造終生學習的社區環境。

一、建立「社區意識」型塑「生活共同體」

「社區歸屬感」是指個人與所屬社區關係密切。正如同一個人對自己的家庭、故鄉、社會及國家等懷有特別的情感。這種「我群」意識，使社區成員對於該社區的建設成就有一種關注與榮譽的感受，對於隸屬該社區的活動，譬如：標誌、球隊、文化特徵、公共建築……都有相當的關注。此種心理的反應便是參與社區活動的動力基礎；因此，在社區發展工作上往往強調社區意識的凝聚與發揮，其原委即在此。由於受到工業化和都市化的衝擊，加上理性主義、科層制度、傳播媒體的影響；使現代社會中社區的規模有逐漸擴大的趨勢。傳統社會以居民居住的情形，並以鄰里為社區單元的觀點已受到挑戰。都市類型的社區已取代鄉村型的社區，因而過去

以家族與居住環境為核心，漸次移轉至以社團及職業關係為重心。此種景象，更需仰賴社區意識的強化，重新組織社區，重塑社區意識，形成榮辱一體的歸屬感，使社區發展順遂開展，以裨益社區居民。經由「社區意識」的強化，將有助於型塑「生活共同體」，乃至於落實「生命共同體」的體現。因為倘使居民具有我群的意識，自然會流露出對生活環境的關懷和參與。這種社區歸屬感，也將使社區居民易於產生與地方休戚與共，榮辱共存的心理意念，不僅有助於造福鄉梓，同時社會與國家的關係都能有健全的發展。

二、運用實證方法以了解社區居民的共同需要

在現代化的社區，有別於傳統強調以宗親及私人的情感為特質，而是受到社區居民普遍教育素質的提高、流動性的增加、理性化的擴散等影響，崇尚理性易於創新，且著重現實利益。因此，一個社區能否趨向於團結合作，並非運用文化統合力量可以達成，必須是尋求居民的共同需求、共同利益及共同發展的目標，方足以促使居民放棄個人情感的私利想法，而訴諸理性公利的公益行為。為了解社區居民的共同需求，最佳的方式便是進行「社區居民需求調查」。由社區領導人邀集相關代表及專業人士共主其事，透過問卷設計、訪查、統計、分析等，以釐清共同需求的輕重程度，以訂定推動社區工作的先後順序。

三、鼓勵熱心人士的參與和服務

儘管社區工作的推展可透過專業人員的介入，但是如果缺乏地方人士的共同參與，則不易形成持續、整合的力量。因此，喚起民眾的參與和投入成為社區發展所必須。該項工作宜由社區中的領導者，經由社工人員的協助，鼓勵居民認同與投身社區建設行列。經由熱心人士的促發，並鼓勵帶動民眾的投入，社區發展工作方可推行。並足以克服人際之間的疏離與冷漠。

四、增進社區居民彼此互動的機會

由於現代社會的流動性較高，因此社區居民易呈現快速新陳代謝的景象。為能促使新、舊成員的彼此認識與了解，則有必要增進社區居民彼此互動的機會。此種融和的互動方式，包括：

1. 發展新、舊社區成員的共同價值、信仰和習慣。
2. 擴展彼此互動的範圍，使社區居民能加強語言、文字的溝通與合作的機會。
3. 引介新進的社區居民，裨益於彼此的接納和認同。
4. 運用既有的團體、組織，如，學校、教堂、廟宇……等資源，促使各團體人士共同參與，以增進社區居民互動與接觸的機會。藉由互動的方式，可增進社區居民的了解與合作，並從而發掘領導人才，發展出共同的利益與情誼，形成整合的力量。

五、運用社區所認同的標識和儀式促進社區情感

尋求社區所特有的自然景觀、紀念建築、特別傳統……等（如，迪化街的大宗買賣、三峽鎮的祖師廟、平溪鄉的放天燈、淡水鎮的紅毛城、鹽水鎮的蜂炮、美濃鎮的客家民俗），用以建立社區居民所認同的符號標識和儀式，促發共同的情感，發展民眾對所屬社區的「我群」歸屬感。

六、營造終生學習的社區環境

社區發展的目標是在提供社區居民良好的生活空間，其過程需強調教育的重要性，因為只有人，才是整個社會營造的核心，促使民眾獲得啟發、參與，以發展出公民意識與社區認同。尤其是當知識已成為人們迎向未來的最大保證，終生學習亦為人們不可或缺的

生活做領域，為此具體的做法有：

1. 定期舉辦成長性的聚會，如成長團體、讀書會、社區講座、聯誼會等，居民由團體中成長，有更寬廣的人際關係網，能追求理想的生活型態，經營自己的親密家庭。

2. 透過前項的成人教育方案，培植與訓練社區內具有潛力的輔導人士做為領導幹部或未來的儲備人才、做為將來的人力資源，同時鼓勵具有地方特質的發展類型。

3. 結合學校資源推動「社區學院」，以提供民眾進修機會。以達到理想的教育體系是學校與社區密切結合的生活共同體，讓社區豐富的生活文化以提供學校活潑的素材，並以學校充沛的知識資源協助提升社區生活品質，達到全面培養社會人力，提昇人民文化水準和生活素質，建立高素質現代社會的目標。

現代社會的特質是快速而急劇的變遷，除了造成社區型態的變化外，也帶動了社區結構與人際關係的改變。此種改變形成人際關係的疏離，這更突顯在變遷社會中社區發展工作的重要性。西方學者密爾森（Fred Milson）曾有如下的主張，「社會變遷雖由於造成變遷的因素過於複雜而不易為人所控制，但是社會科學研究者仍能藉由已知的各種地理、人文、文化、心理、生物等因素，對社會發展加以掌控，使社會的計畫變遷有實現的可能。其中，社區發展工作就是要積極的指導人類，發現社會的問題和需求，發揮人群分工合作的精神，並組織既有的人力、物力資源，使社區生活能在有效的建設和調適關係中獲得更高的發展與加速的進步。」究此，可以理解在變遷社會裡推動社區工作的重要性。

伍、結語

　　台灣的工業化，使其生活型態從農業漸漸轉化成現代化的社會。無疑的，這種轉變使一般人民的物質生活更加富足，國民所得攀升至已開發國家的行列。但也因為轉化的腳步過於倉促，以及各種文化體系的條件無法在短時間迅速融合，而造成之間的斷層，甚至產生脫序現象。這個現象表現在對名利的追求，對物質資源的無限浪費，而且日趨嚴重，面對這個失序的社會，我們應該要重建社會價值的標準。然而「徒善不足以為法，徒法不足以自行」，良好的道德規範仍賴人人的踐行與落實，這項心靈重建的工作，尤須運用社區工作加以開展；因為個人是組成社區的基本單元，沒有個人則社區就無由存在，同樣的個人也依存於社區以滿足人類的各種需慾；是以個人與社區是相互依賴和影響的。顯而易見的，傳統社區由於居民「生於斯、長於斯、歿於斯。」自然容易產生認同的意念與歸屬感，而有利於社區意識的傳承與運作。然而，今日社會中的社區由於都市化、工業化的影響，加以交通發達、居民職業結構的多樣性，以致社區人口流動加速，社區組織結構改變，居民的居住地區與工作地區分離甚遠，民眾對職業關係的利益遠超過其對社區關係的利益。因此社區居民所呈現的社區意識，有逐漸疏離和冷漠的趨勢。是以經由社區意識的強化，把握社區發展的原則，用以增進現代社區居民對「群己關係」的認同，加以原有規範人倫互動的五倫，予以現代化、生活化及大眾化，建立能配合現代社群發展的合宜意識，進而裨益社區發展的目標「生活共同體的建設」。

第拾壹篇
社會政策

第1章　社會問題與社會政策

壹、社會問題的定義

「社會問題」是大家耳熟能詳的概念。根據Fuller和Mayers對社會問題的定義，他們認為，「一個社會問題即是一種被相當數目的人們認為是與他們所持有的某些社會規範產生了偏離情形的狀況。是故，每個社會問題包含著客觀條件和主觀定義。所謂客觀條件即指，可由公正、經由訓練之觀察者確認出其存在和數量（比值）的可驗證情境，如國防狀況、出生率趨勢、失業率等等。主觀定義則指，某些人體認到某種情況對其所持有之某些價值造成了威脅的情形。這種偏離情形只有靠眾人集體的行動才有去除或改善的可能，單憑一個或少數幾個人是無法做到的。」（葉至誠，民86年，頁524）就本定義，我們可以歸結一種社會現象是否被視為社會問題便涉及了：

1. 這個現象違背了某些公認為（或至少有一部分人認為）良好的社會規範或價值，或觸犯了某些人的利益。
2. 這個現象為大多數人（或一部分人）認為是普遍存在於社會結構中的問題，且其嚴重性持續一段相當長的時間，可能對許多人產生不利的影響。
3. 在絕大多數的情形下，這個現象的發生非由個人或少數人所應當負責的。
4. 對此現象，人們有加以改進或去除的意願，並相信有可以改進或去除的可能，但是改進或去除並非一個人或少數人可以做到的，必須透過某種集體行動的方式才可能達成。

嚴格的說，一個社會現象只要是不具備上述這四個條件中的任何一個（或其中的一部分），就很難稱得上是社會問題了。

貳、社會問題的肇因

社會問題是違反了社會規範與社會制度化的期待，因而擾亂公共的秩序、安寧，侵害到個人的權利。而是使社會需要採取必要的因應措施。黎默德（E. M. Lemert）曾經對於社會問題形成的原因，提出：

1. 個人特有的屬性，例如：性格、態度、動機、精神、身體的異常等，所產生的偏激現象。
2. 貧困、失業、家庭衝突等的外在情境與本身的能力角色，自我評價的內在情境，產生衝突的情況。
3. 對於某團體所屬次級文化的順從，致出現脫離廣大社會的規範，而導致文化衝突。或者因社會控制功能的失效所導致。

人生活在社會裡，個人與社會是相互依賴的。因此，個人必須提供必要的貢獻予社會，社會也必須提供最基本的需求給予每一個社會成員。在人與社會的互賴與互動中，有些人因某種原因無法達到個體的需求和適應，阻絕個體與社群在發展上的困擾，而形成社會問題。

近十幾年來，我們的社會在現代化的潮流衝擊下，歷經了快速的社會變遷，使社會的型態由典型的傳統農業社會轉變至現代工商社會。此種社會蛻變，不僅使社會結構與個人生活有著急驟的變化，同時人們的價值及意念也有相當的變異。換言之，經由現代化所引發的社會變遷，為社會植入了新的意念與價值觀；然而，也產生了若干新的問題。根據社會學者葉啓政教授的分析：「就社會問題促成的原因而論，現代化的社會變遷所帶來的社會問題至少有三

種：⑴主要是由快速變遷本身所促成的社會問題，如心理疾病問題；⑵主要是由變遷後的現代社會及生活特徵所促成的社會問題，如勞工問題、消費者問題、環境污染問題等；⑶主要是由現代社會及生活特徵與傳統社會及生活特徵交互作用所促成的社會問題，如家庭與婚姻問題、升學主義教育問題等。這種分類當然是十分粗疏的，因為在社會變遷的歷程中，任何一種社會問題都會同時涉及快速變遷本身、現代社會及生活特徵、傳統社會及生活特徵等三類因素。」（葉啓政，1991，頁78）

參、當前的社會問題

根據行政院主計處所發布的89年台灣地區社會指標統計，可以讓敏銳的觀察者去發掘到不少現存甚已嚴重或潛伏的社會問題。以下就這些問題做扼要的分析說明。

一、家庭結構破壞

台灣的家庭結構在明顯變動。民國79年時，有18歲以下子女的單親家庭約二十萬戶。至89年，成長到約四十餘萬戶，造成單親家庭的主因是離婚。十五年間，台灣的粗離婚率成長超過一倍。73年，每千人只有一對離婚；89年底，每千人已有兩對離婚。離婚率節節上升，顯示對於家庭制度所構成的威脅，婚姻關係的穩定性已受到明顯衝擊，其中影響較為深遠的包括：家庭經濟的不足、角色負荷的沉重、子女教養的無奈、社會關係的疏離、法律權益的爭執……等，皆赤裸的呈現，並且形成值得關注的社會問題。

二、貧富差距擴大

以往社會被大眾稱許的是，我們在追求富裕的同時並未犧牲掉平均，以致「均與富的社會」成為「台灣經濟奇蹟」另一項值得誇

耀的成果。尤其是人們常懷「不患寡而患不均」的情愫，因而達成「全民均富」便成為經濟發展的主要工作。但自1980年以來所得差距持續擴大的現象，以及更嚴重的財富分配嚴重不均問題，不僅反映在「基尼指數」的統計數字中，亦呈現在諸多民眾的生活經驗裡，其過程雖未有「富可敵國，貧無立錐」，但恐已對社會心理和社會風氣造成扭曲。相對剝奪感和不平之鳴恐怕已瀰漫於中下階級的認知和感受之中。

貧富差距的加劇，無可否認的，是由於高階層人士比低階層人士，在塑成社會行政規範時，對影響其利益的作為較有影響力。因為他們擁有特別地位，並不需要特殊努力，就能取得法律的特殊利益。台灣的社會發展正處於一個民眾普遍期待要民主化、制度化、管理與效益革新的階段。但政治中卻充斥過多追求外部與工具利益、利用政治發展事業的人物，許多民選代議士、行政首長、黑道、財團與選舉樁腳，共同分贓、壟斷有限的資源。造成社會的不公允和不正義的現象。

三、犯罪行為增加

內政部的統計了近六年來（民國83年至87年），國內刑案發生自每年十四萬件上升到每年二十萬件、暴力犯罪自每年七萬件上升到每年十二萬件、竊盜案件則自三萬五千件上升到十萬四千件。顯示治安惡化之驚人，社會已為此付出慘重代價。在犯罪被害統計中，尚應包括因犯罪事件所衍生的被害者心靈、身體、財物及周遭親友所共同遭受的深痛傷害，以及對社會所造成的影響，而這些是統計數據所無法具體呈現出來的。

四、環境污染嚴重

環境污染的惡化，城鄉生活均難逃各種污染的危害，污染受害感早已凝聚成各地區反污染自力救濟和抗爭運動的社會心理基礎。

山坡地濫墾現象造成土石流、水源區受污染、水庫淤積、森林面積減少、野生動植物受害等重大環境及生態危害。但到目前為止,林地（多數為山坡地）的綜合開發仍是大規模土地使用轉換的重要途徑,而各種山坡農業（含檳榔、高山茶及蔬菜）也仍然興盛。賀伯颱風,造成六十餘人死亡,經濟損失高達近兩百億元,是繼八七水災以來,臺灣地區損害最嚴重的天災。檢討之下,不乏對國內長期不重視環境保育工作的指責。這些記憶猶新的事情,不僅使得臺灣的環保運動受挫,亦在在顯示出臺灣經濟社會正走到一個重要的關卡。環境保育與經濟發展兩者之間如何取得平衡,已是刻不容緩的問題。

環境資源逐漸在減少,經濟發展也面臨了空前的挑戰。工業生產若無全面的規劃與管制,將影響到整個社會的生態環境。正如環保團體所言,資本家在利字當頭的趨使下,僅奉「降低生產成本」為最高原則,將防治污染的成本能免則免,不但破壞環境更會影響人民的生存。居民長期飽受污染的肆虐,企圖透過體制內應有的管道尋求改變,卻往往得不到解決時,勢將爆發出自力救濟且具草根組織的社會運動。

五、老年人口驟增

台灣的家庭結構「瓦解」程度不如美國等西方國家,但因家庭結構變化影響,近七年之間,台灣地區多出四分之一孤單老人。目前至少有三十五萬名老人獨居、或僅有老夫老妻相依為命,且在快速增加中。家庭人口空洞化的現象,使台灣社會勢必面臨嚴重的老人照顧問題。依政府家計單位統計顯示,平均約每十名65歲以上的老人中就有一名獨居者,近兩成是老夫老妻相依為命。孩子結婚後,只有半數的老人與已婚姻子女同住。同時,根據統計民國78年,有一半老人主要依靠子女奉養;十年後,每三個老人有一人主要靠子女奉養。依靠子女奉養的老人中,每三人就有一人覺得並未

得到子女充分支持。目前台灣65歲以上老人達到一百九十五萬。如何正視老人未來生活，不只政府要重視，也是所有國民的重大課題。

肆、社會問題的解決：社會政策的研擬與推動

「社會政策的原意，乃在解決社會問題，促進社會改革。簡言之，社會政策就是處理社會問題的對策。」（洪旋德，1997，頁4）因此，根據行政學者賽蒙（Simon）的說法：「社會政策的制定過程首先需要了解社會問題，方能有效控制並且解決該問題。」（Simon, 1960, p.112）社會問題足以威脅社會的發展，不僅為社會科學研究者所關懷，並且企圖加以調整改善。就該問題的解決大致上可分為下列方式：

1. 在社會快速變遷情況下，運用理性態度探求人類的生活與社會環境中所呈現的事實與問題，並妥善的設計與規劃，圖謀社會各方面的均衡發展，才能使社會轉向於新的發展價值和目標。

2. 社會問題的發生，具有連鎖性及循環性的現象，其因素非常複雜。所以，必須先就病象事實及其內外在因素從事調查研究，並擬訂政策和計畫，進而推行積極性的改善措施。亦即，當社會問題的癥結被清楚地了解其性質、範圍、原因及影響後，便宜提出具體有效的辦法，俾為改善的依據。

3. 社會政策與社會立法的協調與配合，亦即解決社會問題的必要條件，如社會立法的順應實際需要、社會政策的健全完整、社會工作的專業化等，皆能助益於社會問題的解決工作；同時，必可減少許多原則性和片面性的行動，來影響預期的成效。

4. 社會問題之妥善與適當的解決，必將避免社會病態現象的重現，以及減輕威脅人類社會繁榮與進步的阻力，共謀維護人類的尊嚴、權益與正常的生活，增進社會的和諧發展。

5. 社會問題是與整個社會有關的，要徹底圓滿解決，必須借助社會的力量及各方面之合作，方能克竟事功。

在上列所指出的五項社會問題警訊為例，這份社會指標報告也提供了最起碼的客觀事實，可做為倡導社會改革行動和公共政策改進的依據，諸如：

1. 對於婚姻關係的不穩定趨勢和問題，社會政策能著力的或許不是直接介入到夫婦之間極為私人的婚姻關係，而是在因應這種離婚率上升的社會現象和所產生的子女和女性可能蒙受二次受害的社會問題上；提供在社會政策上的保護和保障。

2. 針對所得差距和財富分配不均所產生嚴重的社會問題，需運用符合社會正義的種種社會政策以積極和強力的推動，這包括所得稅累進制度的推動、遺產稅的確實執行和防弊措施的強化、房地產投機和壟斷的防制，以及相關社會福利制度的改進（如失業保險的開辦、年金制的規劃等）。

3. 治安問題要徹底改善，犯罪預防工作絕對重於偵防工作。犯罪偵防可以暫時性的抑制犯罪問題擴大，但其作用並不能持久。犯罪預防是防患於未然的事前處置作為，重點在降低犯罪發生機會。每一犯罪事件的發生需有三個要素：有能力且有傾向的犯罪者、合適的犯罪標的物、抑制犯罪者之不在場。因此，欲降低發生犯罪的機會，就應考慮從「減少犯罪者」、「增強犯罪標的物之防禦性」及「增加犯罪抑制者在場」等方面著手。

4. 針對環境污染的惡化和自然生態的破壞問題，相關公共政策的不足固然是主要原因之一，但政府，尤其是為政者和領導

決策者對環境保護的理念認識不深刻、沒決心、對盲目經濟成長的迷思，恐怕是更深沉的癥結。如何根本調整國家的工業發展方向和策略；並且從經濟成長的施政理念轉變成為「永續發展」的為政理念，當是考驗政府決策者政治判斷和智慧的試金石。

5. 因應高齡化社會的來臨，社會政策必須做及時而長程的改變和規劃，這包括特定福利政策的加強，所得稅制的調整，老年人口勞動力的再運用政策之規劃等。

伍、結語

中外古今任何社會幾無可避免會有社會問題的存在。此誠如美國社會學家尼斯比（Nisbet）所言：「不管社會是多麼簡單和穩定，沒有可以完全免除社會的失序、偏差的困擾。」（Nisbet, 1971, p.14）至於我們宜如何面對此些日益紛雜的社會現象，站在社會政策的立場則宜以「理性主義」、「人道主義」為訴求。運用理性主義使人們不僅能清楚界定社會問題為何，並且能更有自信的來解決該問題。而人道主義的運用則使我們發掘更多的社會問題，關注其嚴重性，並積極促使人們對社會問題產生更多的關懷和奉獻。以此態度面對不單是使社會道德秩序得以穩定建構，同時能促發人們以更為理性、健康的態度，以提陳有效的社會政策，克服社會運作中所帶來的各項問題。

第2章　政府於社會福利政策上的角色

壹、前言

　　自有人類以來，就有「社會福利」的概念。遠在洪荒世界，人們必須依賴平日儲糧食以備不時之需，至發展至農業時期，大家族的多子多孫觀點，其目的之一也是在「養兒防老」。及至工業社會，受到社會型態的改變，家庭已不再是保障個人藩籬，由政府和社會機構起而代之扮演著社會福利的角色。尤其是自「福利國家」的觀念推廣開來，福利服務成為今日政府責無旁貸的職能責。

　　隨著福利服務的推展，不僅強化了政府的社會福利功能，並且增加了人民與福利提供者和政府之間的互賴關係，這種互賴的關係宛如 D. Easten 所建構的「輸入→系統→產出」模式。政府由民眾的需求，繳納的稅款等，經由決策機能的分析、規劃，再產生出不同的福利服務方案，以反饋到民眾身上。為了能深一層說明福利服務的增加將使人民與政府的關係愈形密切，本文由：「由個人的福利到社會福利」、「需求的提供與資源的分配」、「社會福利的最適性」、「社會福利與政府的角色」等段落加以簡述。

貳、由個人福利到社會福利

　　「福利」係指能滿足個人喜好的事物。由於每個人的主觀價值不同，對福利的判斷自然有所差異。社會福利為了建構對個人喜好的

判斷，運用了「功用」（utility）的概念。認為功用是指個人幸福的主觀狀態，因此，如果個人主觀上覺得某件福利方案可以提供其幸福，則該項福利方案便具有功用。由於功用的概念具有規範性的涵義，是以在福利經濟學上以「選擇」（choice）和「愛好」（preference）來說明「功用」。

古典經濟學者認為可以用序數性（ordinality）來說明個人的喜好。但是新古典經濟學者卻認為，以序數性來表達個人喜好是很不顯著的。因此主張以基數性（cardinality）取代序數性的比較方式。序數性的量度（ordinality measuralility）祇牽涉到功用是否可以分階的可能，而無法對功用加以比較。至於基數性的量度（cardinality measuralility）則提供福利研究者關於「功用比較」上更多的知識，尤其是對於兩個或兩個以上政策或財貨之間轉換的程度。

當我們試圖將個人福利（individual welfore）推擴到社會福利（social welfare），自然涉及福利方案的選擇，因此為了達到量度的效果，則必然需要以基數性的量度（cardinality）來取代序數性的量度（ordinality）。另外，為了說明如何將個人福利轉為社會福利，茲以表一簡要說明之。

透過上述量度的改變，我們不僅能將個人的喜好、功用等主觀愛好轉換為社會福利的範疇，同時能因此建立一個福利國家所追求的最適社會（optimum society）。

參、需求的提供與資源的分配

就如同涂爾幹（Durkheim）對社會變遷的見解，當人類由「機械社會」邁向「有機社會」後，人們的互賴程度將隨著升高。人類生存在有機社會裡不可能憑藉一己的力量，便完成個體的所有需求，同時伴隨著工業化和都市化，家庭、家庭機能隨著蛻變，起而代之的是正式團體的勃興，尤其是政府職能的擴充，成為社會中

表一　個人福利轉為社會福利建議說明表

個人福利 ORDINALITY	社會福利 CARDINALITY	
良好的健康	a.預期壽命	b.血壓
	c.每人每天攝取的卡路里	d.體重
	e.死亡率	f.嬰兒夭折率
健全的教育	a.國民義務教育年數	b.學生總人數
	c.學生人數佔總人口數的比例	d.兒童就學率
	e.各級學校數量	f.文盲數
職業的保障	a.就業率	b.失業的時限
	c.勞動參與率	d.失業率
	e.資遣率	f.職業轉換率
富裕的生活	a.G.M.P	b.基尼指數
	c.經濟成長率	d.國民儲蓄率
	e.投資率	f.外匯數量
高生活素質	a.公園綠地面積	b.住宅區的噪音分貝數
	c.圖書館數	d.公共設施數量
	e.每年觀光旅遊人數	f.每家戶訂報、雜誌數
生活的安全	a.國民保險的普及率	b.民間捐助福利金額數
	c.每年公共福利支出占G.M.P的比率	
	d.福利中心數量	e.醫院數量

「需求的提供與資源的分配」者。

　　自第二次世界大戰以後，世界各國興起對社會福利的追求，而社會福利制度的範圍和內涵是受到各個國家的社會意識型態所操縱，該意識型態的具體表現就是政府的政策取向。

　　為了達到社會福利的目標，政府經常運用「資源再分配」的策略，以促成民眾基本需求的滿足。這其中分配資源的取得，往往是經由稅收的途徑來達成。換言之，社會福利制度中其所需的財源均是來自國民生產總額，經由稅收取得。眾人皆知，在任何社會中，經濟的繁榮，並不能保證工商業願意繳納較高的稅捐。然而若稅率降低，稅收減少，將使低所得有凍餒疾苦之虞造成社會問題。因

此，在稅率的高低之間及再分配制度的均衡運作上便有賴政府的維持與調節。

其次，就社會福利的內容或項目而言，則政府亦扮演著重要的角色，因為處在「福利需求的無限性，資源分配的有限性」下，如何將現有的資源做最妥當的配置，也往往是源自於政府的考量與抉擇。

社會福利服務的基本功能，在消極方面是為了解決貪、愚、懶、髒、病等人類五害；積極的功能則是希望透過社會福利服務，達到所得平均的再分配。進而回饋到經濟生產，促進經濟的繁榮成長。為了達到此目標，必須經由福利制度的建立以滿足個人的基本需求。由於「需求」（need）是屬於個體維持最起碼生存的底線，因此社會福利服務提供的不是經濟理論上的「價格功能」。換言之，社會福利中「需求的提供」並非植基於個人財貨的多寡，購買能力的高低，為了達到此種需求的滿足，就必須依賴政府的干預措施。

社會安全與福利服務的一項特性，在於服務的提供或是資源的分配，是由政府機構來規劃及執行，而不是由市場的價格來運作。這當中資源的分配，不論是「財物或管理的配給」或是「服務及消費的配給」，若任由當事人自行決定，則實際上將因為個人與個人之間需求的差異性極大，需求程度不同，勢必需有千百種福利措施才能滿足需求，如此不僅使有限的福利資源無法做最有效的分配，亦將由於個人認知上的差距，以致無法做出有效的選擇和判斷。因此，在福利服務上資源的分配及需要的提供成為政府的重要職能，而這種職能的運作，更強化了政府與人們在福利服務上的互賴關係。

同時，福利服務的運作係屬於一種「移轉性支付」，也就是一種「公共財」，所以必須藉由政府透過稅收的途徑才能取得分配的資源，再移轉給需要的家庭、個人或團體。若無政府的介入則此種移轉的過程亦難以達成。

爲說明福利服務下的政府與人民的關係，茲以健康保險爲例運用圖示加以描繪。

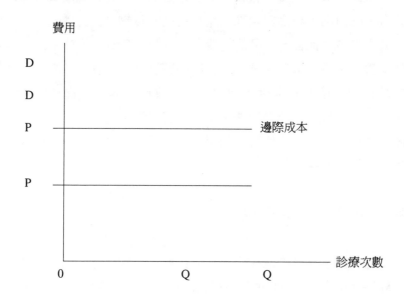

　　原先在政府未開辦健康保險時的醫療需求曲線爲D_0，當政府舉辦健康保險以後的醫療需求曲線爲D_1。

　　當費用爲P_0時，在沒有健康保險時，診療次數爲Q_0；當有了健康保險後，在P_0時，診療次數將增加至Q_1。此時自己付OP_1，則較以前需付OD_0爲少，至於政府的健康保險機構付P_1P_0。因此，健康保險的推行產生了兩個結果：第一，看病的人較前增加；第二，看病的費用較以往低（因爲病患祇要付出了其間的部分費用，其間的差額則由保險機構負擔），這兩種結果自然產生民眾樂於參加健康保險，亦產生對該項保險的依賴。

　　社會福利的增加是否會造成對經濟發展的不利影響？相信是多數國家在擴展福利服務時最費周章的考量。若是我們以古典學派中的賽伊法則－，則應當提供政府辦理服務的有力支持。因爲根據賽

伊（Jean Baptiste）的說法：「生產某一產品，就立即為其他的貨品創造了市場」。換句話說，任何人在生產貨品時，都是以消費或出售為著眼點。如果他要出售該產品，則必然是想要藉此購入其他能立即有用的貨品，或是對未來生產有幫助的貨物，因此透過生產，生產者不是成為他自己產品的消費者，就是成為其他人產品的購買者與消費者。這種情形若擴大到對經濟整體而言，就表示總需求會等於總供給。由於有賽伊法則的存在，當政府擴充其福利服務的供應，也自然提升了社會的整體需求，為了滿足這種需求，將帶動民間的生產和供應。也使得我們相信福利服務的增加，將使得政府和民間的關係愈趨於密切。

肆、社會福利的最適性

福利國家其目的是在追求其國民有滿足的生活。福利經濟學之父庇果（A. C. Pigou）主張將福利區分為「經濟性福利」、Economic Welfare 和「非經濟性福利」（Non-Economic Welfare）。並將直接或間接與貨幣有關的福利，定義為「經濟性福利」。庇果認為，如果其他條件相同，國民所得的增加、分配的均等以及經濟的均等，都可以提昇社會福利水準。為了達到此目標，庇果主張以組織的力量，調適生產條件與分配條件的不均衡，而租稅與補助金的運用，就是政府能妥為運用的方式。由庇果的主張，我們可以看出一個福利社會的達成，政府所需扮演的是積極的角色，而這種角色的運作和介入將強化政府與民眾的關係。

1960 年至 1970 年代中期，隨著高度的經濟成長使得福利國家擴充其福利職能，人們也因此享受了有史以來最優厚的生活保障與福利服務。可是，龐大的福利支出卻成為政府的沉重負擔，高額的稅金和保險費，降低了人們的工作意願，儲蓄率的降低，阻礙了資本的形成。福利國家也因此成為若干政府望之卻步的政府型態，而尋

求其他的福利體制。究竟福利國家應該具有哪些機能？才能達到福利的最適性：

1. 資源配置機能：亞當斯密早以主張自由市場的福利機能。後來經由巴烈圖（V. Pareto）、馬歇爾（A. Marshall）、希克斯（J. R. Hicks）等新古典經濟學派的補充，使福利機能更具理論。著名的「巴烈圖最適量」（Pareto Qptimum）就是在投入與產出之間從事最適當的配置，以增進社會全體的利益。1870年以後盛行的邊際效用分析（marginal utility analysis），更證明自由市場能透過資源的有效分配，達到生產極大化和消費最大滿足的效果。

2. 自由競爭機能：自由市場所標榜的競爭原則，可以刺激企業家的創意，促進企業家的合理經營，帶動經濟的發展。同時也可以提升勞工的工作效率，提高勞動生產力和工資水準。因此政府必須確保市場的競爭和穩定生產。

3. 穩定經濟機能：穩定經濟的基本條件，就是要維持市場供需的均衡。自由市場本身就具有這種自動調節供能。當商品供給不足，就會引發物價上漲，造成商品需求的減少。相反地，如果商品供給過盛，就會造成物價下跌，使產品的需求增加。為此，政府必須有效調整市場供需的關係，以維持經濟的穩定發展。

4. 所得重分配的機能：自由市場的所得分配，容易擴大所得的差距，造成貧富懸殊的問題。政府必須採取所得重分配的措施，如累進方式的所得稅制、社會保險制度，最低工資制、私有財產的重分配、漲價歸公的土地政策等，以縮小所得的差距。

5. 補充市場機能的角色：企業為了降低其生產成本，往往忽略了社會成本（social cost）因而導致了外部不經濟（external

economy）。必須靠政府以法律限制或課徵稅金。企業追求私利的結果，常常不顧及社會公益，必須由政府加以補足。為了彌補市場經濟的缺失。政府必須充實道路、港灣、橋樑、公園、防災、住宅等社會資本及福利、教育、衛生等公共服務。

6.安定國民生活的機能：政府對於因疾病、災害、年老、殘障或失業等原因而喪失所得者，應該負起安定其生活的責任。此外，政府亦應合貨幣政策、租稅及物價措施，以充分保障全體國民的生活。

7.維護並促進市場的機能：自由市場發展的結果，容易產生獨占或寡占情形。而阻礙了市場機能的運作。此外，由於技術的進步與企業的保密，容易造成市場知識的封閉，阻礙生產貨品和生產因素的流動。因此政府必須以法規禁止獨占或寡占的商業行為，並透過政府機構的中介，開放市場知識，以維護市場的機能，帶動經濟的發展。

若是任由市場的自由運作，往往會因為自由競爭的結果造成了強者的社會，所得分配的不均造成了貧富懸殊，企業的生產優先順序造成環境的破壞……等，這些結果和缺失必須藉由政府的介入方可解決。亦即在福利國家的政府必須善盡上述的「職能」，才能達到福利的最適性。

伍、社會福利與政府的角色

福利國家乃起源於西方的理念與經驗，從福利人權意識的喚起，到福利制度所彰顯的功能。「福利國家」的確反應人類追尋最大幸福境界的突破。福利服務不僅成為西方建立烏托邦式理想國的嘗試而「從搖籃到墳墓」的福利取向，也成為現代國家的主流和責

無旁貸的責任。各項福利服務所建立的服務網路，因爲需要結合龐大的資源與人力，因此在福利服務的國家，政府與民眾所形成的供需關係愈爲密切。然而，或源於民眾對「權力國家」等制度的排斥、或爲期杜絕福利資源在「各取其所需」所造成的浪費，如何使福利國家的機能、結構做必要的調整，人民對福利的取用做合宜的改變，將關係著福利服務是否仍爲人們基本「權力」的關鍵因素。

爲期節制人民對福利資源的浮濫取用形成浪費，經濟學家建議採取「福利服務內部化」的原則。所謂的「內部化」係指「外部性的內部化」，尤其是針對外部不經濟的內部化。這種福利觀點源自經濟學上的「均衡」理念，也就是效益和成本兩股力量之間的平衡。譬如說，化學工廠排放廢氣，使鄰近的電子工廠所生產的精密零件品質受損，較佳的解決方法，是由化學工廠將電子工廠買下，俾使得這家公司老闆，對於化學工廠廢棄與電子零件的品質之間有所選擇，選擇一個均衡點，因爲電子零件的維持，就已構成化學工廠廢氣排放的限制條件。這樣將效益與成本明顯列出使受益者、消費者、納稅人、規劃機構有身受之感，再讓其間做均衡選擇，就是「外部性的內部化」意念的實施。

增加社會福利是民眾所期盼的，但令人顧慮的是，由於對資源的浮濫取用，遂造成財政龐大支付，使財政不勝負擔。可是，若干人存在著總以爲增加財政負擔，祇是增加政府支出而已，而增加社會福利，卻使人民的權利有所增進的觀念，但必須注意的是政府支出的增加，就等於增加人民的負擔。是以，政府今後施政，對於開辦社會福利的研議無論是出自民意代表的提案，還是社會運動者的呼籲，均應列出政府支出增加的金額，以及人民每年增加的負擔。舉例而言，如果政府想舉辦失業保險，因爲該項保險能避免失業人數增加與失業時間延長等弊端，自然是件裨益社會的好事。但若保險給付不能全由保險費負擔，勢必由全民負擔之，所以事前可以經過精算，說明舉辦這種保險，必將使間接稅與直接稅的稅率各分別

增加多少比率；如此，使人民對於此事的權利與義務明顯例出，亦就是對社會福利賦予限制條件，讓民意代表與全體人民作理性選擇，若是人民願意增加所需的稅負，則政府何樂不為，亦是社會福利推動的應有作為。

其次，為了避免福利國家的推動造成過度干預導致權力國家，以建立最適社會時必須考量到：

1. 調和經濟正義與社會正義：即經濟人的經濟觀和社會人的人道主義必須有效的統合，除了促進經濟成長，也要能提昇國民生活的滿足程度。

2. 妥善規劃政府、企業和民間資源：此資源的運用不僅包含財物，亦包括人力、智慧諸方面，透過三者之間的力量達到最佳結合以形成嚴整完善的服務網路。

3. 培育國民的連帶意識與自我努力：最適社會不是由政府包辦國民的生活，必須由國民以連帶意識相互協助，另一方面，個人必須自我努力發揮潛能，建立「全民參與的福利社會」。尤其以「社區意識」（sense of community）為邁向最適社會所必須的。

4. 強化民間與政府之間的溝通：最適社會的建構需賴國民的同意（consent）。政府在制訂施政計畫之前，必須徵詢國民的意見，由溝通檢討修正，產生最佳的體制。

我們可以由最適社會的建立，外部不經濟的內部等福利服務的取向，清晰地觀察到福利社會中存在著密切互賴的政府與民間關係，這種相互依存，相輔相成的關聯，將導引我們社會邁向建全的福利國家。

第拾貳篇
社會福利

第1章 社會福利與經濟發展

壹、前言

　　社會福利所揭示的理想已成為人們思想的主幹，達到全民均富的目標亦形成一股龐大而不可抗拒的社會潮流。許多政治人物以社會福利推動的舵手自期，並做為政府實踐社會正義和落實為民謀福的基本政策。因此，近年來，不僅是「老人年金」受到重視，全民健康保險、國民平價住宅……等，亦為政府極力施展推動的政策。在這股氛圍裡，社會福利彷彿是社會正義的象徵，也是落實政府職能的最佳體現。然而西方的福利社會建構，又有人評以浪費資源、強化政府組織體系對民眾的掌控，乃至影響國家的經濟發展……等缺失。

　　現代社會發展的目標，無不在追求社會的繁榮富足和公平正義。因此，當英國大主教威廉鄧普（Wiliam Temple）於1941年提出「福利國家」（welfare state）以取代「權利國家」（power state），的概念後，即成為自由世界爭取社會安全的基本根據。社會福利提供社會大眾和政府追求的一個藍圖。若就自由經濟體制而論，福利國家所實施的各項福利措施，其目的在解決自由經濟體制下的各種負面發展所衍生的社會問題，以期達到公平合理分配社會資源、滿足個人生存的基本需要、保障屬於劣勢的個人或弱勢團體、穩定社會秩序等目的。

　　隨著民主政治的推展，全民擁有更多參與政策制訂。政策抉擇的管道時，社會福利的擴展曾經是為政者取悅人民或施惠於民的重要措施。然而西歐、北美這些社會福利先進國家當身陷於：「因社

會福利的過度膨脹，造成經濟發展的遲滯」、「龐大的福利支出與財政赤字，產生經濟衰退」、「政府的福利措施摧毀人民的工作動機和造成懶惰的依賴人口」……等。頓時之間，社會福利成為經濟發展「避之唯恐不及」的瘟疫，成為拖垮國家財政的負擔，成為延遲經濟成長的代罪羔羊。1979年英國政府發表的「白皮書」宣稱：「公共支出是致使英國經濟陷入困境的主因」。社會福利動搖經濟成長，不僅深植於執政者的思維，也存諸於學者專家的觀點，連一般大眾也作如是觀。

究竟「社會福利」與「經濟發展」存在著什樣的關係？面對這種對立的主張，當我們在企望社會福利的建構時，該如何客觀、冷靜、理性以對？是本文希冀探求的。以下茲就就：(1)「社會福利對經濟發展的正向功能」；(2)「社會福利對經濟發展的負向功能」；(3)「社會福利有助於社會發展」等三個層面來加以探討。

貳、社會福利對經濟發展的正向功能

社會福利的產生，可以說是因工業社會由於生產型態和家庭關係的變化，使原有依賴家庭、宗族所提供的生存保障，轉而為政府和社會機構所取代，並運用制度化的規劃來滿足民眾生存的基本需求而產生。這種由政府有負大部分責任的社會福利，對經濟發展至少可提供下列數端的功能：

1. 促進社會的穩定和諧發展，裨益經濟的提升：社會福利制度源於工業革命後的社會結構改變。1882年俾斯麥首相於德國首創「社會保險」制度，以期保障工人的最低生活水準。其目的之一，即是希望由此穩定勞工的工作情緒，並以此激發勞工的生產效能。這種舉措無疑地帶來整體經濟力量的提升。

2. 由於生產力的提高和勞動力素質的提昇促成了經濟的成長：
   社會福利的範疇包含了：教育、職業訓練、就業輔導、健康
   保險、公共衛生、國民住宅等部分。經由這些福利措施，自
   然有助於人力資源的開發與提昇，有助於經濟的升級與發
   展。

3. 社會福利增進勞資關係，促進經濟發展：由於社會福利的實
   施，尤期是勞工福利的普遍推行，確保勞工的基本權益，使
   勞工的疾病、失業與退休等獲得充分的保障，因而促進勞資
   關係的協調與圓滿，必能提高生產的效率。社會福利措施中
   的疾病殘障、失業及老年保險等不僅可以提高勞工的生活水
   準、免除疾病、失業及退休後的經濟問題，而使勞工能夠十
   分放心地積極從事生產工作，以使經濟發展成為可期。

4. 社會福利因為具有縮短貧富之間差距的功能，使經濟資源有
   效分配，有利於經濟發展：社會福利中的社會保險對所得的
   再分配有更直接的影響，同時社會保險採用「危險共擔」的
   原則。不同職業與經濟階層的共同參與社會保險計畫，因而
   產生經濟資源的再分配效果，因為低職業階層所遇到的危險
   可能比其他職業階層者要來得多。因此，基層工作者可以享
   領更多的社會保險利益，產生經濟資源的垂直再分配。如此
   一來，除了具有縮短貧富間差距的功能外，也能夠達到「均
   富」的理想目標。

5. 有利於資本的形成，以帶動經濟的發展：經濟發展所必須具
   備的要素之一就是資本的形成，資本愈充裕，則愈有助於經
   濟的投資與成長。社會安全制度中的社會保險辦法，規定受
   保險人按期編納保險費。因此，社會保險辦法實際上是儲蓄
   的一種方式。大部分的社會保險都能夠累積數額相當龐大的
   社會保險基金，所以社會保險基金往往是資本源形成的一個
   重要來源。

6.社會保險採用「危險共擔」的原則，能激勵生產意願並有助經濟發展的效果：由於社會保險採用危險共擔的原則，有助於勞動生產者的工作安全保障，自然提昇勞工的工作意願，鼓勵各職業階層投入生產行列，達到經濟發展的目標。

參、社會福利對經濟發展的負向功能

福利國家的社會福利服務在第二次世界大戰後有著近半世紀的發展，雖然已使若干福利先進國度建立起全民性、完整性、平等性的福利服務網路，使任何人在遭遇到危害和不安時，均可適時取得福利資源的協助。然而，縱觀歐美的福利服務並非祇有百利而無一害，尤其是若干學者專家提出社會福利對經濟運作的龐大負擔，使若干屬於社會福利起步的國家，對福利服務的方向產生了矛盾的情結。以下是社會福利對經濟發展的負面影響：(1)龐大的社會福利支出，造成高通貨膨脹率，影響經濟的穩定發展；(2)福利國家若縮減福利支出將造成高失業率；(3)龐大的福利科層體制，造成政府財政的沉重支出；(4)福利服務的擴展造成資源的浪費，有礙經濟發展；(5)全民性福利服務的實施，導致缺乏工作和進取的動機。

一、經濟的穩定發展將受到影響

由於社會福利是一種「移轉性支付」，也是一種「公共財」，所以一般均由政府透過稅收的途徑，再以社會福利服務方式，移轉給需要福利的個人或家庭。因此，社會福利支出在福利國家往往佔有很高的比例。而大部分的福利接受者，如老人、殘障、幼童等均非生產性人口，所以在移轉性支付福利服務時，消費的部分一定超過生產的部分，於是容易導致通貨膨脹，影響經濟的穩定發展。

二、縮減福利支出將造成高失業率

福利服務的擴大很容易引起通貨膨脹的問題，但是如果縮減福利支出，則反而引起失業率上升的問題。因為福利服務是一種「公共財」，在金錢給付的福利服務形成所謂「福利貨幣」（即不需要付出生產代價即可獲得報酬）。低收入者、老人、殘障者等福利接受者，即可用此貨幣購買所需的生活物質。此種需要帶動了工業生產上的需求，亦擴大了供給，並擴充了就業機會。但是如果縮小福利服務的支出，縮小供應福利服務範圍，亦即減少「福利貨幣」的供給數量，則社會上對生產的需要將迅速降低，連帶的就業機會也隨之下降，而很容易導致失業問題。因此，當福利擴大造成通貨膨脹，或縮小造成高失業率等，皆會對經濟產生不利的影響。

三、龐大的福利科層體制成為政府財政的沉重支出

福利國家社會福利體制照顧從出生到死亡的每一個人。為了辨別個人的福利需求和個人問題，進而分配社會福利給付，福利國家勢必建立起一個龐大的福利科層體制來提供服務。這個福利科層體制可以從中央到地方，形成龐大的服務網路，使社會上每個分子都納入其間。綜觀福利先進國家的經驗，愈是完整且全民的社會福利服務，其福利科層體制的組織也愈為龐雜和嚴密。福利科層制擴大所產生的問題是，福利國家為了維持這個龐大的體制，必須以相當多的財政來支持它的行政體系，因而形成相當高比例的社會福利支出。這些支出是被用來支付福利行政體系的人事、行政費用等。這些往往超過福利經費達20%的費用，不僅導致財政的沉重負擔，亦影響國家的經濟建設與發展。

四、資源的浪費有礙經濟發展

福利國家的理想目標在於，「各取所需」使資源做有效合理的

分配。也就是說，只要有任何人有福利需求和問題，均可透過社會福利科層體制的運作來取得資源，以解決個人的需求或問題。換言之，在理想的方式上，福利資源的分配是以個人的需求為基礎。然而在實際運作上，這種福利資源的「各取所需」容易造成很多的困難：

1.個人難有客觀的標準衡量自己適切的需求量。
2.資源的有限性無法滿足所有人多元且源源不斷的需求。
3.易產生個人過度依賴福利資源的提供，形成懶惰被動的習慣。
4.對福利資源的予取予求，造成福利資源的大量浪費。

很明顯的，福利國家的理想──各取所需──在實際運作上形成無數的資源浪費，這對經濟發展而言自然是一種傷害和限制。

五、缺乏工作意願和進取的動機

福利服務在早期深受慈善思想的影響，而建立起具有選擇性的「殘補式」福利服務。其後深受英國的馬歇爾（T. H. Marshall）等人的思想所左右，認為福利國家是一種必須的公民權，而漸次發展成「全民性福利服務」。亦即祇要是社會的一分子，不論貧富皆有資格享受社會福利。此種方式的優點是，每個人都有平等的機會來享受社會福利服務；但其最大的缺點為容易阻礙社會經濟的正常發展，同時極易造成全體社會的安逸風氣，進而導致缺乏工作和進取的刺激，不利於經濟的發展。

福利服務的支出，被認為是動搖且阻礙經濟成長，為此1979年英國政府發表的白皮書宣稱：「公共支出是致使英國經濟陷入困境的主因。」綜合而言，福利服務對經濟發展的負面影響包括：

1.社會服務的支出幾乎耗盡了勞力和資本，而這些勞力和資

本原可以被利用於創造財富的生產事業上。

2. 社會服務讓罷工工人享有社會安全給付，因此間接鼓勵更多、更長期的罷工行動，同時也促使勞工強索超額的工資致傷害經濟運作。

3. 巨額社會福利支出導致高稅率，而高稅率又進而影響工作動機與工作意願，並引發通貨膨脹。

4. 社會福利給付是如此地慷慨，致於許多人不工作反比工作時來得寬裕。因此，工作動機也就相對地受到影響。

肆、社會福利有助於社會發展

從長期的歷史觀點而言，福利體系的發展原本是針對當時日漸惡化的勞工生活所做的反應措施，另一方面也是為了維持勞工生產的水準。在資本主義的生產體系之下，工人的平均生產力愈高，整個社會財富的累積也愈多，而維持工人有效生產能力因而成為整個社會經濟發展的最根本基礎。亦即經濟發展的持續和穩定需要執行生產的工人有足夠的能力和較高的工作意願和動機，為此政府透過社會福利的實施以達該目標。我們可以由歷史事實的展現中，發現至少在英、法、德、義等國其社會福利的發展直接受到經濟發展，實施工業化趨勢的影響。推敲這項社會政策的推行不論是基於提昇工人的生活改善或個人福利，抑或是利用福利制度所具有的再分配過程，以補償工人在生產過程中受到資本家剝削的剩餘價值，讓社會及生產關係顯得比較公平，以便能維持整體社會生產力而達到資本主義經濟體制的穩定和擴展。我們均能肯定如 Rimlinger 所說的：「社會的經濟發展程度愈高，其福利制度就愈有「人力資本投資」的意味。」資本家因此種人力投資而提高生產力，也可以間接得到更多的利益，因而保護工人亦即是保護自己的利益。福利計畫的實施已成為一種工業化過成中的制度性調整機能。以避免過度的不平均

分配妨礙了社會的生產秩序。

我國在現代過程中，追求經濟發展，並以此經濟成長的成果，透過合理的福利服務體系以均霑於全民。此一目標向爲政府所致力追求。爲保有高度的經濟成長，並完成社會福利的遠景，如何藉由西方福利國家發展的經驗，規劃我國福利服務體系，宜朝向下述方向努力：

1.以建立工廠的「職工福利體系」（occupation welfare system）取代若干政府直接介入的福利服務：職工福利體系，是由工會或職業會社所辦理的一種員工福利服務。這種福利服務體系不僅可避免因政府過度的介入，造成福利行政體制的過度龐雜，形成「福利國家」祇不過是「權力國家」的代名詞，並且能避免企業家爲了繳納高稅收予政府以辦理全民福利，而降低投資意願，影響經濟發展。同時，職工福利體系的建立，也是回應涂爾幹（Durkheim）所說，未來的社會將以各種職業團體做爲政府和人民最佳的中介者。並且使得職工能夠與投資者建立起「企業共同體」的關係，裨益企業成長與福利服務。

2.建全並擴張家庭的功能以降低對福利國家社會福利服務的依賴：就社會福利服務而言，許多功能都能由建全的家庭來達成，例如老人在宅服務的完善可以減少政府興建老人安養中心。尤其是中國人自古以來重視家庭，若能透過有效的措施，如提高「扶養親屬寬減額度」額度，以輔助或強化家庭功能，則勢必能減少個人對福利國家社會福利服務的依賴。

3.提昇志願性福利服務的地位，鼓勵民間志願團體舉辦社會福利事業：爲了避免政府對福利服務的過度干預，造成福利服務行政費用龐雜、人員的充斥、財政的沉重包袱，因而形成福利服務的「外部不經濟」效果。政府應該妥爲運用民間志

願團體的力量，以有效的規劃，分擔政府在福利服務上所產生的負擔。

4.有效結合民間力量，建立公、民營配合的福利服務體系：由於西方的福利服務過於完善，以致形成人們的安逸和怠惰，進而阻礙經濟發展，形成「權力國家」之譏。只是，政府若不願介入福利服務事業，則弱勢團體，各種待助者產生的社會問題，將造成政府職能的疏漏。為此，取得平衡的有效福利服務體系，應是政府目前刻不容緩的議題，而政府為提供滿足人們最低基本需求的福利服務上，則可經由消費者在自由市場上向私人企業購買由公、民營企業的合作所完成的完整服務網路。諸如社會保險一項，政府提供全民健康醫療服務，至於其他人壽保險等則可由需求者視其實際需要在自由市場，依其能力購買。

伍、結語

我國近年來由於經濟的高度發展，國民所得大幅提高，物質生活日益豐沛，教育知識日漸普及，導致社會大眾更加重視生活素質的提昇。人們為了追求財富的公正分配，建立完整建全的社會體系，以期縮短所得之間的差距，使社會中現存的弱勢團體獲得正義力量的支持，人們期盼政府進一步建立完整的社會福利體系。然而，在此增進社會福利建立福利國家的同時，源自若干開發國家過分重視社會福利政策，形成國家龐大的負擔，其結果一方面必須以重稅反應社會福利支出，致使投資者裹足不前，造成經濟成長的降低；另一方面由於不工作亦能獲得相當的所得，導致工作意願低落。使人們對「社會福利」與「經濟發展」存在著「魚與熊掌不能兼得」的想法。

本文的簡要說明主要是以西方福利先進國家的經驗，提醒國人對福利服務的規則必須有序漸進，否則極易產生對經濟發展的阻礙。在我們邁向福利國家之際，若能有效掌握這些經驗，並考量我們的社會背景、結構、文化特質，將能為我們邁向健全的福利國家做出最適切的規劃。

第2章 建構福利社會以回應社會大眾的普遍性需求

壹、前言

近年來隨著經濟的高度發展,國民所得大幅度提升,物質生活日益豐沛,教育知識日漸普及,導致社會大眾更加重視生活素質的提升。然而在經濟過度競爭下所形成的財富分配不平均,爲了追求財富的公正分配,建立完整建全的社會體系,以期縮短所得之間的差距,使社會中現存的弱勢團體獲得正義力量的支持,已經儼然成爲社會的主流價值。另外,有鑑於小家庭的普遍化所導致的安全機制不足;皆成爲人們期盼政府進一步建立完整的社會福利體系的重要因素。

自有人類以來,就有「社會福利」的概念;遠在洪荒世界,人們必須依賴平日儲糧食以備不時之需。發展至農業時期,大家族的多子多孫觀點,其目的之一也是在「養兒防老」。及至工業社會,受到社會型態的改變,家庭已不再是保障個人藩籬,由政府和社會機構起而代之扮演著社會福利的角色。尤其是自「福利國家」的觀念推廣開來,福利服務成爲今日政府責無旁貸的職能。

貳、民眾對社會福利的高度期待

根據內政部於民國90年12月所公布的「臺灣地區國民生活狀況調查」[1]顯示:

1. 國民對目前生活各項狀況的滿意程度，以夫妻生活92.4%及親子關係91.3%較高。對目前生活的滿意程度為76.1%，較89年生活的滿意程度為78.0%，減少1.9個百分點。

2. 受訪者有儲蓄或投資者占57.8%。其目的依序是：為了年老後的生活作準備者，占48.6%；為兒女準備結婚費或教育費者，占45.4%；為累積財富（如買股票、黃金等）者，占33.0%；為意外災害或疾病準備者，占19.6%。

3. 對未來生活之期望的調查結果資料顯示，以期望年老後能安心的生活者占42.2%為最高；能與家人團聚地生活者占41.9%居次；選擇有良好居住環境生活者占31.5%再次之；而無特定目標生活者僅占5.4%。

4. 受訪者最近一年內曾參與社會公益活動者，占25.6%。另外，參與社會公益活動者，以捐贈財物占最多，有74.6%；其次，為公益慈善及宗教團體服務者，占47.6%；社區服務（含巷道清掃）者，占30%；參與較少者為義警、義消、民防隊等，占4.9%；諮詢性、輔導性服務（如張老師、生命線等）者，占5.5%。

5. 國民認為目前亟須加強辦理的社會福利工作前五項依序為：

①老人福利，占44.9%。
②醫療保健，占25.2%。
③兒童福利，占23.2%。

---

1. 內政部為蒐集臺灣地區國民對生活之滿意程度、未來生活期望、認為政府應加強辦理之工作、參與社會公益活動及居家生活情形等資料，於民國90年4月至5月間，委託輔仁大學統計系舉辦「臺灣地區國民生活狀況調查」，針對臺灣地區住戶內年滿20歲以上，且可代表該戶表達對國民生活狀況看法的國民，以分層隨機抽樣方法抽取3,720位進行訪問調查。調查方法採用電腦輔助電話訪問調查（CATI），調查信賴度為95%以上，誤差不超過2%。

④身心殘障者福利，占21.5%。

⑤性侵害防治，占21.0%。

6.受訪者最憂心的家人問題方面，以安全為首，占49.2%為主；健康（身體狀況不佳）為次，占45.0%；其餘依序為，工作13.8%及學業12.3%。

參、公民社會與福利國家宜齊頭並進

當前各國正面臨相當普遍矛盾的現象，一方面要建立一個積極且致力於良善生活方式的公民社會，卻又必須仰賴有作為的福利國家政府。但現代國家的制度與公民權的拓展，卻可能腐蝕公民社會的基石，種種相互影響的情況，造成制度上的問題，台灣更因為受到中國文化的影響，使問題更加複雜。

就社會福利來說，由於台灣深受儒家文化的影響，政治菁英分子的觀念，多半仍留在菁英式德政的福利概念，或以福利制度來塑造人民的生活習性。例如各級政府領導人尋求適時突破官僚體系來做個案式地施捨恩惠，謀得民眾更大和直接的感恩，而非強化法治精神等。在拼湊的社會學習過程中，公共性原則和社會自治理念被個別採用，使政府在提供社會福利過程中，失去其應有的功能。

福利國家與公民社會的關係，理論上是處於對立的。雖然福利國家能保障人民生存權利，但卻被質疑為影響市民判斷能力、剝奪市民自主權和自賴責任，也就是所謂「強國家、弱社會」。但反過來說，「強社會、弱國家」，也不必然能保證人民可以自主、自發性地和諧生存。國家與公民社會合作，與市民社會的其他主體，包括家庭、社區市場應該相互支持，同時充當地方的監督者；中央並應將權力下放，公民在參與國家分權後，將使市民生機盎然，公民社會的基礎會更鞏固。一方面，國家需積極介入社會福利服務；另一方

面投入更多資本，讓民眾適得其所，並支持家庭享有社會服務，提供社福組織重整，活絡公民社會。如此一來，便可造就福利國家和市民社會雙贏局面。

民間自主組織的互動網路與結社生活形成，需要物質的基礎。如果許多民眾處於生活匱乏的困擾，在這種條件下，所期待的公民社會是難以建立的。因為缺乏基本生活保障的民眾，根本沒有資源和時間參與，這將使得社群組織集中在優勢團體，強化了社會的不平等。因此，如何保障人民經濟生活基本安全，降低資源分配和社會財富不平等，是公民社會形成的基本條件，此時就需仰賴國家或政府的角色。

福利國家與公民社會應該是雙向影響的關係。一方面，福利國家提供基本生活保障、降低不平等福利政策，協助建立公民社會的物質條件，並鼓勵公民社會各階層成員積極參與各項組織活動；另一方面，成熟的公民社會則能鞏固福利國家的基本，並增加政策執行的效能，兩者共容共存將是最佳的發展方向。

肆、邁向福利社會的省思

政府近年來正逐步實施各項社會福利政策，全民健保已施行有年，失業保險也甫推行三年，國民年金也正積極研議之中，如果上述方案短期內都實施的話，我國社會安全制度的周全程度就已接近先進的水準了。

台灣經濟經過五十年的經濟發展與財富累積，國家財力已大為提高，是有力量實施較多的福利措施，來保障一般人民在遭遇急難時的經濟安全。然而，社會福利措施是否可以無限制的擴大，是否沒有後遺症？在在都值得進一步探討。

社會安全制度的主要目的是要藉集體的力量來保障個人的經濟安全，以防止在自由市場的制度下，因為重大疾病、失業等意外而

遭遇到經濟的困難。但是，這些制度也剝奪了許多個人選擇的自由，而且由於人性的弱點，制度的設計如果不夠嚴謹，極有可能被濫用，以致造成虧損累累，負債越來越大，國外的經驗很普遍，我國過去實施的公保、勞保與目前的全民健保的情況正是如此。

社會安全制度最大的隱憂，就是政府往往為了順應民意的要求，使得受益範圍不斷擴大，受益條件日趨寬鬆，成為人人有獎的福利津貼，完全失去了原來的意義。然而整個社會資源是有限的，如果完全用在不能增加生產的福利上，就不能用在其他有高效益的支出上；就長期來看，必然會造成經濟結構的僵化，進而使經濟成長率下降。

社會安全制度還有二個後遺症，一個是為了執行社會福利措施，政府機構及人員會急速膨脹，且因缺乏競爭，致行政效率低落，這與精簡政府機構、公營事業民營化等世界潮流正好背道而馳。另一個後遺症是社會安全支出不斷增加，政府赤字會持續擴大，為了支持龐大的支出，遲早要增稅。以歐美先進國家為例，中高所得者往往要繳納一半所得的稅負給政府，是以努力工作者不能得到相對的報酬，社會大眾努力工作的意願就會大為降低。

從以上所述社會安全制度的缺點及先進國家的經驗來看，我國雖有必要增加一些制度性的保障，以因應社會變遷的需要，但是應該要記取他國的教訓，不必無限制擴張社會福利的範圍，以免重蹈別人的痛苦經驗。

在國際經濟合作發展組織（OECD）去年發布的「社會安全保障的未來」報告中指出，「我們過去五十年來所得到的一個寶貴教訓，就是要重視社會政策與經濟政策之間整合的重要性。社會政策的制訂是為了提高人民的福祉，在快速變動的社會環境下，社會政策亦不可削弱或阻礙經濟體系調整適應新環境的能力。當然經濟政策亦應考慮其對社會所造成的後果。」台灣在快速邁向福利社會的過程中，上述的教訓值得大家省思。因此任何福利措施的實施必須

審慎、理性的評估，絕不容許任意揮霍屬於後代子孫的資源。

伍、結語

福利國家係起源於西方的理念與經驗，從福利人權意識的喚起，到福利制度所彰顯的功能，「福利國家」的確反應人類追尋最大幸福境界的突破。福利服務不僅促使政府實踐「從搖籃到墳墓」的福利取向，也成為現代國家的主流思潮和責無旁貸的責任。各項福利服務所建立的服務網路，因為需要結合龐大的資源與人力，因此在福利服務的國家，政府與民眾所形成的互動關係愈為密切。

現代國家無不積極以提高國民生活水準，促進國民生活幸福為主要目的，一般學者將之稱為：福利國家。並認為透過社會福利制度的實施，不僅能解決人類所面臨的貧、愚、懶、髒、病等問題，同時也能有效達到社會安全，增進福祉的功能。因此，今天各先進國家均以福利政策為施政重心，更在憲法中規定福利綱目，用以保障民眾的權益，而政府的角色亦由「權力國家」的觀念，轉為「福利國家」。

在我國社會已逐步邁向「高所得」及「高齡化」的時刻，社會安全體系的建構，成為多數民眾對政府的共同期待。至於社會福利的建構必須根植於下述兩項基本精神。第一是免於匱乏的精神：社會安全起源於人類互助的概念，其出發點在尋求免於匱乏，使人人可得到生活上的基本滿足，並具備公允的社會競爭規則，以實踐自我；第二是自助人助的精神：建立社會安全體系的目的，是經由團體的力量以協助個體，使其得到自立自強的結果。是以，社會安全的運作應本諸於「取諸於社會，用諸於社會」，方能使整個體系穩健、良性的運作。如能本諸此些精神，將可促使我國漸次邁向福利國家的目標。

第3章　社會福利工作的理想願景

壹、前言

　　自有人類以來，就有「社會福利」的概念。遠在洪荒世界，人們必須依賴平日儲存糧食以備不時之需。發展至農業時期，大家族的多子多孫觀點，其目的之一也是在「養兒防老」。及至工業社會，受到社會型態的改變，家庭已不再是保障個人藩籬，由政府和專業機構起而代之扮演著社會福利的角色。尤其是自「福利國家」的觀念推廣開來，福利服務工作成為民眾的共同期待，也是政府責無旁貸的職能，其目標即為建立社會安全的必要機制。

貳、社會安全制度的建立

一、社會安全制度的定義

　　憲法為國家的根本大法，也是人民權利保障書，自然是一個國家施政的主要目標。我國憲法第十三章基本國策的第四節，便以「社會安全」為專節，明訂政府應於民眾基本生活上提供必要的保障。然而，究竟社會安全制度為何，有何主要的內容，以及各國實施的情形，為值得關心的課題。

　　社會安全一語，是來自於第一次世界大戰後各國的新憲法中，其內容係以社會保險為生，社會救助、福利服務為輔；目的在保障國民由生到死的生活；其功能是使工作者在遭遇到威脅其工資收入的事故時，仍有足以維持其基本生活的費用。以往社會安全工作係

由私人施捨、慈善者同情、家族照顧、雇主恩惠……等加以擔負；今日則成為政府的職責。因為政府的基本責任不僅需照護民眾免於凍餒；同時，由於社會安全的實施，將保障勞動者的安全，消除貧困、疾病的影響，以促進生產效能，並用以維持國民消費能力，維繫經濟繁榮，達到民生均富、安和樂利的目標。

二、社會安全制度的起源

論及社會安全制度的起源，可溯及工業革命，因工業生產大量增加，以致造成生產與消費失調、貧富差距加劇等情形，工資制度形成勞資對立情勢，有助於共產主義的勃興。歐美各工業國家為防止並消弭這種社會病態的產生，便由政府訂定各項社會安全制度，並以社會福利為號召。而美國於1929年遭逢空前的經濟恐慌，失業人口驟增，羅斯福以「新政」（New Deal）為號召，當選總統後；即致力於研討經濟社會根本改革方案，並於1935年創立社會安全制度。不數年間，消除了經濟危機並創造社會繁榮景象。因此，第二次世界大戰後，各民主自由國家相繼建立社會安全制度。是以社會安全制度的起源與發展，可以說是來自社會改革、經濟發展及政治演變的影響。

根據美國於1988年各國社會安全制度要覽（Social Security Programs Throughout the World）的調查統計顯示，世界各國社會安全制度，大致上可區分為下列五大部門，分別為：(1)老年、殘廢、遺族；(2)疾病與生育；(3)工作傷害；(4)失業；(5)家庭津貼。由於社會安全制度的範圍廣泛，並且與一個國家的政策、政綱、民族的歷史與文化、社會的風俗與習慣和國民的財富與生活……等有密切關係。自以往至今日，各國的社會安全制度各有不同的類型與範疇。

三、社會安全制度的內容

為了回應聯合國人權宣言中列有：「各人均為社會中之成員，

且有享受社會安全保障的權利。」世界各先進國家無不致力於社會安全制度的建立。然而，由於國情的差異、政經的發展程度，著重內容亦有所區別。如，西歐等國偏重社會保險；北歐及澳、紐著重社會救助；英、美、加則兩者並重。總體而言，社會安全制度是以社會保險及社會救助為生，以兒童福利、衛生保健、國民就業、國民住宅、家庭津貼等為輔。其所保障的程度，則以維持國民最低生活水準為原則，就其主要內容可依：(1)社會保險；(2)社會救助；(3)家庭津貼；(4)兒童福利；(5)醫療衛生保健；(6)國民就業輔導；(7)國民住宅等七項略述於后。

社會保險

　　社會保險是由商業保險演進而成，為考量對國民生活上的保障，乃由政府舉辦。德國於1883年所推行的疾病保險法，為社會保險的開端。社會保險之所以為各項社會安全計畫中最主要的部分，是因為有其功能性存在。它除了可共同分擔危險之外，尚具有下列功能：

1. 國民勞動力的維持：參與保險者遇及疾病、傷害時，能獲得醫療上的診治與經濟上的補助，使其恢復勞動及生產能力，繼續從事工作。而國家的總體經濟力量亦可獲得維持。
2. 國民身體的損害賠償：參與保險者因故致身體殘廢或死亡，其本人或遺族可獲得賠償，用以度過餘年及維繫生機，免除匱乏的危機。
3. 國民儲蓄能力的培養：保險是要求具有工作能力者，自其平日所得收入，繳納小部分的保險費，經日積月累，及至年邁退休，可獲得退休金以安養晚年。
4. 財富的重分配效果：保險金的繳納，除由工作者負擔外，事業雇主亦需負擔部分費用。當被保險人發生保險事故時，均

可獲得保險給付。此種方式，可使財力雄厚者透過保險方式以補助財力不足者。

社會保險的保障範圍，主要是以人生歷程中，所可能遭遇的各種事故做爲保障，因此實踐了社會安全理念由搖籃到墳墓的保障。其保險事故的類別，大致上分爲：生育、傷害、疾病、殘廢、失業、家庭津貼、老年及死亡等八類。並視其情形予個人或家屬免費醫療或金錢補助，以維持其生計。

社會救助

社會救助亦稱爲公共救助，是政府以資金扶助老弱、孤寡、殘疾等無力自謀生活的國民，獲得最低生活並進而使其自立謀生的福利措施。該資金大多數是來自政府的預算，受領資格以生活窮困爲基準，爲此其資格的確定往往需經過專業人員爲必要的調查手續。

社會救助的主要內容包括：家庭救助、免費醫療、急難救助、教育補助、收養保護、借住住宅、喪葬補助、職業輔導、創業貸款等。

社會救助的目標是希望經由濟助力式，增進個人幸福，並對社會有所貢獻。即，「化無能爲有用」，達到「老而不衰，殘而不廢」的理想境界。

家庭津貼

家庭津貼制度源於法國，原爲私人企業，爲減輕工人因子女數衆多造成員工的負擔，遂採取家庭子女補助辦法。其後，由政府採納正式制定法律，普遍實施，以減輕家庭因撫育子女產生的困窘。及至各國漸次重視社會福利的發展，將此種撫養兒童的責任，轉由國家或社會共同負擔，用以維持一般子女較多家庭的合理生活，並保障民族的新生力量。

兒童福利

兒童福利事業的發展，源於英國十五世紀的同業公會組織。該組織對貧苦兒童加以濟助，針對參加公會會員家庭的孤兒寡母予以照顧。其後，許多西方先進國家頒行兒童福利辦法，以達到對兒童的保護及照顧。

由於兒童是社會未來希望的寄託，因此必須促進兒童身心健全發展，培養其完整的人格與情操。是以兒童福利的積極意義，是在周延的「生、養、教、保」原則下，使兒童有合理健全的生活；至於消極方面，是禁止妨害兒童正常的發育與應享有的權利。

醫療衛生保健

一個社會提供醫療衛生保健的照顧，最早來自於慈善濟助的立場，由教會施捨醫藥，以救濟無力就醫的貧民；其後到貴族熱忱捐獻，設立半醫院式的救貧慈善機構；進而到由地方政府捐款設立醫院，至 1911 年，瑞士率先實施公醫制度，並相繼受到紐西蘭、英國、澳大利亞，愛爾蘭的響應，確立了政府對醫療衛生保健工作的責任。

政府介入醫療衛生保健工作，並視為社會安全的重要環節，係該工作在積極上可增進民族健康，使國民體格臻於健全，進而延年益壽；消極上則可避免傷害、殘病貧困及死亡。是以強調社會安全的國家，對其國民由生到死的健康保健，均由國家負責，以確保國民身、心得到健康保障，並有助於社會的穩定發展。

國民就業輔導

在美國發生產業革命之前，人類的生產形態為農業，工作簡單，分工粗略，就業容易，因此並不需要就業輔導機構的設置。及至工業革命之後，生產方式快速變遷，國民就業產生困難，於是就業輔導的工作才應運而生。

就業輔導工作，就是辦理人才供需的工作。其目的在使「人盡其才，人盡其用」，給予必要人力適當安置，以發揮其才能。是以，就業輔導工作的推展，對於教育革新，以配合社會環境的需求，乃至社會進步、經濟繁榮……等均有甚多助益，而為世界各國在推展社會安全時的重要政策。

國民住宅

國民住宅政策，起源於1842年的美國。 1842年美國紐約市「改善貧民生活協會」，為了將該市貧民區的污穢住宅加以改善，乃進行一連串的措施。影響所及，促使全美各大城市制定房屋法案，以及各國現行國民住宅立法的精神。其目的在推行國宅政策，給予一般民眾能獲得適當的、衛生的、安全的住宅。

該國民住宅政策的方法包括：(1)政府興建平價國宅以出租收入微薄的低收入戶；(2)運用低利的住宅貸款提供改善住宅品質的國民；(3)拆除貧民區住宅；(4)補助民眾遷移至新建的住宅區；(5)獎勵民間業者興建國民住宅；(6)出售廉價的國宅等。以期使每一國民，均能享受合適的住宅以增進國民健康、提高國民生活水準，達到社會安全的目標。

四、我國社會安主制度的實施

誠如憲法前言所述：中華民國憲法是依據孫中山先生創立中華民國之遺教而制定。是以我國社會安全制度的實施，係以民生主義的基本精神為張本，以「均富」為目標。所以「社會安全制度為達到均富的途徑，民生主義則為實踐社會安全政策的指導原則。」為達到社會安全體系的建立，政府自民國34年起迄於今日，曾先後頒布社會安全政策，以做為政府推行該工作的重要藍圖。民國34年針對「民族保育、勞工、農民及戰後社會安全初步設施，發表了『四大社會政策綱領』。民國54年由行政院針對：社會保險、國民就

業、社會救助、國民住宅、福利服務、社會教育、社區發展……
等，訂定了「民生主義現階段社會政策」。民國58年，政府則進一
步頒布「現階段社會建設綱領」。以期建立完整的社會安全體系，翌
年為強化經濟的全面發展，乃提出「現階段加強國民就業輔導工作
綱領」。民國83年，行政院通過包括：就業安全、社會保險、福利
服務、國民住宅、醫療保健等五大要項的「社會福利政策綱領暨實
施方案」。

除了上述的社會安全政策之外，政府先後訂頒了：兒童福利
法、老人福利法、殘障福利法、社會救助法、勞工保險條例、公務
人員保險法、全民健康保險法……等，以其織構我國社會安全體
系，達到民生主義揭示的理想。

參、福利服務工作的推動

根據內政部完成的「民國89年台灣地區國民生活狀況調查提要
報告」顯示，我國國民對社會福利服務有愈來愈高的期盼。而就服
務項目的迫切性，依序為：「老人福利」、「健康保險」、「醫療保
健」、「社會救助」、「殘障福利」、「社會教育」、「國民住宅」、
「兒童福利」。這除了能認知福利服務的範圍外，也能了解民眾對社
會服務的需求情形。

一、社會福利的定義與特質

「社會福利」已成為全世界的人類所追求的目漂。這是一種以協
助個人與社會環境的相互適應，以便獲得生活健康的適當水準為目
的的有組織活動，通常是由公私立機構或團體，運用組織及系統的
方式，提供公共福利的社會服務。其福利服務的項目包括：就業安
全、社會保險、國民住宅、醫療保健、社會救助等。

社會福利儘管為現代人所重視，然其思想淵源可追溯至希臘時

代，並隨著社會變遷而有所差異，茲簡述大要如下：

> 早期的思想源流有：來自希臘時代的幸福論認為，幸福應與別人共享而得；羅馬時代的責任觀認為，富有的人有責任幫助窮苦及不幸的人；希伯來時代的公正觀點認為，個人應依其需要享有的資源，提供並主張大同的分配原則；部落時代的德政觀念主張，部落的領導者，對於所屬社群的成員有保護的責任；宗教的慈善觀念認為，對貧病殘疾者給予施捨；現代福利國家思想認為，政府應保障每一國民生活的最低標準，如健康、教育、住宅、營養，並主張此種保障是基於每一個國民的基本權利而不是慈善的施捨。

就上述的福利服務淵源所展現的服務項目，原來可由民間公益團體辦理，但隨諸農業社會轉換至工業社會，早期僅賴家庭、慈善組織提供的照顧，逐漸成為不可能。特別是在工業化國家，由於人口流動加劇且集中於都市中心，導致都市病癥的出現。因此，除了由原有的私人團體提供福利之外，更賴國家加強福利立法，興辦福利措施及推行社區發展，使社會上每個人能獲致生活上與健康上的滿足。是以，新近福利社會的思想則主張，透過各種制度的功能以促進每一國民的高度發展，以達成和諧社會的理想目漂。

由於社會福利服務的內容繁雜，所需經費相當龐大，單由政府預算負擔，財力則有不足之。1962年聯合國工作小組對社會福利經費的規劃，便主張，「社會福利服務機構，必須有可以預知數額的可靠財源，以便有計畫的推動各項服務措施。」為謀社會福利的財務充實，目前世界各主要國家的經費籌措，主要包括：政府稅收、業主及受益人納費、社會捐贈等。

自1970年代以後，社會福利的理論探討已成為一項重要的研究領域，其將有助於使社會福利為一門學科的地位。

功能論的觀點

社會福利屬於社會體系中的整合制度，其重要性在促進社會的效率、程度、秩序與和諧。因此，社會福利的實施將有助於社會的團結及利他精神的發揮。持功能論的觀點其主張可概括為三個主要的方向。認為經濟發展水準為福利國家發展的基本原因，隨著工業化程度，政府於社會福利服務上將逐漸擴大與深化，社會福利適用以矯正社會病害，並將社會問題作為進行理性解決的一種最道德的方法。

衝突論的觀點

衝突論認為，社會福利服務並非是社會價值共識的結果，而是在不同階級利益對立下，優勢階級企圖運用該服務以緩和衝突與對立的策略。

現象學的觀點

現象學觀點強調探索社會福利的真正內涵，必須從一般民眾如何認知社會福利、如何界定其福利需求及詮釋社會福利的意義著手。因為，社會福利只有在一般民眾對其解釋，才能彰顯其真正的意義。

交換的觀點

社會交換理論認為，社會福利就是一種概化的社會交換，此種雙方受惠的相互交換關係有助於強化社會聯結，並用以解決工業化社會中職業分工的問題。

二、我國社會福利服務的現況

為能因應國人的需要，行政院於民國83年7月通過了「社會福利政策綱領暨實施方案」，以作為福利服務的指導原則，其內容包括

了：就業安全、社會保險、福利服務、國民住宅、醫療保健諸部分。

　　社會福利目的在預防、減輕或解決社會問題，增進個人、家庭、團體及社會之福祉，以提升民眾生活品質並促進國家建設整體發展。政府在社會福利工作上的預算不斷提高，同時在社會保險、社會救助、醫療保健、就業輔導、興建國宅等方面，亦投下相當心力。我國現行福利服務範圍甚廣，包括兒童、婦女、殘障、勞工、農民、漁民等等。

兒童福利服務

　　為了維護兒童身心健康，促進兒童正常發育，保障兒童福利，政府於民國62年2月制定兒童福利法，並於民國82年修訂。本法規定，父母、養父母或監護人對其兒童應負保護之責任，維護兒童身心發展，對於需要指導、管教、保護、身心矯治與殘障保建之兒童，各級政府及有關公私立機構、團體均應協助、提供社會服務與措施。在保護措施方面規定任何人對於兒童不得遺棄、身心虐待，或利用兒童從事危害健康、危險性之行為等等。在福利措施方面，包括婦幼衛生、兒童衛生保健，對兒童與家庭提供諮詢輔導服務；其他如創辦托兒所、育幼院等福利機構，以保護民族幼苗。

殘障福利服務

　　我國對於不幸罹患身體智能殘障的國民，也一直盡力給予必要的協助，以維護其生活及合法權益，舉辦各種福利措施，並扶助其自力更生，參加生產工作。

　　現行的身心障礙保護法，將殘障者分為：視覺障礙、聽覺或平衡機能障礙、聲音機能或語言機能障礙、肢體障礙、智能障礙、多重障礙、重要器官失去功能、顏面傷殘、植物人、老人癡呆症、自閉症、慢性精神病患者等。政府對於殘障者的教育、醫療、矯治、

輔導就業等福利服務，近年來較爲積極，並致力於全面建立無障礙生活環境，持續推動定額雇用殘障者就業保障措施。

老人福利服務

依據老人福利法，年滿65歲者，由政府編列預算，提供社會服務，如醫療、喪葬、就業服務、康樂及聯誼活動、乘車乘船半價優待等。提供福利設施，如扶養、休養及服務機構的設置等。以宏揚敬老美德，安定老人生活，維護老人健康，增進老人福利。

醫療保健服務

爲增進全體國民健康，辦理全民健康保險，以提供醫療服務，政府於民國83年公布全民健康保險法，84年3月在台灣地區實施全民健保，將公保、勞保、農保及私校教保醫療給付部分併入單--體制辦理。

在我國社會已逐步邁向「高所得」及「高齡化」的時刻，社會福利服務體系的建構，必須根植於下述兩項基本精神。第一是免於匱乏的精神：社會福利起源於人類互助的概念，其出發點在尋求免於匱乏，使人人可得到生活上的基本滿足，並具備公允的社會競爭規則，以實踐自我。第二是自助助人的精神：實施社會福利的目的，是經由團體的力量以協助個體，使其得到自立自強的結果。是以社會福利的運作應本諸於「取諸於社會，用諸於社會」，方能使整個體系穩健、良性地運作。如能本諸此些精神，將可促使我國漸次邁向福利國家的目標。

肆、結語

福利國家理念的揭示，首推於1941年由英國大主教威廉、鄧普（William Temple）的倡導，該觀念是爲了取代先前的「權力國家」

（power state）。其後，美國總統羅斯福於第二次世界大戰期間提出人類應追求四項基本人權：「言論自由」、「信仰自由」、「免於恐懼的自由」、「不虞匱乏的自由」加以響應；尤其是後兩者，成為自由世界爭取社會安全的依據。加以一般公民於戰爭期間苦難共承的經驗，改變了原有的階級對立，企圖謀求一個普遍而全民共享的社會福利系統。社會有共同的責任消弭：貪、愚、懶、髒、病等五害；並且政府有義務建立一個「由搖籃到墳墓」的社會安全服務網絡。在政府與全民的努力下，社會福利以建立社會安全體制，遂逐漸成為世人共同的期待。

我國近年來由於經濟的高度發展，國民所得大幅提高、物質生活日益豐沛、教育知識日漸普及，導致社會大眾更加重視生活素質的提升。為了追求財富的公正分配，建立完整建全的社會體系，以期縮短所得之間的差距，使社會中現存的弱勢團體獲得正義力量的支持，人們期盼政府進一步建立完整的社會福利體系。然而，此項目標的推動與落實無不端視社會福利服務工作的作為，方能使社會安全揭示的「民眾能享有免於恐懼」、「免於匱乏」的情境獲得實踐。

參考書目

一、中文部分

中華民國社區發展研究訓練中心編（2000）：《社會工作辭典》（第四次增修版）：臺北。

內政部（1994）：《先進國家年金保險制度》，臺北：內政部。

王麗容（1995）：《婦女與社會政策》，臺北：巨流出版社。

江亮演（1986）：《社會安全制度》，臺北：五南出版社。

（1987）：《社會工作概要》，臺北：五南出版社。

（1994）：《社會學》，臺北：華視文化出版。

（1994）：《環境學概論》，臺北：空中大學。

（1997）：《社會政策與立法》，臺北：空中大學。

何長珠（1981）：《職業輔導論文彙編》，台北：大洋出版社。

沙依仁（1993）：《人類行為與社會環境》，臺北：空中大學。

李聰明（1977）：《現代學校行政》，台北市：幼獅出版社。

李增祿（1993）：《社會工作概論》，臺北：巨流出版社。

李　選（1993）：《人類發展學》，臺北：華杏出版社。

李欽湧（1994）：《社會政策分析》，臺北：巨流圖書公司。

周建卿（1983）：《老人福利》，臺北：臺灣商務印書館。

（1984）：《中華社會福利法制史》，臺北：黎明文化事業公司。

（1992）：《中華社會福利法制史》，黎明文化事業公司。

周玟琪（1994）：《影響台灣地區家庭家務分工因素之探討》，研究所碩士論文。

林萬億（1981）：《社會團體工作》，臺北：社區發展協會。

　　　（1982）：《當代社會工作》，臺北：五南出版社

　　　（1984）：《中外社會福利行政比較研究》，臺北：中央文物
　　供應社。

林顯宗（1987）：《家庭社會學》，臺北：五南出版社。

林幸台（1987）：《生計輔導的理論與實施》，台北：五南書局。

金樹人（1988）：《生計發展與輔導》，台北市：天馬出版社。

柯木興（1984）：《社會保險》，臺北：中國社會保險學會。

胡幼慧（1995）：《三代同堂──迷思與陷阱》，臺北：巨流。

姚卓英（1978）：《醫療社會工作》，臺北：正中書局。

莫藜藜（1986）：《醫療社會工作》，臺北：巨流出版社。

高淑貴（1991）：《家庭社會學》，黎明文化事業公司。

徐　震（1980）：《社區與社區發展》，臺北：正中書局。

　　　（1983）：《社區組織與社區發展》，臺北：正中書局。

　　　（1986）：《當代社會工作》，臺北：五南出版社。

徐立忠（1989）：《老人問題與對策》，臺北：桂冠。

郭振羽（1978）：《當代社會問題》，臺北：黎明書局。

陳淑惠（1991）：《母親就業與否、親子互動行為與子女社會行
　　為》，台灣大學心理研究所碩士論文。

陳月枝（1991）：《護理工作概論》，臺北：匯華書局。

陳國鈞（民69）：《社會政策與社會立法》，臺北:三民書局。

張春興（1980）：《當前高等教育的問題》，台北市：中國論壇社。

張植珊（1984）：《教育與輔導論文集》，復文圖書出版社。

張慶凱（1984）：《職業輔導的理論與實際運作》，行政院青年輔導
　　委員會。

葉至誠（1991）：《變遷社會的倫理與價值》，臺北：今古出版社。

　　　（1993）：《護理與醫療社會工作》，臺北：自印。

　　　（1994）：《社會科學概論》，臺北：大中國出版社。

　　　（1997）：《社會變遷的理論與現況》，臺北：洪葉出版社。

（1997）：《社會學》，臺北：揚智出版社。

（1999）：《社會科學概論》，臺北：揚智出版社。

葉啓政（1992）：《台灣的社會問題》，臺北：巨流圖書公司。

（1993）：《社會科學概論》，臺北：空中大學出版。

曾華源（1985）：《社會個案工作》，臺北：五南出版社。

曾溫純（1986）：《已婚職業婦女的角色壓力與婚姻適應研究》，東吳大學社會研究所碩士論文。

彭　犁（1980）：《激變的台灣社會》：聯經出版。

黃惠惠（1981）：《生涯發展的神話》：輔導月刊，18卷2期，40-43頁。

詹火生（1983）：《民生主義的社會安全理論與實施》，臺北：中央文物供應社。

（1987）：《社會政策要論》，臺北：巨流圖書公司。

（1993）：《社會學》，臺北：空中大學。

楊朝祥（1984）：《生計輔導－終生的輔導歷程》，台北：行政院青輔會。

楊孝嶸（1987）：《社會福利與福利社會》，臺北：幼獅出版社。

楊國樞（1978）：《現代社會的心理適應》，臺北：巨流出版社。

蔡文輝（1982）：《社會變遷》，臺北：三民書局。

（1985）：《婚姻與家庭》，臺北：巨流出版社。

（1989）：《家庭社會學》，臺北：三民書局。

蔡宏昭（1990）：《英美日社會福利政策與措施》，臺北：社會發展研究訓練中心。

蔡漢賢主編（1992）：《福利策略與措施之商榷》，中華民國社區發展研究訓練中心。

廖榮利（1983）：《社會個案工作》，臺北：自印。

（1992）：《醫療社會學》，臺北：三民書局。

衛生署（1993）：《當前醫療衛生政策》，臺北：衛生署。

　　　　　（1994）：《衛生統計》，臺北：衛生署。

　　　　　（1995）：《全民健康保險相關法規》，臺北：衛生署。

蕭新煌（1981）：《我國老人福利之研究》，臺北；行政院研考會。

劉脩如主編（1982）：《中外社會政策比較研究》，中央文物供應社。

　　　　　（1992）：《中外社會政策比較研究》，臺北：中央文物供應社。

藍采風（1982）：《婚姻關係與適應》，台北：張老師出版社。

藍忠孚（1989）：《國際醫療保障論》，臺北：中國社會保險學會。

謝秀芬（1989）：《家庭與家庭服務》，臺北：五南出版社。

瞿海源（1991）：《社會心理學新論》，臺北：巨流出版社。

蘇景輝（1989）：《工業社會工作》，臺北：桂冠出版社。

鐘美育（1992）：《社會工作的倫理判斷》，臺北：桂冠出版社。

二、西文部分

Appelbaum, Richard P.(1970): The Theories of Social Change. Chicago: Markham Publishing.

Becker, Howard S.(1963): Outsiders: Studies in the Sociology of Deviance. New York: The Free.

Bell, Daniel(1973): The Coming of Post-Industrial Society. New York: Basic Books.

Bottomore, T. B.(1972): Sociology, A Guide to Problems and Literature. London: Unwin Uninersits Books.

Brown, M. & Bayne, S.(1990): Introduction to Social Administration in Britain,(7th ed)., London: Unwin Hyman.

Cohen, Albert (1966): Deviance and Control. Englewood Cliffs, NJ. Prentice-Hall.

Federico, Ronald C.(1975): Sociology. NY: John Wiley & Sons.

Freeman, David M.(1974): Technology and Society.Chicage: Rand McNally.

Gilbert, N. & Specht, H.(1986): Dimensions of Social Welfare Policy (2th ed.)., Englewood Cliffs, N.J.: Prentice-Hall, Inc.

Kinloch, Grahan M.(1977): Sociogical Theory: Its Development and Major Paradigm. New York: McGraw-Hill.

Karger H. J. & Stoesz D.S.(1990): American Social Welfare Policy: A Structural Approach., New York: Longman, pp.231-42.

Landis, Judson R.(1974): Sociology. Belmont, California: Wadsworth.

Martindale, Don (1962): Social Life and Cultural. Princeton, N.J: D. Van Nastrand.

Mead, George H.(1934): Mind, Self and Society. Chicago: University of Chicago Fress.

Nisbet, Robert A.(1969): Social Change and History. London: Oxford University Press.

New York: Charler Scribner's Sons.

Popenoe, David(1977): Sociology. New Jersey: Prentice-Hall.

Scott, W. Richard.(1992): Organizations: Rational, Natural And Open Systems. Englewood Cliffs, NJ: Prentice-Hall, Inc.

Shepard, Jon.(1990): Sociology. Minneapolis: West Publishers.

Smelser, Neil J.(1981): Sociology. Engelwood Cliffs, N.J: Prentice-Hall.

Sunden, A. and O. S. Mitchell (1993): "An Examination of Social Security Administration Costs in the U.S." Mimeo, The world Bank, Washington D.C.

Tonnies, Ferdinand(1963): Community and Society. New York: Happer and Row.

Weber, Max (1958): The Pretestant Ethic and the Spirit of Capitalism.

附錄　社會福利服務專有名詞彙編

　　為建立對社會福利服務（Social Welfare Services）專業工作，須賴工作人員對相關理論的熟稔及有關名詞的清楚了解，以有助於落實服務的宗旨。本單元特就社會福利服務有關書籍摘錄常用辭彙如后，以利讀者閱讀。

人口成長　Population Growth
係指人口的增減。

人口總增加數　Total Population Increase
係指一國或一地在一年中所增加之人口總數。

人口成長（增加）率　Population Growth（Increase）Rate
所謂人口成長率又稱為人口增加率，係指在某一特定期間人口增加數對期初人口數之比率。

人口總移動率　Total Movement Rate
係指一年內人口總移動人次對年中人口數的比率，亦即遷入人口數加上遷出人口數，再加上鄉鎮市區內住址變更人口數之兩倍的人口總數對年中人口總數之比率。

人口分布　Population Distribution
人口在空間的、地理的或地域的分布。

人口密度　Population Density
每單位土地面積內之人口數。

人口集中係數　Coefficient of Population Concentration
以人口在土地上分布所計算的基尼集中係數（Gini's Concentration

Coefficient）稱爲人口集中係數，代表人口不平均分布的程度。此項係數愈大，表示人口不平均分配的程度愈高；反之，係數愈小，表示人口分配不平均的程度愈低。

人口組合　Population Composition
係指一個國家或地區人口集團內的分子，在某些屬性方面的分配情形。就一國的人口而言，其組成分子的屬性，普通分爲：城鄉居住、家戶、性別、年齡、婚姻、種族、語言、宗教、教育、行業、職業、國民所得及社會階級等等。

工業生產合作社　Industrial Production Cooperatives
凡置辦工業生產設備及資材，協助社員解決工業生產之技術困難，降低生產成本，並辦理社員製造品之聯合推銷之合作社稱「工業生產合作社」。如食品加工、手工業製造、雕刻等生產合作社。生產方式分爲個別生產共同運銷與共同生產共同運銷等兩種方式。

工業團體　Industrial Associations
以協調同業關係、增進共同利益並謀劃工業之改良推廣、促進經濟發展爲宗旨。依工業團體法成立之公益社團法人，分爲工業同業公會及工業會兩大類。

工業同業公會　Regional Industrial Associations
係指於同一組織區域內，凡依法取得工廠登記證照之業者，依工業團體作業標準所訂之業別及其業務範圍規定，依法籌組成立之同業團體稱之。

工業同業公會聯合會　Union of Regional Industrial Associations
凡特定地區及省市工業同業公會成立滿3個單位以上時，得報經主管機關核准，發起組織全國該業同業公會聯合會。

工業會　Chamber of Industry

依工業團體法規定：

1.縣（市）工業會由領有工廠登記證照而無法加入工業同業公會之工廠滿5家以上時組織之；不滿5家時，加入鄰近縣（市）工業會為會員。

2.直轄市工業會由下列會員組織之：(1)領有工廠登記證照而無法加入工業同業公會之工廠；(2)直轄市工業同業公會。

3.省工業會由下列會員組織之：(1)縣（市）工業會；(2)省工業同業公會。

4.全國工業總會由下列團體會員滿50單位時組織之：(1)省（市）工業會；(2)未組織全國各業同業公會聯合會之特定地區工業同業公會；(3)全國工業同業公會；(4)全國各業工業同業公會聯合會。

工作生命表　Working Life Table

係同時考慮死亡率和勞動力參與率，描述年齡別的進入及離開勞動市場的機率，並計算年齡別尚能留在勞動市場的預期年數所編製之生命表。一般生命表之延伸又稱經濟活動人口生命表（Life Table of Economically Active Population）。

工作年齡人口　Working Age Population

凡年齡在15歲至64歲的人口。

工作地　Working Place

係指年滿15歲以上，在普查標準週從事有酬工作或十五小時以上之無酬家屬工作者，其個人工作場所之地點。

戶口普查　Population Census

全國戶口在指定時刻靜態下之普查錄記。

戶　Household

係指於同一處所在同一主持人或主管人之下共同生活或經營共同事

業者。

戶量　Volume of Household
係指每戶平均人口數。

少年福利　Youth Welfare
年滿12歲，未滿18歲之少年，可以自政府或民間福利服務體系獲得
之各項福利，以改善其生活或使其身心有更佳的發展機會。現行少
年福利措施計有：設置少年福利服務中心、少年教養輔導機構、提
供不幸少年保護收容安置或一般少年身心發展各類活動、對困苦失
依少年提供生活扶助、保護其健全成長。

少年保護　Youth Protection
12歲以上未滿18歲之少年受疏忽、虐待、押賣或其他迫害情事，依
法應給予安置、緊急庇護或其他處分，使其生命、身體或自由得以
安全受維護。

少年輔導　Youth Guidance and Counseling
指對少年各種問題的輔導。包括少年就學輔導、少年就業輔導、少
年心理輔導、少年團體輔導、少年個案輔導等。

少年福利服務中心　Youth Welfare Services Center
地方政府或結合民間團體籌設之少年服務機構，提供個案及團體工
作、諮詢輔導、轉介服務、親職教育、親子活動及文康休閒活動
等。

不幸婦女　Disadvantaged Women
遭受虐待、迫害、強暴、外遇、離婚、被遺棄、被迫從娼或貧苦無
依有別於一般婦女之特殊境遇，需視其問題的癥結給予適當保護、
照顧、安置與輔導，以協助其重獲自立自主的生活之婦女。目前臺
北市政府不採用「不幸婦女」名詞，而用「特殊境遇婦女」替代。

不幸婦女服務 Services for Disadvantaged Women

凡遭遇夫死亡或失蹤者、遭夫遺棄或虐待者、未婚媽媽、從事色情行業擬轉業者、被強暴婦女、離婚、自行撫育未成年子女者及其他生活發生重大變故者，視其問題癥結給予職業訓練、收容、緊急生活補助、醫療補助及律師訴訟等協助。目前臺北市政府並不稱此服務為「不幸婦女服務」而稱之為「特殊境遇婦女服務」。

不幸婦女中途之家（庇護中心） Women's Shelter

凡針對遭受強暴、被虐及其他不幸之婦（少）女所提供之短暫庇護、收容之場所（不包括雛妓）。目前臺北市政府使用「婦女中途之家」來取代「不幸婦女中途之家」。

中低收入戶 The Median and Low Income Family

指一家庭每年總收入，依該家庭人數平均計算之金額低於當地政府公告之最低生活費標準2.5倍之家庭者。

中低收入戶醫療補助 The Median and Low Income Family Medical Assistance

凡中低收入戶者，患傷、病所需自付之醫療費用非其本人或扶養義務人所能負擔者所申請之醫療補助。

中低收入戶老人生活津貼 Elderly Living Allowance of the Median and Low Income Family

凡中低收入戶年滿65歲以上未獲安置收容之老人所申請生活津貼。

公用合作社 Public Utility Cooperatives

凡單純置辦生活上所需要之公共設備、供社員使用之合作社，稱之為公用合作社，如住宅公用合作社。

毛繁殖率 Gross Reproduction Rate

係指一年內所生之存活女嬰數對年中育齡婦女人數之比率。

分居 Separated

指依法結婚後，因感情不睦，而事實上長期未履行同居生活，或曾與人同居，目前已經分離者。

生育給付 Maternity Benefit

被保險人因分娩或妊娠三個月以上流產者，得請領生育給付。

生育胎次 Live-Birth Order

係指生母所生育的活產胎兒之次序。

生命表 Life Table

係指一定期間，於特定範圍內之全體人口，因死亡而產生之狀態，以各種函數表示之統計表。

生存數 Survivors

一定出生數（通常為100,000人）其到達某年齡（x歲）時尚可生存之人數。

生存機率 Probability of Survivors

已達某年齡（x歲）者，其到達 x+n 歲時仍生存之機率。至單一年齡之生存機率，則以表示。

以工代賑 Work Relief

指政府對於有工作能力卻欠缺工作技能之低收入者，提供臨時性之工作機會。

出生 Births

係指胎兒脫離母體能獨立呼吸之謂。

平均餘命 Expectation of Life

假設一出生嬰兒遭受到某一時期之每一年齡組所經驗的死亡風險後，他們所能活存的預期壽命而言，即到達 x 歲以後平均尚可期待

生存之年數稱為 x 歲之平均餘命。零歲之平均餘命稱「平均壽命」。

平均初婚年齡 Average Age at First Marriage

係指一年內初次結婚者之平均年齡。

未婚 Unmarried

係指從未與人結婚或同居者。

主幹家庭 Stem Family

係指由直系親屬關係所擴展而成的家庭，即由祖父（母）親、父（母）親和已婚子女的核心家庭所組成之家庭。

失業率 Unemployment Rate

係指失業人口占勞動力人口之比率。

失業人口；失業者 Unemployed Persons

凡在資料標準期間內年滿15歲同時具有：(1)無工作；(2)隨時可以工作；(3)正在尋找工作等三項條件者稱之，並具下列之勞動力屬之：

1.尋找有酬工作而尚未獲工作者，包括：(1)過去從事有酬工作，現已離開其工作崗位，正在尋找有酬工作者；(2)過去從未從事有酬工作，初次尋找工作者；(3)過去係雇主、無酬家屬工作者，或已退休之工作者，而正在尋找有酬工作者。

2.現未工作，正在等待恢復原有工作而未獲得報酬之暫時解僱者。

3.現未工作，但已覓妥新工作或自己籌劃經營事業，將在三十日內開始工作或營業，而現無報酬者。

幼年人口依賴比 Young Age Population Dependency Ratio

係指幼年人口對工作年齡人口之比再乘以100。

幼年人口 Young Age Population

凡年齡未滿15歲的人口或年齡在0歲至14歲的人口。

有酬工作者 Paid Workers
係指可獲得現金（如薪資、利潤、小帳等）或實物（如配給品、膳宿等項之供應）等項報酬之工作者（包括計件或計時之工作者、臨時有酬工作者、兼差有酬工作者等）。

自營作業者 Own-Account Workers
指自己經營或合夥經營事業，或獨立從事一項專門職業或技藝工作，除無酬家屬工作者及無酬學徒者外，並未僱用有酬受僱人員幫同工作之就業者。

不願工作者 Persons with No Willingness to Work
係指無意從事工作之無工作人口。

老年人口依賴比 Old Age Population Dependency Ratio
係指老年人口對工作年齡人口之比再乘以 100。

有偶婦女 Currently Married Women with Spouse
係指有配偶之婦女人口數。

共同生活戶 Family Household
係指以家庭各份子為主體，在同一處所同一主持人之下營共同生活之親屬及戶內受僱人與寄居人所組成之戶。

共同事業戶 Non-Family Household
係指以非家庭份子為主體，由二人以上聚居於同一公共處所（如公共宿舍、醫院、旅館、機關、部隊、學校、寺廟、船舶、監獄等），在同一主持人或主管人之下營共同生活所組成之集體戶。

托兒所 Child Day Care Center
針對初生滿 1 月至未滿 6 歲之學齡前幼童所提供之一教保性托育照顧的服務機構。其宗旨以促進幼兒身心健康與平衡發展，藉以增進兒

童福利，並配合家庭需要，協助撫育幼兒。其可分為托嬰部與托兒部。托嬰部服務對象為滿1月至未滿2歲者；托兒部服務對象為滿2歲至未滿6歲者。

老人福利　Elderly Welfare
老人福利措施之服務對象為年滿65歲以上的老人，主要目的為維護老人健康、安定老人經濟與精神生活、宏揚敬老美德、保障老人權益所提供之福利服務。其具體措施包括：醫療保健、經濟扶助、居家生活照顧、安置頤養、敬老優待、文康休閒等。

老人保護　Elderly Protection
對因患病受傷或遭受意外傷害及緊急事故需立即救護者；未得到基本生活照顧或扶養、遭受虐待、疏忽或惡意遺棄者；及其他需要接受保護服務的老人所提供之服務。

老人福利服務中心　Elderly Welfare Services Center
以提供老人文教、康樂、聯誼、進修活動及辦理福利服務之綜合性場所設施。包括老人文康中心、老人服務中心等。

老人安養機構　Elderly Accommodation Institutions
以安養自費老人或留養無扶養義務之親屬或扶養義務之親屬無扶養能力之身體健康、行動方便之老人為目的之老人福利機構。依機構性質可分公、私立兩種；公、私立機構又可各自區分為公費與自費兩種。

老人養護機構　Nursing Home
為安養與照護罹患長期慢性病或癱瘓老人為目的之老人福利機構。依機構性質可分公、私立兩種，而公、私立機構又可各自區分為公費與自費兩種。

老人公寓　Elderly Residential Settings

由政府或民間非營利性團體以租賃或出售方式提供老人居住之綜合住宅設施。

老人日託服務 Elderly Day Care Services
指在一特定場所，於日間提供照顧老人一般性社會及健康方面的服務。

老人健康檢查 Elderly Physical Examination
針對老人依其意願接受地方主管機關舉辦之免費健康檢查及保健服務。

老人重病住院看護補助 Nursing Care Cash Subsidy for the Frail Elderly Man in Hospital
凡符合中低收入戶標準的老人（含公、私立老人扶、療養機構及社區安養堂符合資格之老人）重病住院治療期經證明須僱專人看護者（不包括慢性病療養者），並符合衛生署公告之全民健康保險指定疾病與住院基本要件者，得申請每日定額的看護補助。

老人住宅設施改善補助 Elderly Housing Improvement Cash Subsidy
凡符合中低收入戶標準的老人。由內政部補助中低收入戶老人改善、修繕其現住自有或租借之現住屋之屋頂、衛浴、廚房、排水、臥室等硬體設備以加強居家安全，每戶最高補助額10萬元，但三年內不得重複申請。

多重障礙者 Multiple-Function Impairments
具有非因果關係且非源自同一原因所造成之兩類或兩類以上障礙者。

老人癡呆症患者 Alzheimer Disease
心智正常發展之成人，在意識清醒狀態下有明顯症候足以認定其記憶、思考、定向、理解、計算、學習、語言和判斷等多種之高級腦

功能障礙，致日常生活能力減退或消失、工作能力遲鈍、社交技巧
瓦解、言語溝通能力逐漸喪失者。

自閉症者　Autism
合併有認知功能、語言功能及人際社會溝通等方面之特殊精神病
理，以致罹患者之社會生活適應有顯著困難之廣泛性發展障礙者。

在宅服務員　Home Maker
對有身體障礙或精神上的障礙無法自理者，給予日常生活上的協
助，如家事服務、文書服務、陪同就醫、關懷服務、休閒服務、協
助膳食服務、身體清潔、協助復健等之機構輔導員。

合作事業　Cooperative Business
在以平等互助精神，共同經營方法，謀求合理的生產消費，平均社
會的經濟利益，故為普遍發展國民經濟的主要途徑。我國合作事
業，可分專營性合作社、兼營合作社兩大類。

合作社　Cooperatives
依合作社法第一章第一條規定：「本法所稱合作社，謂依平等原
則，在互助組織之基礎上，以共同經營方法，謀社員經濟之利益與
生活之改善，而其社員人數及股金總額，均可變動之團體。」

合作社社員　Memberships of Cooperatives
指依合作社章程規定辦理入社之自然人或法人。

合作社社股　Shares of Cooperatives
指社員認購社股數。依合作社法第十七條規定，社員認購社股，每
人至少一股，至多不得超過股金總額20％。

合作農場　Cooperative Farms
凡自願遵守合作原則及農場規則提供勞力、農業土地，共同從事農

業經營者，得依設置合作農場辦法規定組織合作農場。以家庭農場為單位，每戶一人為場員設立之。業務悉依農家之需要而定，包括農業生產、運銷、供給及農家生活消費等，兼顧農家生產及消費雙方面之需要，並改善家庭農場規模過小之缺點，提高農家所得。

合作農場聯合會　Federation of Cooperative Farms
指由若干合作農場因區域上或業務上之關係，而設立之合作農場聯合會。

同居　Cohabited
係指雖未正式結婚，但事實上正在與人同居者。

同鄉會　Hometown Associations
指籍貫（以省市、縣市區域為準）相同者於其他行政區域組織之同鄉團體，或區域同鄉團體聯合海外同鄉團體組織之世界同鄉總會。

自由職業團體　Professional Associations
自由職業是由人民就其所得的專門學問或技術，按其個人意願來操執的一種職業。這些人民為謀所操執之職業的發展，保障同業間的共同利益和協助政府推行政令而依各該業之特別法令互相結合的團體，稱為自由職業團體。

有偶婦女幼婦比　Child-Woman Ratio of Married Women
係指0歲至4歲人口數對15歲至49歲有偶婦女人口數之比再乘以1,000。

有偶　Married
係指正式結婚而配偶仍然存在者。

有偶人口離婚率　Divorce Rate of Married Population
係指某一特定期間之離婚對數對同一期間之期中有偶人口數的比

率。

死亡 Deaths

係指活產出生之後，於任何時間內發生其生命之跡象永久消滅之
謂。亦即腦、心、肺等之機能停止活動。

死產 Fetal Deaths

死產爲母體懷孕之結果，不論懷孕時期之長短，在完全脫離母體以
前，即未具任何生命之跡象，如無呼吸、無心房與臍帶之跳動。

死亡數 Numbers of Death

x 歲之生存數中在到達 x+n 歲前之死亡人數。x 歲在一年內之死亡
數，通常以此表示。

死亡機率 Probability of Death

x 歲者在到達 x+n 歲時可能遭受死亡之機率。

再婚 Remarriage

係指鰥寡或離婚者再次結婚。

再婚率 Remarriage Rate

係指某一特定期間再婚之新郎（新娘）人數對同一期間之期中離
婚、喪偶男性（女性）人口數之和的比率。

年齡別離婚率 Age-Specific Divorce Rate

係指某一特定期間之某特定年齡組的離婚對數對同一期間同一年齡
組期中人口數的比率。

收養 Adoption

係指收養他人之子女爲自己之子女者，而法律上視同親生子女之一
種法律行爲。易言之，即將本無血統親子關係之人，擬制其有法律
親子關係。

年增加率 Annual Rate of Increase

係指每千人口在一年期間增加的人口總數，在這種增加人口中，包括遷徙增加及自然增加的人口。

年總增加率 Annual Rate of Total Increase

係指一國或一地在一年中所增加的人口總數，對其當年年中人口數之比率，也就是平均每千人口在一年中所增加之人數。

自然增加 Natural Increase

係指出生數減死亡數之差。

自然增加率 Natural Increase Rate

係指一國或一地在一年中自然增加數對年中人口數的比率，或粗出生率減粗死亡率之差。其計算公式：

$$自然增加率 = 粗出生率 - 粗死亡率$$

在學者 Attending School

指正在國內外正式的公、私立學校（包括補校及進修補校）接受正式課程之學生，但不在政府規定之教育機構中接受教育訓練者，則不屬於「在學」。惟現行勞動力調查定義，尚包括正為升學準備而在家自修或在補習班補習者。

在學率 Enrollment Rate

係指6至21歲在各級學校在學人數占其總人口之比率。又分為淨在學率與粗在學率。

老年人口 Old Age Population

凡年齡在65歲以上的人口。

志願服務 Volunteer Services

秉持利他德操、濟世胸懷，以餘知、餘時、餘力、餘財所從事的一

種不求報酬的服務。

志工 Volunteer
任何人士，在公共或志願團體內，經過有系統訓練後不求報酬而貢獻己力，參與各項社會服務活動的人員。

低收入戶保險費補助 Low Income Families Insurance's Premium Subsidy
低收入戶參加全民健康保險，其保險費由政府全額補助。

低收入戶部分負擔費用補助 Low Income Families Deductible Cost-Sharing Fee Subsidy
低收入戶參加全民健康保險，其依規定需負擔之就診部分負擔費用，由中央社政主管機關編列預算補助。

投保單位 Insured Unit
被保險人服務之事業單位。投保單位之認可與變更，由主管機關認定之。

低收入戶 The Low Income Family
指一家庭每年總收入，依該家庭人數平均計算之金額低於當地政府公告之最低生活費標準者。

低收入戶生活扶助 The Low Income Families Living Assistance
指政府針對低收入戶家庭，依法所給予之生活照顧。現行生活扶助係以現金給付為原則，前項現金給付，得依照低收入戶收入之差別訂定等級給付。

低收入戶創業貸款 The Low Income Families Business Loan
指政府為鼓勵有工作能力，且有創業意願之低收入戶，自立自強改善生活，特給予免息或低利息之創業貸款。

低度就業人口；低度就業者 Underempolyed Persons

指就業者被低度運用之情況，包括工時不足之「顯性低度就業者」，以及所得偏低者與教育及職業不相稱之「隱性低度就業者」。

1. 工時不足者：指工作時數低於正常情況（每週工作時數未滿40小時），而希望增加工作時數者。

2. 所得偏低者：指與同類職業或同等教育程度的就業者比較，其所得呈顯著偏低的就業者。我國人力運用調查所用之測度方法，係將就業者按性別、教育程度及受僱與否等分組，以各組所得中位數的半數為截略點，低於截略點者，即屬所得偏低的低度運用者。

3. 教育與職業不相稱者：係指具有較高的技術與教育水準，而擔任較低職位者。

利用合作社　Utility Cooperatives

凡單純置辦生產需要之公共設備，供社員使用之合作社，如倉庫利用、農業機械利用合作社等。

完全生命表　Completed Life Table

係指按每一年歲之死亡資料所編製之生命表，又稱國民生命表、居民生命表或單一年齡生命表。

初婚　First Marriage

係指未婚男女間之首次結婚。

初婚率　First Marriage Rate

係指某一特定期間初婚之新郎（新娘）人數對同一期間之期中可婚之未婚男性（女性）人口數的比率。

初尋工作者　First Job Seekers

係指未曾從事工作，在資料標準期間內具有工作意願及能力，而正在尋找工作或等待工作者，包括已找到工作而未開始工作，且未領

有報酬者或自己計畫經營之事業尚未開始營業者。

扶養比　Dependency Ratio
爲依賴人口對工作年齡人口扶養負擔的一種簡略測度。

行業　Industries
係指經濟活動部門的種類，包括從事生產各種有形物品與提供各種
服務之經濟活動在內。

兒童福利　Child Welfare
兒童福利措施之服務對象爲未滿12歲者。其範圍有寄養照顧、領
養、日間托育、保護服務、家庭補助、家庭服務、兒童保護等七大
項。其內涵不僅包括對遭受不幸兒童消極的救濟與保護；對於一般
與特殊兒童，亦加關注，透過福利、教育、衛生各方面專業的服
務，以謀求其愉快且正常的生活、健全身心的發展與潛在能力的發
揮；甚且著重預防工作，防範因社會經濟發展而產生有害兒童的社
會後果。

兒童保護　Child Protection
兒童遭受虐待、疏忽或其他迫害的情事，政府有關單位依法應給予
保護。

兒童寄養　Child Foster Care
當兒童親生的家庭發生重大變故，或其親生父母不適宜教養子女，
無法提供其暫時或長期性的照顧，且又不期望或不可能被他人收養
時，經由社會工作員協助，提供兒童一個有計畫期間的替代性家庭
照顧，將之安置在符合兒童需要的正常家庭環境中生活成長，等待
親生家庭恢復正常功能後再回親生家庭，稱之爲兒童寄養。一般兒
童寄養服務，依寄養性質不同，可分爲免費寄養、接管性寄養（提
供嬰幼兒在短期間必須緊急的寄養安置）、膳宿（津貼）寄養（由寄

養兒童親生家庭或社會福利機構付給或補助寄養家庭兒童食宿雜費）、領養前的寄養（指兒童被領養前暫時性的寄養，待建立關係後，再辦領養手續）等。

兒童福利服務中心　Child Welfare Services Center
為縣（市）政府自行創辦或獎勵民間辦理之兒童福利機構之一。其主要功能為提供區域內兒童諮詢、諮商、親子活動、親職教育、課後照顧、文康休閒、急難救助、父母成長等福利服務。

兒童課後托育中心　After-School Care Center
提供就讀國民小學的兒童，放學以後其父母因外出工作或其他原因，無法予以安善照顧，而設立之服務機構。

育幼院（所）　Children's Home
以機構式專業收容教養照顧孤苦無依或因家庭發生重大變故或遭遺棄、受虐、疏忽等，致兒童無法在家庭生活的兒童福利機構。

受虐兒童　Abused Children
指遭受身體虐待、性虐待、精神虐待之兒童。

長青學苑　Elderly Continue Education Programs
針對老人求知需求由各級地方政府、民間團體於適當據點設置及舉辦依據老人興趣、學習能力的進修及娛樂課程與活動。

居家老人服務　Elderly Home Care Services
由在宅服務員到失依或失能而亟需照顧之老人家中提供家事及文書服務、陪同就醫、關懷服務、生活指導及簡易照顧技術服務等。但並不包括醫療服務。

肢體障礙者　Limb Impairments
係指由於發育遲緩，中樞或周圍神經系統發生病變、外傷或其他先

天或後天性骨骼肌肉系統之缺損或疾病而形成肢體障礙致使自立生活困難者。

其他障礙者　Other Disabilities

1.染色體異常：經由染色體檢查法或其他檢驗醫學之方法，證實為染色體數目異常或染色體結構發生畸變者。

2.先天代謝異常：由生化學或其他檢驗醫學之方法，證實為某種先天代謝異常者。

3.其他先天缺陷：由染色體檢查法、生化學檢查法或其他檢驗醫學的方法，未能確定為染色體異常或先天代謝異常，但經確認屬先天缺陷者。

社區老人安養堂　Elderly Community Shelter

為加強照顧中低收入戶中無親屬照顧之長者，鼓勵縣市政府興辦50人以下之小型社區老人安養場所，使長者居有定所，並能接受生活照顧，使長者享有正常社區生活。

社會福利慈善事業基金會　Social Welfare Philanthropy Foundation

指為特定社會福利或慈善事業目的之促進與實現，以捐助財產為基礎而具有權利能力之組織體。目前我國基金會皆為財團法人之型式，其成立要素須具備：(1)特定之目的；(2)一定之資本基金或財產；(3)周詳的活動計畫及熱心參與之董事。

社會行政人員　Social Administrator

一般是指在社會福利相關機構內負責社會福利行政之人員。此類人員不僅需具備社會福利政策分析，或社會福利服務方面的專業知識，也需具備能與其他單位人員或外界人士溝通之技巧。

社會工作員　Social Worker

社會工作員乃指受過專業訓練，具備一定資格從事社會工作的人

員。並以個案管理團體工作、社區工作及個案管理模式爲推展服務的工作方法。所謂社會工作係社會福利服務中一項非常重要的工作，其主要功能在於：

1.發展、推廣及強化良好的社會福利制度以滿足社會成員的最基本生活需求。
2.確保人人均可享有生活、健康及福利方面的合理保障。
3.協助社會成員可在社會之中發揮其應有功能。
4.促進社會的和諧、安定與均富。

社區發展促進委員會　Community Development Promotional Committee
指社區發展業務各級主管機關爲協調、研究、審議、諮詢及推動此業務，邀集學者、專家、有關單位及民間團體代表、社區居民組設之委員會。

社區發展協會　Community Development Association
依據社區發展工作綱要所成立之推動社區發展工作之組織。

社區會員　Members of Community Development Association
社區發展協會之會員，包括個人會員、團體會員、贊助會員。

社區守望相助　Community Mutual-Help Programs
社區居民基於需要，自行組織以維護住家安寧，增進家戶情感爲目的之活動。

社區公共設施建設　Community Public Facilities and Construction
依據社區發展工作綱要第十二條規定，政府社區發展指定之工作項目有關社區公共設施建設部分，包括：
1.新（修）建社區活動中心。
2.社區環境衛生及垃圾之改善與處理。
3.社區道路、水溝之維修。

4.停車設施之整理與添設。

5.社區綠化與美化。

6.其他。

社區活動中心　Community Center

為推行社區發展工作，舉辦各種社區活動而興建或增闢之活動場所，通常由社區居民管理。

社區生產福利建設　Community Economic Development Welfare

依據社區發展工作綱要第十二條規定，政府社區發展指定之工作項目，有關社區生產福利建設部分，包括：

1.社區生產建設基金之設置。

2.社會福利之推動。

3.社區托兒所之設置。

4.其他。

社區精神倫理建設　Community Moral Development

依據社區發展工作綱要第十二條規定，政府社區發展指定之工作項目，有關精神倫理建設部分，包括：

1.加強改善社會風氣重要措施及國民禮儀範例之倡導與推行。

2.鄉土文化、民俗技藝之維護與發揚。

3.社區交通秩序之建立。

4.社區公約之制訂。

5.社區守望相助之推動。

6.社區藝文康樂團隊之設立。

7.社區長壽俱樂部之設置。

8.社區媽媽教室之設置。

9.社區志願服務團隊之成立。

10.社區圖書室之設置。

11.社區全民運動之提倡。

12.其他。

社會保險　Social Insurance

政府為謀求本國民生活安定，補償其因疾病、失業、職業傷害、殘廢及老年等事故情形所遭受之經濟損失，而特別設立的一種權利義務對等之保險制度。依參加保險人員之身分及內容，包括公務人員保險、私立學校教職員保險、退休（公務）人員保險、勞工保險、農民保險、軍人保險及全民健康保險。

社會救助支出　Social Assistance Budget

各級政府編列辦理社會救助業務之經費。

社會團體　Social Associations

以推展文化、學術、醫療、衛生、宗教、慈善、體育、聯誼、社會服務或其他以公益為目的，由個人或團體組成之團體。

社會服務及慈善團體　Social Services & Philanthropic Associations

以辦理社會服務及慈善活動為主要功能之團體。

社區合作社　Community Cooperatives

以社區為組織區域，由社區內之公民依合作社法規定設立之，用以強化社區之建設。業務包括消費、生產、公用、利用、生產、代理等。項目多寡及種類依社區發展情況而異，一般來說，接近城市之社區合作社較偏重消費及公用業務，用以滿足社區居民生活消費之便利，並重視社區文化發展及環境保護；而農村社區合作社則較重視生產性業務，如生產、加工、代理等，並重視農村婦女社會教育活動等。

社會增加　Social Increase

係指遷入人口數（含住址變更之遷入人數）減遷出人口數（含住址

變更之遷出人數）之差。

社會增加率；淨遷徙率 Social Increase Rate; Net Migration Rate
係指一國或一地在一年中社會增加數對年中人口數的比率，或遷入率減遷出率之差。

供給合作社 Supply Cooperatives
凡統籌採購生產上所需物品分配予社員，以謀社員生產資材供應之便利並藉以降低生產成本，增進收益之合作社稱供給合作社。如中醫藥材供給合作社等。

宗教團體 Religious Associations
以研究、實踐宗教理論、宗教教義，啟迪人心向善及辦理助人濟世為主要功能之團體。

宗親會 Family Clan Associations
指姓氏相同者組織之宗親團體。

非婚生子 Illegitimate Child
係指胎兒非由合法婚姻關係受胎而生產者。

育齡婦女一般生育率 General Fertility Rate
一年內每一千位育齡婦女之平均活產數，而不論其已婚或未婚。在國際間或地區間相比較時，此率比粗出生率更具意義。育齡通常指15歲至44歲，但依國情不同亦有用10歲至44歲或10歲至49歲，我國則採用15歲至49歲。育齡婦女一般生育率是所有育齡婦女年齡別生育率之總平均。

育齡婦女總生育率 Total Fertility Rate
係指一個假設世代的育齡婦女按照目前的年齡別生育水準，在無死亡的情況之下，度過其生育年齡期間以後，一生所生育的嬰兒數或

生育率。

育齡婦女幼婦比 Child-Woman Ratio
係指0歲至4歲人口數對15歲至49歲育齡婦女人口數之比再乘以
1,000。

育齡婦女 Childbearing Age Women
係指15歲至49歲之女性人口。

週產期死亡率 Peri-natal Mortality Rate
係指懷孕28週以上之死胎數加活產後一週內死亡數之和對一年中的
活產數之比率或懷孕28週以上之死胎數加活產後一週內死亡數之和
對懷孕28週以上之死胎數加一年中的活產數之和的比率。

性比例 Sex Ratio
係指男性人口對女性人口的比例，亦即每百個女子所當男子數。

受政府僱用者 Paid Employees by Government
凡受僱於本國各級政府機關、公立學校、公營事業、公立醫院等，
包括由選舉產生之公職人員及現役軍人等均謂受政府僱用者，上項
定義係採國際勞工局之定義，惟目前行政院主計處發布之勞動力統
計，有關受政府僱用者並不包括現役軍人。

受私人僱用者 Paid Employees by Private
凡受僱於民間事業、外國機關團體或私人家庭之個人，均謂受私人
僱用者。

非經濟活動人口 Economically Inactive Population
即指所有未從事經濟活動之人口，包括非勞動力與未滿工作年齡
（我國為15歲）之人口，亦即在標準期間內，既非就業亦非失業之
所有人口，包括：⑴學生；⑵料理家務者；⑶依賴私有財產或租金

利息或退休金生活之所得收受者；⑷其他如受公私機構救助者及未就學兒童者。

非勞動力　Noting Labor Force

凡在資料標準期間內，年滿15歲不屬於勞動力之民間人口，其範圍如下：

1.在自己家中料理家務者；或除料理自己家務外尚兼無酬家屬工作，但每週不足十五小時者。
2.未從事有酬工作，亦未從事每週十五小時以上無酬家屬工作之學生及準備升學者（軍事學校學生視爲武裝勞動力）。
3.因衰老（65歲以上）、傷病、精神或體能殘障而不能工作者。
4.想工作而未去找工作者。
5.所有以上原因以外，而未工作亦未找工作者。

依賴人口　Dependent Age Population

年齡結構區分所列之0歲至14歲及65歲以上之人口。

重尋工作者　Job Seekers with Experience

係指曾經從事工作，在資料標準期間內已離開其原有工作，且有工作意願及能力，而正在尋找或等待工作者，包括等待恢復工作及找到工作未開始工作，且未領有報酬或自己計畫經營之事業尚未開始營業者。

保險費　Premium（Contribution）

參加社會保險人員按月繳納之保險費用，其費率由中央主管機關按被保險人月投保金額（薪資）百分比擬訂。

保險人　Insurer

辦理保險業務的合法機構。社會保險的保險人均由政府指定，不能由被保險人任意選擇。其主要職責在於專司負責辦理保險受理、保

費計收、保險給付核發及保險基金運用等事宜。

保險合作社　Insurance Cooperatives
凡依保險法及保險事業管理法令經營社員相互保險事業之合作社，稱保險合作社。如漁船產物保險合作社。

急難救助　Disaster Assistance
負家庭主要生計責任者，因長期患病、遭遇意外傷亡或其他原因，致家庭生活陷於困境時，向戶籍所在地主管機關申請之救助。

信用合作社　Credit Cooperatives
凡經營金融事業，貸放資金於社員，並收受存款業務之合作社，稱信用合作社。

活產　Live Births
謂婦女孕育之結果，在完全離開其母體後，具有呼吸或其他任何表現生命之跡象，如心房與臍帶之跳動、或隨意肌之明顯活動等。至於臍帶已否切斷，或胞衣是否附著則不予計算在內。如此出生之嬰兒，不論其懷孕時期長短，均視為活產。

後期新生兒死亡率　Post Neo-Natal Mortality Rate
係指嬰兒在出生已超過4週至未滿1足歲期間之死亡數對當年出生活產嬰兒總數之比率。

核心家庭　Nuclear Family
係指只有夫婦二人同住，或夫妻與其下一代未婚子女同住之家庭。

被保險人　Insurant
參加社會保險負有繳納保險費義務及享有各項保險權益之人員。

消費合作社　Consumer's Cooperatives
凡購進物品，售於社員供其生活上所需之合作社，稱消費合作社。

又此類合作社於定名時，得於消費之上表明消費者之範圍。如機關員工消費合作社、學校員生消費合作社等。

流動人口　Floating Population
依照「流動人口登記辦法」第二條規定：

1.外出暫住旅社、賓（會）館或其他供公眾暫住處所者。

2.因就業關係，須離開戶籍管轄區，經常暫住於公司、行號、工廠、礦場、社團或其所提供之住宿處所，其期間在十五日以上未滿六個月者。

3.僑居國外，居住港澳及大陸地區人民，入境在臺居（停）留期間，未辦理戶籍遷入登記者。

從業身分　Class of Workers
係指就業者個人與其工作所在場所單位間之關係或在僱傭關係中之身分與地位而言，分為雇主、自營作業者、受政府僱用者、受私人僱用者及無酬家屬工作者。

婦女福利　Woman Welfare
婦女福利在於消除或預防婦女的問題，透過制度和政策的改變來確保所有婦女的福利，傳統的婦女福利只針對特殊境遇婦女提供補救性、支持性的服務；現今的婦女福利是對所有一般的婦女保障其應享的權益，使之不因性別而受到差別待遇。服務措施有：於各縣市設立婦女福利服務中心、加強不幸婦女的保護措施、提供生活扶助、緊急生活安置、辦理各項婦女福利活動、加強婦女福利工作人員專業訓練、落實福利社區化、加強辦理社區媽媽教室。

婦女保護　Woman Protection
為確保婦女基本權益，對於遭遇離、寡、被惡意遺棄、強迫從娼、被毆、被強暴、未婚懷孕等特殊境遇之婦女提供法律諮詢、心理輔導、緊急庇護、保護安置、生活扶助等相關服務措施。

婦女福利服務中心　Woman Welfare Services Center

係運用社會工作方法之個案工作、團體工作、社區組織與社區發展等方式,為社區居民及所有婦女提供服務的機構。主要服務項目包括:心理諮商、法律輔導、技藝訓練、就業輔導、休閒活動、衛生保健、親職教育、婚姻諮商、家庭諮詢服務等。

婦女就業服務　Woman Employment Services

為婦女提供就業資訊、職業適應、職業諮商、職業介紹與職業轉介等服務。

婦女諮詢服務　Woman Consulting Services

提供對婦女所遭遇之家庭、婚姻、心理調適、社會適應等問題之服務。

婦女職業訓練　Woman Vocational Training

指增進婦女生活適應,提昇婦女謀生能力等技藝性之訓練活動。

視覺障礙者　Visual Impairments

係指由於先天或後天原因,導致視覺器官(眼球視覺神經、大腦視覺中心)之構造或機能發生部分或全部之障礙經治療仍對外界事物無法(或甚難)作視覺之辨識者。

都市型社區　Urban Community

指位於都市之社區,該社區就業居民60%以上主要營生方式是靠工、商業、人事服務及其他的專門技能以獲取生活所需。

國際團體　International Associations

以辦理國際交流活動、促進我國與他國人民間的認識與聯繫為主要功能之團體:
1.經外交部認定之國際組織同意在我國設立之國內總會組織。
2.經外交部同意之我國與他國間之對等交流團體。

商業團體 Commercial Associations
依商業團體法成立之公益社團法人，分爲商業同業公會、輸出業同業公會及商業會等三大類。

商業同業公會 Regional Commercial Associations
係指於同一組織區域內，凡依法取得商業登記證照之業者，依商業團體分業標準所訂之業別及其業務範圍規定，依法籌組成立之同業團體稱之。

商業會 Chamber of Commerce
依商業團體法規定：
1.縣（市）商業會由下列會員組織之：(1)縣（市）商業同業公會；(2)縣（市）內經政府核給登記證照，而無縣（市）商業同業公會組織之公司、行號。
2.省商業會由下列會員組織之：(1)縣（市）商業會；(2)省各業商業同業公會聯合會。
3.直轄市商業會由下列會員組織之：(1)直轄市各業商業同業公會；(2)直轄市內經政府核給登記證照，而無商業同業公會組織之公司、行號。
4.全國商業總會：全國商業總會由下列會員組織之：(1)省（市）商業會；(2)全國性各業商業同業公會聯合會；(3)全國性各業輸出業同業公會聯合會；(4)未組織全國性聯合會之特定地區各業輸出業同業公會。

婚生子 Legitimate Child
係指胎兒由合法婚姻關係受胎而生產者。

粗出生率 Crude Birth Rate
一年內每千位年中人口之平均活產數。

粗死亡率 Crude Death Rate

某年人口的死亡數與該年年中人口總數之比率，亦即每千人口之死亡數。

婚姻狀況 Marital Status

係指人口的未婚、有偶、離婚、喪偶等項之分配情形。婚姻狀況之認定，除戶籍登記上之合法婚姻外，尚兼具事實婚姻，亦即同居視為有偶，分居視為離婚。

粗結婚率 Crude Marriage Rate

係指某一特定期間之結婚對數對同一期間之期中總人口數的比率。

粗離婚率 Crude Divorce Rate

係指某一特定期間之離婚對數對同一期間之期中總人口數的比率。

終止收養 Termination of Adoption

養父母與養子女之關係，經由雙方同意或經依法判決終止者。

國內遷移 Internal Migration

係指國人在本國鄉鎮市區戶籍管轄區域間之居住地變更或由某地區遷入另一地區。

淨繁殖率 Net Reproduction Rate

係指一國或一地每千婦女自出生至生育結束年齡期間除去每個年齡死亡人數以外之每個年齡實際生存人數之生育情形。

淨遷移率 Net Migration Rate

係指一年內淨遷移人口數對年中人口數的比率。

淨移入率 Net Immigration Rate

係指一年內移入人口總數超過了移出人口總數，其相差之人口數對年中人口數的比率。

淨移出率 Net Emigration Rate
係指一年內移出人口總數超過了移入人口總數，其相差之人口數對
年中人口數的比率。

教育程度 Educational Level
係指年滿 6 歲以上之人口，於特定標準日期在國內外所受學校教育
之最高學歷或經法定考試及格或非正式學校教育而獲得之知識程度
而言。

現住人口 Usual Residents
係指在所查記戶內居住已滿或預期居住一個月以上具有戶籍登記之
人口。

就業率 Employment Rate
係指就業人口占勞動力人口之比率。

單身戶 Single Household
係指由一人單獨居住一處所而獨立生活者。

單親家庭 Single-Parent Family
係指由父親或母親與其未婚子女所組成的家庭。

殘障者 Disabilities
係指身體某部分之殘缺與障礙，而失去工作能力，無法擔任有酬工
作或從事每週十五小時以上無酬家屬工作者。

無酬家屬工作者 Unpaid Family Workers
指幫同戶長或其他家屬從事營利工作，每週在十五小時以上或每日
三小時以上，而不支領薪資之就業者。

雇主 Employers
指自己經營或合夥經營事業，而有給酬僱用他人幫助工作之就業

者。

勞動合作社　Labor Cooperatives
凡以共同或個別所有勞動工具單純提供勞力，以承攬方式共同從事勞作之合作社稱勞動合作社。如建築勞動合作社、起卸搬運勞動合作社等。

勞動力　Labor Force
在我國係指在資料標準週內，年滿15歲，具有工作能力及意願之民間人口，包括就業者及失業者。此項定義在中華民國現行職業標準分類中又將其補充爲凡在資料標準週內，年滿15歲可以工作之人口，不論已參與或可立即參與經濟活動之人口，均謂之勞動力；其屬軍人身分者，謂之武裝勞動力（Armed Force），非軍人身分者，謂之民間勞動力（Civilian Labor Force）。狹義之勞動力概指民間勞動力而言。勞動力與人口學所稱之經濟活動人口（Economically Active Population）爲同義詞。

勞動力參與率　Labor Force Participation Rate
係指勞動力人口占15歲以上民間人口之比率。

就業人口；就業者　Employed Persons
凡在資料標準期間內年滿15歲合於下列規定之勞動力：
1.從事有酬工作者或每週工作十五小時以上之無酬家屬工作者。
2.有職業但在資料標準期間內因傷病、季節性關係、休假、天氣惡劣、災害、勞資爭議、工作場所整修等原因暫時未工作者。
3.已受僱用並獲報酬而因故未開始工作者。

發展遲緩兒童　Children with Developmental Retardation
指認知發展、生理發展、語言及溝通發展、心理社會發展或生活自理技能等方面有異常或可預期會有發展異常之情形，而需要接受早

期療育服務之未滿6歲之特殊兒童。

智能障礙者　Mental Retardation
係指成長過程中，心智的發展停滯或不完全發展，導致認知能力和
社會適應有關之智能技巧的障礙者。

植物人（昏迷及木僵）　Coma and Stupor
大腦功能嚴重障礙、完全臥床、無法照顧自己飲食起居及通便、無
法與他人溝通者。

殘障福利服務中心　Welfare Services Center for the Disabled
指由政府或民間團體籌設之殘障者服務機構，提供重殘日間托育、
殘障諮詢服務、有聲圖書、示範按摩中心、福利工場、重殘養護等
福利服務。

殘障教養機構　Institutions for the Disabled
用以安置欠缺生活自理與社會適應能力之各類殘障者之機構。

殘障庇護福利工廠或商店（庇護工廠）　Sheltered Workshops for the Disabled
以訓練安置15歲以上社會適應能力不足之殘障者為主，並為殘障者
提供能力評估、生活與職業技能訓練及就業安置之服務。

殘障福利　Disabled Welfare
係指為維護殘障者之生活及合法權益，舉辦各項福利與救濟措施，
並扶助其自力更生。易言之，依殘障者之個別需要，對病痛者給予
醫療復健；對幼小待教者施予特殊教育；對孤苦無依者提供收托養
護；對具工作潛能者，透過職業訓練與就業保障扶助其自力更生。

殘障定額僱用　Mandatory Quota Employment Program for the Disabled
由省（市）、縣（市）政府依據「殘障福利金專戶設置管理及運用辦

法」相關規定，執行獎助經費，以辦理定額僱用的專業人員人數。又依殘障福利法第十七條規定：(1)各級政府機關、公立學校及公營事業機構員工總人數在50人以上者，進用具有工作能力之殘障者人數，不得低於員工總人數2%；(2)私立學校、團體及民營事業機構員工總人數在100人以上者，進用具有工作能力之殘障者人數，不得低於員工總人數1%。

殘障者教養及養護服務　Home Care and Institution Care Services for the Disabled

係指依法領有殘障手冊之殘障者接受社會（殘障）福利機構直接提供日間托育或住宿教養服務。內政部為加強推展此項殘障福利，訂頒「內政部獎助辦理殘障者教養及養護服務要點」，透過獎助直接服務殘障者相關工作人員服務費，以協助提供就養服務之機構，提昇其服務品質，落實照顧殘障者生活。

殘障者生活補助　Living Assistance for the Disabled

對家庭總收入平均未達當年度每人每月最低生活費2.5倍且未獲安置於社會福利機構、精神復健機構或護理之家、行政院國軍退除役官兵輔導委員會榮譽國民之家的殘障者，提供之生活補助費。

殘障者醫療補助　Medical Assistance for the Disabled

對未納入全民健康保險或健保不給付項目而無力負擔之殘障者，由直轄市及縣市政府視個案需要提供醫療費用專案補助。

殘障者生活輔助器具補助　Medical-Aids Assistance for the Disabled

提供殘障者生活輔助器具補助費，以協助其克服生理機能障礙，促進生活自理並自力更生。

殘障者自力更生補助　Cash Subsidy on Independent Living Assistance for the Disabled

為維護殘障者的生活，透過殘障者創業所需房舍租金及設備費用之補助，以減輕其創業負擔，促進其自力更生。故凡年滿20歲至60歲領有殘障手冊、具工作能力、創業意願與能力之殘障者，均可至戶籍所在地縣市政府申辦，其補助期限最長為四年，平均每位殘障者每月房屋租金最高補助4坪，每坪最高補助5,000元，並逐年按比率遞減；設備補助方面，每一創業案最高補助比例為總經費的50%，且平均每位受扶助者不得逾5萬元。

殘障者創業貸款　Business Loan for the Disabled

係依據殘障福利法施行細則第十四條第二項之規定，由直轄市及縣市政府之殘障福利金專戶經費或社會福利基金中提撥辦理，以協助殘障者創業，減輕其貸款負擔。故凡設籍戶籍所在地六個月以上，領有政府核發之殘障手冊，年齡在20歲以上未滿50歲者，均得檢具創業計畫書及相關文件等，向當地縣市政府申請殘障者創業貸款，每人最高得申請新台幣50萬元整之貸款額度。

殘障者保險費補助　Disabled Insurance's Premium Subsidy

殘障者參加社會保險，由政府再予補助其自付部分的保費。

殘廢給付　Disability Benefit

被保險人因疾病或意外傷害而致殘廢時，按其當月投保金額（薪資）及殘廢程度一次給與一定數額之現金給付。

統一捐募　United Fund Raising

依行政院民國42年修正公布之「統一捐募運動辦法」，以結合登記有案並有法人登記之非營利社團共同加強推動社會福利的一種社會運動，是結合民間志願工作者、社會福利團體機構，從事推廣社會福利工作與共同募集民間捐款，並合理、公正、公開地分配捐款給各個相關社會福利團體與機構，以幫助社會上需要幫助的人，全面提昇社會福利團體及機構的服務品質。

鄉村型社區　Rural Community

指位於鄉村的社區，該社區就業居民60%以上以農、林、漁牧爲主
要營生方式，如農村、漁村社區等。

喪葬津貼　Funeral Allowance

被保險人死亡後，按月投保金額（薪資）給予一定數額之現金給
付，以支付其殯葬所需費用。

最低生活費標準　Standard Minimum Cost of Living

指由省（市）政府視當地每人每月最低生活所需費用，逐年訂定公
告之。目前臺灣省、高雄市、金門縣及連江縣係參照前一年政府公
布之當地家庭每人平均所得三分之一範圍內訂定。臺北市係參照前
一年家庭收支調查每人平均經常性支出40%訂定。

區域合作社　Regional Cooperatives

以行政區域爲組織區域，以區域內之公民爲社員，依合作社法規定
設立之。並依區域內居民需要兼辦供銷、公用（生活設備的共同使
用）、利用（生產設備的共同使用）及委託代辦業務，項目多寡悉依
章程規定。如鄉、鎮、區、里合作社，設立目的在於促進國民經濟
發展。

棄兒　Abandoned Child

係指胎兒出生後即被其父母所遺棄，經由他人發現，並經發現人或
留養人申辦出生登記者。

喪偶　Widowed

係指夫妻之一方已經死亡，目前仍未再婚或與人同居，或同居人之
一方已經死亡，目前尚未結婚或未與人同居者。

喪偶率　Widowed Rate

係指某一特定期間之喪偶人數對同一期間之期中總人口數的比率。

經濟活動人口 Economically Active Population

凡從事生產各種有形物品或提供各種服務之活動，具有經濟價值者；如農人從事耕作、工人從事製造、商人從事販賣、醫生爲人診病、演員表演節目以娛觀眾等均屬經濟活動。其中，以長時期，例如一年來測量者稱經常活動人口（Usually Active Population）；以短時期，例如以一天或一星期來測量者稱現時活動人口（Currently Active Population），亦即勞動力。

農民健康保險 Farmer Health Insurance

爲保障農民經濟生活安定爲目的之社會保險措施。依據農民保險條例規定，其保險事故分爲生育、殘廢及死亡三種，並分別給與生育給付、殘廢給付、死亡給付及喪葬給付。

農會 Farmer's Associations

係以農民爲主體之組織，爲公益社團法人。其主管機關，在中央爲內政部；在省（市）爲省（市）政府；在縣（市）爲縣（市）政府。但其目的事業，應受各該事業之主管機關指導、監督。

農業生產合作社 Agricultural Production Cooperatives

凡置辦農業生產設備及資材，協助社員解決農業生產技術、資金、勞動缺乏困難，以降低生產成本，提高單位產量，辦理社員產品之聯合推銷之合作社，稱農業生產合作社。如毛豬、鰻魚、蝦類、漁業、林業、家畜禽等生產合作社。生產方式分爲個別生產共同運銷與共同生產共同運銷兩種方式。

遊民收容所 Homeless Shelters

指政府爲輔導並照顧無家可歸遊民生活而成立之中途之家，以安置遊民生活，並代尋其家屬，或轉介至適當之福利收容機構。

運銷合作社 Marketing Cooperatives

凡收集社員之生產品或製造品聯合推銷，以增進社員產品銷售之經濟利益的合作社稱運銷合作社。合作社職能偏重於市場情報，產品銷售網及市場開拓、價格爭取及產品之質與量的控制等。經營標的如青果、雞蛋、毛豬、果菜、礦石等運銷合作社。經營方式可採買斷式及委託式二種。

運輸合作社　Transportation Cooperatives

凡置辦運輸設備，提供運輸技術及勞力與服務，專門從事物品或旅客運送業務之合作社稱運輸合作社。如計程汽車運輸合作社及汽車貨物運輸合作社等。此類合作社運輸設備、技術及勞務之提供者限於社員，而服務對象（乘客及託運貨主）不限於社員。

經濟業務團體　Economic Affairs Associations

以農業（農林漁牧業）、工業（土石採礦業、製造業、水電燃氣業、營造業）、服務業（商業、運輸倉儲及通信業、金融保險、不動產及工商服務業等）等經濟業務或相關學術之研究、發展為主要功能之團體。

傷病給付　Injury Benefit

被保險人因發生傷害事故，在接受醫療期間，無法從事工作，由保險人支付現金，以補償其經濟損失之保險給付，稱為傷害給付。

新生兒死亡率　Neo-Natal Mortality Rate

係指出生後未滿四週的嬰兒死亡數對當年出生活產嬰兒總數之比率。

經驗生命表　Standard Ordinary Experience Mortality Table

係以壽險業被保險人集團，於一定期間內死亡之經驗資料編算的生命表，通稱經驗生命表，目的在確定當代保險人集團各年齡別的死亡機率，以便壽險業者基於公平、合理和足夠原則釐訂費率或為責

任準備金提存及解約金計算等評價的基礎。

零人口成長　Zero Population Growth
在社會增加人數甚微，而不列為考慮因素之情況下，每年出生人數
與死亡人數恰好相等時，即所謂零人口成長。

慢性精神病患者　Chronic Mental Disease
係指由於罹患精神病，經必要之適當醫療，未能痊癒且病情已經慢
性化，導致職業功能、社交功能與日常生活適應上發生障礙，需要
家庭、社會支持及照顧者。其範圍包括精神分裂症、情感性精神
病、妄想症、老年期及初老期精神病狀態、其他器質性精神病狀
態、其他非器質性精神病狀態、源發於兒童期之精神病。

漁會　Fisherman's Associations
係以漁民為主體之組織，為公益社團法人。其主管機關，在中央為
內政部；在省（市）為省（市）政府；在縣（市）為縣（市）政
府，但其目的事業，應受各該事業之主管機關指導、監督。

認領　Recognition
係指生父承認非婚生子女為其子女之法律行為，非婚生子女經生父
撫育者，視為認領；經生父認領者，視為婚生子女。

養老（老年）給付　Old-Age Benefit
被保險人於退休時，由保險人發給現金，以維持其經濟生活之保險
給付，稱為老年給付或養老給付。其發給方式有一次給付與年金給
付兩種。

標準化死亡率　Standardized Mortality Rate
標準化死亡率是將兩國或兩地不同性別、年齡、城鄉、所得、職
業、婚姻、種族等項組合，化成為同一的基礎，用以剔除其人口在
組合上之差異，俾可受到純正而客觀的比較。設死亡率與年齡有

關，可以標準化死亡率去除年齡組成的影響。標準化死亡率指各年齡別死亡率乘以標準人口的比率總和。

遷入人口　In-Migrants

係指一定時間內移入該鄉鎮市區戶籍管轄區域內之人口總數或遷入該地區人口總數。

遷出人口　Out-Migrants

係指一定時間內由該鄉鎮市區戶籍管轄區域內移出之人口總數或遷出該地區人口總數。

遷入率　In-Migration Rate

係指一年內遷入人數加住址變更之遷入人數之和對年中人口數的比率。

遷出率　Out-Migration Rate

係指一年內遷出人數加住址變更之遷出人數之和對年中人口數的比率。

親職教育　Parenting Education

係為家長提供有關兒童青少年發展及教養子女知識，以便使父母扮演適當職分的教育過程。其範圍廣泛，從指導父母從事嬰兒營養、兒童保健、就學、社會行為、性教育，至指導父母協調家庭關係，善盡其對社會應盡之責任。

聯合勸募　Community Chest

由一個民間的、志願的、非營利的組織，結合社區志願工作者及地方福利機構，聯合辦理勸募工作，一年舉辦一次。此工作可能由幾個機構聯合組成的臨時組織來辦理，也可能由幾個機構聯合組成的常設機構來辦理。一切決策以機構的意見為依歸，並以籌募經費為唯一目的。

聯合社 Federation Cooperatives

指由若干單位社，因區域上或業務上之關係，依合作社法規定聯合設立之合作組織。

聯合家庭 Joint Family

係指由旁系親屬所擴展而成之兩個或兩個以上的核心家庭所組成的家庭。

學術文化團體 Academic & Cultural Associations

以促進教育、文化、藝術活動及增進學術研究為主要功能之團體。

遺腹子 Posthumous Child

係指婚生兒出生時，其生父業已死亡者。

聲音機能或語言機能障礙者 Speech or Related Impairments

係指由於各種原因導致不能說話或語言障礙者。

嬰兒 Infants

係指不滿1歲之人口。

嬰兒出生時生母平均年齡 Mean Age of Mother at Child Bearing

為生育年齡分布的一種測量，一般均採用5歲年齡組資料，以各年齡組中點與年齡別的生育率的乘積和為分子，以各年齡別的生育率和為分母的比值，即為生母平均年齡。

嬰兒死亡率 Infant Mortality Rate

係指每年1,000個活產嬰兒中未滿1歲即死亡之數目。

簡易生命表 Abridged Life Table

係指按5歲或10歲一組之年齡別死亡率所編製之生命表，又稱年齡組生命表。

職業 Occupations

係指個人所擔任之工作或職務，但須具備下列條件：

1. 須有報酬：係指因工作而獲得現金或實物之報酬。
2. 有繼續性：係指非機會性；但從事季節性或週期性之工作亦認為有繼續性。
3. 為善良風俗所認可：如從事之工作雖可獲得報酬，但不為善良風俗所認可，則不得視為其職業。

擴展家庭 Extended Family

係指由二對或二對以上有旁系親屬關係的同輩夫婦及其直系親屬所共同組成之家庭。

顏面傷殘者 Disfigurements

受先天或後天（外傷、疾病或疾病治療後）原因的影響，使頭、臉、顎骨、頸部，發生外殘缺變異，或造成呼吸、咀嚼、吞嚥等功能之障礙，而對社會生活適應困難者。

醫療衛生團體 Medical & Health Associations

以協助醫療服務、促進國民健康為主要功能之團體。

職業團體 Trade Associations

人民團體因同一業務而結合者為職業團體，其範圍包括工會、農會、漁會、商業會、工業會及自由職業團體等。

離婚 Divorced

係指婚姻關係之合法解除，且未再婚或未與人同居者。

聽覺或平衡機能障礙者 Hearing or Balance Impairments

1. 聽覺機能障礙：係指由於各種原因導致聽覺機能永久性缺損者。
2. 平衡機能障礙：係指因平衡器官失常引致之平衡障礙者。

社會福利服務　　　　　　　　社會叢書 23

著　　　者／葉至誠

出 版 者／揚智文化事業股份有限公司

發 行 人／葉忠賢

登 記 證／局版北市業字第 1117 號

地　　　址／台北市新生南路三段 88 號 5 樓之 6

電　　　話／(02)23660309　23660313

傳　　　真／(02)23660310

印　　　刷／偉勵彩色印刷股份有限公司

法律顧問／北辰著作權事務所　蕭雄淋律師

初版一刷／2002 年 7 月

定　　　價／新台幣 480 元

郵政劃撥／14534976

帳　　　戶／揚智文化事業股份有限公司

I S B N／957-818-400-X

E - m a i l／book3@ycrc.com.tw

網　　　址／http://www.ycrc.com.tw

國家圖書館出版品預行編目資料

社會福利服務=Social welfare and social service
　/ 葉至誠著. --初版.　--臺北市：
　揚智文化　,2002[民91]
　面：公分. --(社會叢書；23)
　參考書目：面

　ISBN 957-818-400-X(平裝)

　1.社會福利　2.社會工作

　547　　　　　　　　　　　　　91007455